U0165839

廣播節目製作

莊克仁　著

五南圖書出版公司 印行

自序

　　本書的誕生，首先要感謝五南圖書出版公司董事長楊榮川先生及副總編陳念祖先生。由於他們的厚愛與催促，才能讓這本「廣播節目製作」從原先的「廣播節目企劃與製作」重新再版，早日問世，不僅更新資料、改寫內容，增加篇幅，更在每章開始提示學習目標，每章結束也附有思考與練習題，以利讀者參考。

　　其次要感謝多年來，擔任大專院校廣播節目製作課程的師長們，以及廣播業界的先進們，由於您們的鼓勵與督促，才讓我完成本書的撰寫，因為，總覺自己學識不足，懂得也僅是個皮毛，更何況傳播科技日新月異，節目製作不斷創新，所以出書對本人而言，誠屬一種挑戰，唯恐稍有疏失。因本人能力有限，若有疏漏之處，尚祈各界賢達，不吝指教為感。

　　廣播節目製作涉及範圍既深又廣，有時要靠靈感啟發或腦力激盪，有時需依賴日常生活體驗，但若能經常閱讀我國傳統經典，例如孔孟學說或老莊思想，或可幫助吾人充實內涵、活潑精神與拓展意境。尤其《莊子》一書，若能熟讀，並加理解、體會與運用，或許有助於廣播電視藝術的創作。

　　廣播依舊是個非常迷人的傳播媒體。未來的社會，是個終身學習的社會，不但講究個人經驗的學習，更強調主動式的學習，當今已進入數位匯流的網路時代，相信廣播人必能集思廣益，因應社會需求，尋找嶄新途徑，發揮廣播應有功能！最後，謹對於曾經奉獻青春、提供心力、造福人群的廣播先進們，致上個人最高的敬意！

莊克仁　謹識

於臺北市士林福山

銘傳大學廣電系研究室

目錄 Contents

01

第 1 章 ▶▶▶

廣播與聲音

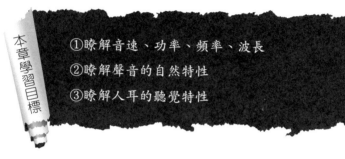

本章學習目標

①瞭解音速、功率、頻率、波長
②瞭解聲音的自然特性
③瞭解人耳的聽覺特性

　　廣播（Radio Broadcasting）是聲音的媒體。本章首先介紹何謂聲音（sound）？聲音是怎麼來的？聲音的自然特性為何？人耳的聽覺特性為何？

　　從物理現象來看，物體振動，撞及空氣的分子，使空氣分子聚結或稀釋而向四面八方如波浪式的前進，這種如波浪式前進的分子，我們稱為音波。音波傳入人類的耳中，經聽覺神經的反應，送入大腦，喚取聽覺，我們就聽得見聲音了。

　　空氣是一種客觀的存在，一種客觀的現象，因此聲音便具有一些客觀的屬性。聲波的運動是一個複雜的現象，接下來我們要介紹一些聲音的基本特性，當理解聲音的這些特性之後，自然而然對於我們進行聲音的製作，產生重要的意義。

　　無可避免，下面有些與聲音有關的名詞必須加以瞭解。

第一節　音速、功率、波長、頻率

　　無線電廣播關係最親密的便是「調幅」與「調頻」兩者之間的區別。

　　在說明調幅與調頻之間的不同之前，有幾個重要的無線電工程術語必須要先行瞭解，那就是「功率」、「頻率」「週期（波長）」。

一、音速（velocity）

　　聲音的傳播具有速度緩慢的特點。在正常條件下，空氣中音波的傳播速度，約為每秒340公尺；而光和無線電波的傳播速度約為每秒30萬千公尺。相比之下，聲音的速度顯然慢得多了。例如：先看到閃電劃過天空，然後才聽到隆隆的雷聲。音速取決於傳遞它的媒介的密度和溫度。最簡單的結論是，當氣溫上升或下降攝氏1度時，聲音的傳播速度，每秒相應會加快或減慢約0.6公尺。聲音在固體中的傳播速度，快於在空氣中，它與媒質的密度有關。一般情形下，密度愈大，聲音的傳播速度愈快。

二、功率（power）

　　當電子移動，產生電流，若電流不斷朝一個地方移動，我們稱之「直流電」（direct current, DC）。但是，如果這電流是重複地並且有規律地在改變移動方向時，則稱之交流電（alternating current, AC）。

　　進一步地說，「交流電」是指電流在一個方向裡上升又下降，然後在另一個方向上升和下降，就如同波浪般來回、上下移動，這種交替的流動，均衡地放射電磁能量，即所謂「無線電波」（圖1-1）。

　　交流電會產生電磁能，而電流流動每一次變換或週期循環，便放射出一個電磁能量單一波形。電流流動力量或數量，將決定其放出波形的力量或電力。這種電波的力量乃是「電力」或「功率」（power）。

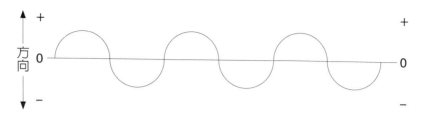

圖1-1　無線電波

三、波長（wavelength）

　　無線電波從零點往正方向行走，再由反方向回到零點，便會形成一個
完整的週期（cycle），亦稱「波長」（wavelength），如前一圖所示，加
以標示正負弦波的情形，則「波長」顯示（圖1-2）。

四、頻率（frequency）

　　至於電流變換的速率，便是「頻率」（frequency），頻率乃每秒的
週期數（cycle per second），假如電流每秒完整變換一次，就是每秒一週
期的頻率，如果每秒五次，就是每秒五週期的頻率。

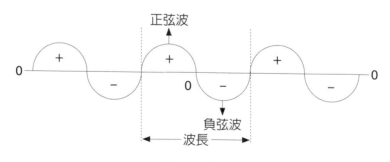

圖1-2　波長

🕸 第二節　聲音的特性

廣播是以聲音製作的方式所呈現出來的各式各樣的「內容」，包括音樂、話劇、新聞、資訊等，其內涵則有思想、感情與說理等成分，所以它也可以是故事、詩篇或劇情，只要身歷其境，必能逍遙在想像的空間。

前面提及，廣播傳播的媒介純是聲音，節目製作指導的工作，就是如何來使用「聲音」。既然聲音是廣播製作的材料，那麼我們無妨將節目製作指導比作畫家，若是如此，則他使用的材料就是聲音，他使用的工具就是麥克風、錄音機、擴大器、電唱盤樂器，以及演員。畫家在使用各種色彩以前，他必須對各種色彩，以及各種畫具的性質，有一深刻的認識，節目製作指導在製作節目以前也必須對他的材料，做進一步與工具有一深刻的瞭解。

首先我們來研究製作用的材料——聲音——的特性。廣播的聲音不外下面三種情況：

第一，聲音的自然特性（The physical characteristics of sound）。

第二，人類聽覺的特性（The condition of the perception of sounds by human ear）。

第三，無線電發射聲音的技巧（The technical ability of the radio to transmit sound）。

除了第三項留供本書其他章節介紹之外，下面謹分別就前二項有關聲音的自然特性與人類的聽覺特性加以說明。

一、聲音的自然特性

音波的發生，主要是因為某一種物體的振動，撞擊分布在空氣中的分子，使得分子或凝結或稀釋，造成波浪式的前進。分子的或凝結或稀釋的波浪變化觸及人類的耳膜，因而使我們覺得有了聲音。聲音有強、弱、高、低之分，緣由其自然特性的不同。聲音的自然性質有音調、音量、音

質與音時四種，現分別說明如下：

（一）**音調**（pitch／key）

　　什麼是音調？音調可以說是音波每秒鐘所振動的次數，也就是物理學所謂的「頻率」（frequency），單位（Hz），物體每秒震動的次數，振動次數多的，我們稱它為高音調，振動次數少的，我們稱它為低音調。音樂裡面把音調分成CDEFGAB七種音階，以音調（音高）高低表示頻率高低。

　　普通音波每秒振動258.8次的我們稱它為中C調，振動比這一次數還慢的音調自然比它低，振動次數比它還要快，音調自然比它高。因此決定音調高低的，多半是以發音體的長短／厚薄以及他的鬆緊為依歸。例如：我們普通說話，音調不高，如果我們高聲罵人或高聲喊叫，把聲帶拉得緊緊地，那麼音調就會高起來。

（二）**音量**（volume）

　　所謂音量就是我們普通說話的聲音大小。它與物體的震動幅度有關，前面我們說音調是音波振動次數的多少，音量則為音波振動的高低，也就是音波振動的幅度。幅度大的，聲音大，幅度小的，聲音就小。例如：彈鋼琴時，用力與輕按同一琴鍵，則鋼琴的音量不同。

（三）**音質**（quality）／**音色**（timbre or time color）

　　音質，我們又稱音色（timbre），這就是我們耳朵和內心如何知覺聲音的一個因素。它和聲音的混合以及增強有關。這種混和能使我們知覺到在鋼琴上的中音C以及在豎琴上之中音C間的差別。

　　音質／音色等於繪畫用的顏色，顏色有紅、黃、藍、白、黑以及其他各種不同的色彩，而我們的聲音也更是五花八門。畫家能畫出美麗動人的畫，全靠有這許多不同的顏色。音質／音色又好比學校外面一整排賣牛肉麵的店，雖然都是牛肉麵，但是各有不同的口味，透過口味可以辨識是哪一家的牛肉麵，太甜或太鹹可另加調料。廣播節目製作者能夠做出各種不同的節目，也幸虧有這許多不同的音色。但對於聲音的音色，只能透過等化放大器（EQ equalizer）以類似哈哈鏡原理，目的在修正聲音波形，改

變聲音音色，以便潤飾聲音。

　　音質／音色是怎樣形成的？雖然一個節目製作人不需要去透澈瞭解這種科學上的原理，但是我們也得有一個概念。簡單的說，音色就是由於發音體（vibrator）的本質與發音的環境（enclosure）或者是共鳴器（resonator）的本質不同的關係，造成不同的音質。

（四）音時（duration）

　　聲音是一個看之無形不占空間的東西，可是它卻是個聽之有聲而占有時間的東西。一句話沒有時間說完，一個曲子沒有時間演奏完，都不能表達它的意思。因此，聲音與時間是有著密切關係的。

二、人類的聽覺特性

（一）人類聽覺結構

　　同樣的聲音，如果把時間拉長或縮短；同樣一句話，如果把音調提高或降低，它代表的意思就完全兩樣。譬如廣播劇的語氣、語法，音樂裡的節奏、音韻、休止，它們每一個變化都代表不同的意思。如果一個製作者對它沒有瞭解，在一個沉靜悲戚的氣氛裡，使用一種活潑短促的音韻或節奏，這未免令人感到不解！

　　人類聽覺系統包括耳朵、聽神經及大腦聽覺中樞三大部分。其中耳朵是聽系統的起點，其構造分為外耳（outer ear）、中耳（middle ear）、內耳（inner ear）。外耳又分為耳廓、外耳道及耳膜。中耳包括三塊小聽骨（錘骨、鉆骨、鐙骨）、耳咽管（歐氏管）、耳膜和通入內耳的卵形窗及橢圓窗（oval window）。耳膜的震動傳到三塊小聽骨，再傳到橢圓窗，最後進入內耳。內耳的主要是由耳蝸（cochlea）和半規管（semicicular canals）組成。其中耳蝸與聽覺有關，是聽覺的神經部分；半規管則是保持身體平衡作用的，與聽覺無關。人耳構造中，外耳與中耳充滿空氣，外耳到內耳間的耳道（耳管），則會產生聲音在直管狀通道中出現的物理共振現象，再加上聽覺神經的感受靈敏度等諸多因素影響。下圖為人耳聽覺結構。

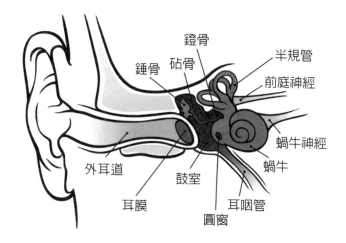

圖1-3　人耳聽覺結構

資料來源：http://en.wikipedia.org/wiki/Ear

　　聲波能量在人類聽覺系統的傳導過程，可簡示為：耳廓→外耳道→耳膜→槌骨→鉆骨→鐙骨→橢圓骨→半規管→耳蝸→聽神經→腦幹→大腦聽覺中樞，能量形式的轉換則是：外耳（聲能）→中耳（機械能）→內耳（液態能）→聽神經（電能）→腦幹（電能）→大腦中樞神經（電能）。

　　由上得知，聽覺作用是聲波的物理性震動，對人類聽覺器官造成生理性刺激，再經由聽覺神經傳導到大腦聽覺中樞而解讀其意義的過程。

（二）人類聽覺的特性

　　關於人類聽覺的特性，我們將從下面三點著眼來討論。這三點是：第一、從物理學上求得人類在聽覺上的本能範圍。第二、從人類耳朵的本能上分析收聽的功能。第三、從心理學上求得人類耳朵對聲音的反應特性。如果一個使用聲音的藝術家，對這些特性不瞭解，那麼他的工作將在他開始以前就宣告失敗。

　　首先，從物理學上，有關人類在聽覺上的本能範圍，基本上，人類的耳朵在正常情況下能夠聽到的聲音，是每秒最低六赫（Hz），最高兩萬兩千赫。人類的耳朵在上述頻率範圍內，可以收聽到任何一種音量。此外，有關人類在聽覺上的本能，它也指聲源方位感，亦即指聽覺器官對聲

音的高音、音強、音色、音長感覺之外的又一個感覺要素，涉及到複雜的生理學、心理學方面的問題。它包括：

1. 方位感：在空間移動的聲波能使人們清楚地判斷出聲源物體的前後左右的具體方位。
2. 距離感：聲波的振幅、音色等的變化能使人們比較準確地判斷音源物體的遠近距離。
3. 運動感：根據聲波在三度空間的時間的連續性和在空間的方向性，聽覺器官可以辨認出物體的自身運動，特別是物體方位移動的過程。
4. 聲像感：音響的組合可以使人們聽出聲源物規模大小。
5. 層次感：現場多種聲音會同時傳入人耳，但由於聲源物體的振率不同，彼此遠近距離不同，自然會在人的聽覺器官中形成遠、近和高、低不同層次的音響感覺。

在這裡要特別指出的，是人耳對於音源距離，其實不易做精確判斷，一般人對音源判斷有效距離大約在一百公尺左右，室內音源一旦超過數公尺，聆聽時會受到地面、天花板及牆面的反射干擾而判斷錯誤，但對於音源水平方位感知則相當正確。例如500Hz的音源由正面來時，方位判斷誤差大約是1°。

其次，我們再來瞭解從人類耳朵的本能上分析收聽的功能。

人類耳朵的功能很多，可是與節目製作有重大關係的有下列兩點：

1. 人類的耳朵有自動收聽聲音的能力，並且持續聽下去而無自覺的意思。我們常說，讀書是用腦子，把資料一字一句地印到腦子裡。而聽廣播，不需先有自覺的意思，聲音會自動的跳入人的耳朵，其實就是人類的耳朵具有自動收聽的功能罷了。這一點給廣播節目製作人很大的方便，只要你的節目是聲音，它都有希望達到聽眾腦子的可能。如果你的節目進入聽眾腦子還能抓住聽眾的話，你的節目就成功了。
2. 人類的耳朵有選擇聲音的能力。人類的耳朵，固然是經常自由開

放，可是如果遇到一種不受歡迎的聲音，它還是會「充耳不聞」的。所以住慣了鬧區的人不覺其嘈雜，坐慣了以前「蒸汽」火車的人，在火車上照樣可以冷靜的考慮問題，可以呼呼大睡而不覺其擾。節目製作者瞭解這點，如何使聽眾的耳朵不要「關上大門」，才是主要目的。許多廣播專家的研究，認為廣播節目開始的三分鐘最重要，這個道理也就是在此。

最後我們再來研究從心理學上求得人類耳朵對聲音的反應特性，換句話說，人耳聽到聲音後對聲音的感受，應是一種心理現象，這是比較重要的一項，因為我們應該弄清楚人耳的主觀感受，與聲音物理現象之間的關係。我們將在這裡討論到聲音的各種現象，目的不外使節目製作人如何來運用這些現象。耳朵對聲音的反應特性如下：

1. 耳朵對音調的反應

音調（pitch）又稱音高，是人耳對聲音高低的主觀感受，它是指一些聲音比另一些聲音高或低的性質。我們人類的耳朵，聽到高低不同的音調以後，內心自然產生許多反應。一般來說，高的音調激動、刺耳，多半不太受歡迎。一般人常開玩笑說「家有女高音，一家不安寧」。這固然是笑話，但也可以反應一般人對於高音的印象不良。低音調多半是代替歡悅和諧，過分的低音調有時也代表沉靜、悲戚或莊嚴。

另外，耳朵對高低音調的組合也很敏感，即使沒有學過音樂的聽眾，對於多數音樂在一起的組合，也會產生反應，知道什麼是諧調，什麼是不諧調。譬如音樂家知道C調與D調是不諧調的。但是非音樂家的聽眾，雖然說不出原因，至少他會說「好聽」與「不好聽」。

2. 耳朵對音量的反應

音量（volume）是人耳對聲音強弱的主觀感受，主要與振幅相關。振幅愈大，反映到人耳中的結果視聽起來愈響。由於個體差異，不同人對相同的音量大小的聲音感受，會有所不同。但一般而言，耳朵對音量的反應，也和對音調的反應相似，太大的聲音，表示激動刺耳，不受歡迎。中音量代表和平，過分微弱的聲音代表失望、消極與懦弱。這裡要指出的

是，聲音的音量是用分貝（decibel, Db）來衡量的。所謂分貝，是所有音頻設備用來測量聲音的相對強度（intensity）或音量的標準單位或比值。

3. 耳朵對音時的反應

我們說過，聲音不占有空間而占有時間。聲音與時間的關係不外語調、音韻、及節奏。所謂語調悠揚、音韻幽雅、節奏快慢的情況，它們所傳達到人類耳朵的，就是每一個字、每一個音、每一句的時間不同。例如「音樂」「詩」「歌」，實際就是把每一個字、每一個話的聲音拉長。說話也是一樣，同樣一句話，如果說得慢，某些字的語調音韻拖長一點，它的意思是如此；但如果用相反的方式來說，它的意思必然兩樣。

一般來說，音韻短促、節奏輕快是代表輕鬆活潑；節奏急速、音韻短促而激昂的，代表憤怒或是振奮；音韻平淡而節奏緩慢的，是代表沉靜與哀傷。因此我們就知道「哀樂」與「結婚進行曲」是迥然不同的。就算是一個毫無經驗的製作人，也不能把一個節奏緩慢的中國古典音樂，作為一個現代話劇的背景音樂，這樣會顯得不倫不類。

不過音時與音量、音調三者，在變化上有密切的關係。我們說音調高代表激動或刺激，但如果他的音量小，節奏慢，它也可以代表淒涼的情景。例如中國的簫或笛，它們的音調很高，但如果你在深夜，一個按摩者的短笛聲從老遠處傳來，而他所奏的聲音又是和盲人緩慢的步法一致，反而會激起你的同情。又如：我們說鼓的聲音代表沉靜或嚴肅，但是我們如果在非洲部落宗教儀式裡所聽到的鼓聲，這種鼓聲就變成很激動的了；因為它的聲調雖低，但音量加大，節奏便快了。

4. 耳朵對音色（音質）的反應

音色（timbre）是人耳對聲音的主觀感受，它用來區別同樣響度和音調的聲音不同特性。音色主要取決於聲音的頻譜結構（或稱頻結構）。音色所涉及的聲音特性包括圓潤度、飽滿度、清晰度、共鳴效果等，這些特性的不同，使我們能夠區別各種聲音。

例如：耳朵對於音色（音質）的反應也是很靈敏的。各種樂器有各種不同的音質，各人也有各人的音質，如果用儀器來測驗，世界上沒有兩個

廣播節目製作

人的音質是相同的，這就是我們前面在「聲音的自然特性」裡所說的發音體共鳴器，即發音環境不同的關係。各種不同的音色，在耳朵的感受上是表示各種不同的情調，不同的意義。

另外，泛音（overtones）和諧音（harmonics），對於音色的形成也發揮重要的作用。由於每一個特定的聲音都有一個特定的音高，我們稱爲基音（fundamental）；但同時它還表現出其他的音高，其中一部分的頻率是基音的整數倍，我們稱其爲「諧音」；另一部分頻率不是基音的整數倍，我們則稱其爲「泛音」。我們知道諧音是受耳朵歡迎的，不諧的音（也就是泛音變化不規則的）是不受耳朵歡迎的。然而廣播是完全由聲音組合而存在的，因此它需要的聲音，不一定全是諧音，或者全是受人歡迎的聲音，必要時，它還需要各色各樣的音質。譬如廣播劇的角色，我們用什麼向聽眾表達演員特殊個性，僅僅是在對話或劇情上推敲，那是不夠的，他還必須在音色上有著顯著的表示，這樣就會使一個角色的個性刻劃入微。廣播節目全靠有這麼多不同的音色，不然我們就沒有方法可以做出各種不同的節目來。

5. 人類聽覺效應

人類聽覺效應是以聽音能力爲基礎，所謂聽音能力指人耳對頻率、振幅、波形的感受能力，也就是辨別音高、響度、音質的能力。聲音強度會影響對音量大小的感受，包括聲音的特性及音高、環境雜音的大小、在這個聲音前後聲音音量大小，以及聆聽者對該聲音的好惡等，都會影響我們對音量大小的主觀感受。

（1）距離感與立體感

我們劃一張畫，必須符合透視學的條件，看起來才會有立體感；我們做一個廣播節目，必須有聲音的遠近，聽起來也才會有眞實的立體感覺，這就是所謂聲音透視（auditory perspective）。譬如：有兩個人在房裡談話，接著有人在敲門，另外很遠的地方有一聲槍聲。如果經過很好的製作，我們可以不必借演員的臺詞，就能完全聽出這三種聲音發生的地方。人的耳朵能夠聽出這些聲音的遠近，當然是因爲耳朵對音波的實際感受與

習慣。相反的，如果我們在音波上製作出上述的情況（利用隔音裝置），雖然我們是處斗室之中播出此一節目，可是聽眾的感受與實況並不會有兩樣。

（2）領先效應（precedence effect）

短暫的聲音最適合定位。這裡短暫的聲音，是指簡潔的聲音，比如鼓聲。而像管風琴這樣相對穩定的聲音，是最不適合定位的。鋼琴音符剛開始是短暫的，而後一直趨向於穩定，這也不適合定位。如果室內空間存在許多反射聲和混音響，讓聲音聽上去不那麼短暫或清晰，也不會影響對聲音的定位，因為剛開始的短暫聲音的音頭（一般是第一個直達聲）給出的訊息已經足夠定位了。我們把對第一個直達聲的反應叫做領先效應。領先效應說明我們是依據第一個直達聲的方向來定位的，除非後續到達的聲音比直達更響。

（3）哈斯效應（Hass effect）

德國聲學先進Hass先生於1951年發表著名的哈斯效應，以兩支喇叭播放連續語言，其中一支喇叭播放的語音訊號有經過時間延遲（time delay），兩支喇叭透過兩個獨立的音頻功率放大器，可單獨調整喇叭音量，並將兩支喇叭的音量調到一樣。聽眾坐在兩支喇叭中間位置進行聆聽測試，結果發現人耳對於左右兩支喇叭播放語言的時間差距在千分之5～30秒以內時，播放經過時間延遲那支喇叭的音量即使加大10dB，人耳也無法感受到兩支喇叭的聲音間有時間先後的差異，然而對於播放兩支喇叭時間差距在千分之40～50秒的聲音時，不必增加音量，人耳就可以明顯聽到有回音現象。從以上實驗發現，人耳對於時間差距在千分之5～30秒範圍內的反射音，感覺上只會增加原來聲音的響度與改善音色，然而，當反射音與直接音的時間差距長過千分之50秒，人耳感覺就是聽到明顯的回音。

（4）雞尾酒效應（cocktail party effect）

當我們處於一個很多人在同時談話的場合時，如聚會、公共場所等，會有這樣的感覺：即使現場有背景音樂和不同聲音組成的嘈雜聲中，分辨

出自己要聽的某個說話人的聲音，甚至不用將面部朝向那個說話的人。但是，若果將自己一個耳朵堵上，聽覺就喪失了這種從多種聲音中，分辨出想要聽的聲音的能力。聽覺這種能從眾多聲音中，分辨出自己所要聽的聲音的能力，稱為「雞尾酒效應」。

我們還可做一個實驗，即用麥克風代替我們的位置，進行收音，然後再聽這段錄音，可以發現錄出來的聲音結果，往往是非常糟糕的——我們基本上聽不清楚交談的內容，導致我們只有在現場才能聽懂談話的內容，這是由許多因素引起的，比如：第一，空間聽覺感知允許我們把注意力集中在某個方向傳來的聲音上。第二，我們能從交談者的嘴型，領會大概的意思。第三，交談雙方可能有大量的共同背景，限制了可能交談的話題、訊息等，從而使雙方能夠很容易理解交談的內容。

（5）遮蔽效應（masking effects）

開車時，一般人常會一面收聽廣播，尤其從一般公路轉入高速公路時，便不自覺地將收音機的音量調高，這是因為引擎及風聲產生了較大的噪音，遮蔽了廣播中的音訊。雖然噪音及廣播音量同時增加，但因為低頻噪音遮蔽了高頻的音樂，所以聆聽時並不覺得音量太大。但是，一旦駕駛人從高速公路返回一般公路時，則必須立即降低音源音量，否則耳朵就覺得無法忍受。這種現象叫做「遮蔽效應」。

（6）震盪（reverberation）反應

震盪是指在室內聲場穩定的情況下，音源停止發聲後，由於室內存在的多次反射而使聲音延後的現象。事實上，室外的聲音與室內的聲音，在耳朵的感受上是不同的，大廳與斗室的聲音也是不同的。如果在一個一望無際的曠野，我們高喊一聲，音波可能是能走多遠就去多遠，一去渺無回音。如果是在一個山谷裡，那麼聲音一發出，可能立刻就被折返回來，成為所謂回音（Echo）。如果是在一間很小的斗室內，我們的聲音就會發生很多的震盪。如果是在一個大廳裡，聲音就很可能發生共鳴。但是在音響學的觀點，這種毫無震盪或回音的曠野，可以說是一個「死的」（dead）音響關係，我們只要把播音室處置得完全沒有回音、沒有震盪，

第一章　廣播與聲音

013

就可以和曠野相似。我們只要使播音室增加多少共鳴的音波，或者震盪，同樣也可以製造出大廳與斗室的音響關係。只要你能在處理上很仔細，耳朵的領略與實際狀況是不會有兩樣的。

6. 人類的耳朵是容易受愚的

人類的耳朵是最容易受欺騙的。有人說人的眼睛是一個倔強（hard-bitten）的眞實主義者，而耳朵則是一個無藥可救（incurable）的浪漫主義者。所以我們常說百聞不如一見（英語也有I'll believe that when I see it）。然而在文藝的氣息上，則百見不如一聞。因爲耳朵，它會自動跟隨聲音的引導走入「非非之想」或者是「玄虛幻境」。這一點特性，可以說是廣播（radio）始終不會被電視、報紙取代的條件之一。廣播歷史上，美國新澤西州的CBS電臺，在「萬聖節」（Halloween）（相當臺灣習俗中的農曆7月鬼節）前夕，在「阿森維爾廣播節目」（Orson Welles Broadcast）中，曾經假想「火星人來襲」的情節，造成十萬民眾紛紛奪門而出，，而引起一個極大的騷動，以致美國聯邦傳播委員會（FCC）通知該電臺說：「這是一個非常大的遺憾。」可是在廣播節目效果來說，他們算是利用了人類耳朵的弱點，僅僅是一些音響學的處置及節目上的設計，卻使得成千成萬的人們受騙。

此外，很多音響效果，可以說我們全都是靠效果道具來製作，假如是眼睛看到，他就無法信以爲眞了。

7. 人的耳朵是富於想像的

由於人的耳朵富於浪漫色彩，容易受愚，因而它也是最有想像性的感官。這種想像力就是欣賞聲音節目的最大本錢。我們研究人類爲什麼會欣賞音樂，又怎樣來欣賞音樂。譬如一種旋律（melody），它並沒有很明白的表示它是快樂或者是憂傷，在作曲家的最初可能是有所指而發抒，但是成千成萬欣賞這個旋律的內心，並不一定瞭解作者的初衷，可是他們照樣能夠欣賞。而且各人隨著各人的想像，自我陶醉在這個旋律裡。同樣的旋律，可能有的人想像它是海闊天空，而有的人又想像它是萬花撩亂。由於人的眼睛是眞實的頑固份子，因此眼睛常常會停止一個人的想像。

譬如廣播裡描寫一位影星是如何美麗，聽眾一定盡可能的想像她是如何美麗。但如果是電視，這位影星以被出現在觀眾的眼簾，這時你再描寫她如何美，那就變成多餘的廢話。因為美不美，觀眾自己已經看到了，如果是真的美，你多描寫兩句還說得過去，如果是並不太美，那就令人有些毛骨悚然之感，而且美與不美，完全是個人心理的感受，並沒有一定規格或標準。又如中國的國粹「平劇」，真正會欣賞平劇的是「聽」平劇，而不是「看」平劇。他們經常是閉上了眼睛，鴉雀無聲地聆聽每一句細小的音韻，讓想像把他們帶入了最快樂的境地。

第一章
思考與練習題

一、解釋名詞

　　（一）音速；（二）功率；（三）頻率；（四）波長

二、試述聲音的自然特性。

三、請畫圖說明人耳聽覺結構。

四、請從人類耳朵的本能上分析收聽的功能。

五、如何從心理學上求得人類耳朵對聲音的反應特性？請舉例說明。

六、何謂聲音透視（auditory perspective）？請舉例說明。

七、解釋名詞

　　（一）領先效應（precedence effect）；（二）哈斯效應（Hass effect）；（三）雞尾酒效應（cocktail party effect）；（四）遮蔽效應（masking effects）

八、為何人類的耳朵是容易受愚的？請舉例說明。

九、為何人的耳朵是富於想像的？請舉例說明。

第 2 章 ▶▶▶

無線電廣播概論

①瞭解我國廣播產業發展情形
②瞭解電臺的種類
③瞭解電臺宗旨與電臺定位

　　廣播無所不在，在車上、在臥室、在辦公室、在書房、在客廳……，人們可一邊做事，一般收聽廣播；甚至在排隊等車或走路時，都有人戴著「隨身聽」，在收聽廣播。

　　美國是世界上廣播事業最發達的國家，也是世界上最早進行無線電廣播的國家。2003年在美國，平均每戶家庭，便擁有66臺收音機，美國民眾共擁有52億臺收音機，從另一個角度說，收音機數量和美國總人口的比例，超過2：1。所以，在美國很多開車通勤族，都是透過收音機收聽晨間新聞的，這比使用任何一種媒體的人數還要多。根據美國　Ar-bitron調查公司指出，青少年和成年人每星期平均花22小時聽廣播。那美國有多少家廣播電臺呢？至少有1萬3千家，大城市不用說，連人數只有幾百人居住的社區，都有自己的廣播電臺。

　　本章將介紹臺灣廣播發展情形、廣播電臺的種類及電臺

的設臺宗旨與定位，這都跟廣播節目製作有關。

✳ 第一節 我國廣播產業發展情形

一、發展歷程

我國第一座電臺：1922年12月，美商奧斯本（P. Osborne）在上海開辦中國無線電公司，並在大來百貨公司設立第一座無線電臺，電力50瓦，因音質差劣，開播不及3個月便告中斷。我國第一座民營電臺：1927年10月，另一美商在上海新新百貨公司屋頂，設立的50瓦廣播電臺，呼號SSC。每日播音8小時，節目內容主要是報導商場行情、宣傳宗教，間插播歌劇，及該公司的商業廣告等。我國第一座公營電臺：1927年，交通部在天津所設立的電臺。

1928年，中國國民黨中央執行委員會於南京創設「中國國民黨中央執行委員會廣播無線臺」（中廣公司之前身）。1929年，上海華商公司才創辦了一座由中國人經營的廣播電臺，該臺為50瓦特，每日間歇播音4小時，多屬娛樂性節目、商業廣告，而以商業廣告為節目中心。至此以後，各省各地的廣播電臺，如雨後春筍紛紛興起，廣州、香港、澳門的廣播電臺，都是在這個差不多時期，先後設立的。

（一）1930-1940年代：日治時期

臺灣人第一次聽到廣播是在1925年6月間日本在該國開始廣播事業的同時，日本總督府便在臺北建立播音室，進行10天試驗性質的廣播放送活動：「始政30週年紀念」。1928年11月，臺灣總督府交通局遞信部成立了「臺北放送局」（JFAK），使用日語開始播音，是為臺灣最早的廣播電臺，到了1931年正式開張，也宣告臺灣正式走進廣播的天空下。其後，日本內閣為了達到宣傳的目的，便在1932年的臺南、1935年臺中、1943年嘉義、1944年花蓮建立了大功率的「放送局」（廣播電臺）。到

了1932年，仿照日本國內的模式，成立「臺灣廣播協會」進行管理，其成立目的有二，一是強化島內言論管理，二是以電波壓制南中國福建、及南洋諸國的領空，配合日本軍部進行大東亞戰爭宣傳，但最終目的仍是以廣播對臺灣人民進行殖民統治。這家國際廣播機構自1931年在臺灣成立以來，到1945年日本戰敗結束期間，曾在歷史的時空中扮演了14年活躍的角色，在臺灣島內進行全島宣傳及海外宣傳，更是日本對所謂「南方」的主要戰爭宣傳電臺。

（二）1940年代：大陸撤退來臺

1949年，國民政府撤退來臺，中廣、中央、鳳鳴、空軍、軍中（漢聲）、民本、益世等多家電臺亦播遷來臺，此時廣播產業之主管機關為國民黨中央執行委員會「中央廣播產業指導委員會」，1950年為中國國民黨中央改造委員會「廣播產業輔導會議」。日據時期各廣播電臺，其後均為「中央廣播產業管理處」接收，1951年1月6日，行政院將上述電臺之房地產以「作價轉帳」方式，移轉至「中廣公司」名下。1959年，交通部以「政府整理頻道期間，不再開放民營電臺」為由，凍結民營電臺的開放。

（三）1950年代：民營電臺發展時期

1950年，臺灣地區軍公營電臺只有21家。當時主管廣播機構的廣播產業輔導會議為「加強抗俄宣傳」，除決定實施「全國聯播」外，並逐步開放全省各縣市廣播頻道，供民營電臺申請設立。1950年代前後，臺灣地區共成立23家民營電臺，肩負宣傳政令、遏制匪播之任務。

（四）1960年代：軍用電臺蓬勃時期

軍用電臺是政府對大陸實施心戰、鞏固國內心防的主力，凡隸屬於國防部及其所屬軍事單位使用的電臺皆為軍用電臺。此時期最具代表性的是成立於1957年隸屬於國防部軍事情報局的復興廣播電臺。該臺特色是只要對岸有電波滲入，即於適當地點以同一頻率阻擋，並從事心防教育。其先後於全臺各地成立分臺，共擁有27個分臺，使用78個頻道，其數量占全臺電臺之冠。

1959年，交通部因頻率容易干擾，函示「政府整理頻道期間，不再開放民營電臺」，凍結民營電臺的開放。

（五）1970至1980年代：政府電臺扶植期

1970至1980年代初期，政府積極輔導軍用與政府電臺設立，包括漢聲電臺、警察電臺、教育電臺、臺北電臺、臺灣區漁業電臺等。政府電臺指由中央及地方政府所設立與經營的廣播電臺，其目的在於政令宣導、公共服務等項目。中廣公司亦於1965年接受政府委託辦理「自由中國之聲」與「亞洲之聲」的海外廣播業務，並於1968年成立第一座調頻電臺，其後陸續設置四個調頻網。臺北國際社區廣播電臺（ICRT）則接收美軍電臺設備接續播音，並配合遏制匪播增設調頻網，此兩家民營廣播電臺，亦成為我國僅有之兩家大功率民營廣播電臺，此時公民營廣播電臺共計33家，惟95%以上由黨政軍控制。

（六）1990年代：頻道開放時期

1987年，政治解嚴，報禁解除，開放電臺的呼聲迭起。新聞局爰會同交通部將可供民間設立調頻或調幅廣播電臺的頻率加以整理，自1993年2月至2002年止，分10個梯次，辦理調頻大、中、小功率及調幅電臺的開放申設作業，供民間申設廣播電臺，共有151家電臺籌備處獲配頻道籌設廣播電臺，同時也引進市場自由競爭的管理制度，產生各種不同定位特色的類型電臺，活化臺灣廣播產業。

二、現況

根據國家通訊傳播委員會（NCC）2012年8月公告的臺灣無線廣播電臺家數，共有171家，如表2-1所示。順便一提的是，2010年10月位於臺中市的中聲電臺（舊調幅電臺AM864）終止經營，主動繳回頻道，是NCC成立以來，第一家表示放棄經營的廣播電臺。

表2-1 臺灣電臺數量統計表

類　　別	（總計）	（開放後）小功率調頻	（開放後）中功率調頻	舊有電臺（無功率區別）
民營電臺		77家	66家	21家（大多為調幅）
公營電臺				7家（含調幅及大功率）
實習電臺（無營運執照）				
總　　計	171家	77家	66家	28家

資料來源：作者整理。

在1993年電臺頻率，開放前既存之舊有電臺（29家）並無功率別的區分，因多為調幅電臺，故而統稱為舊電臺。前述中聲電臺關臺乃民營電臺（由22家減為21家），因此只剩28家。此外，擁有大功率之電臺，事實上只有公營電臺，包含後來改制為財團法人的中央廣播電臺（前為國防部所屬，專對中國大陸廣播）。第6梯次開放的金馬之聲電臺取得2個小功率頻率，仍列為小功率電臺。至於實習電臺，例如最早之學校調幅實習電臺——世新電臺、第一家調頻實習電臺——銘傳之聲，只領有電臺執照，有別於同時領有電臺執照及廣播執照正式營運之廣播電臺概念。

第二節　電臺的類別

無線廣播是藉電磁波來傳送訊息的，而電磁波根據其「調變」的形式，可分為「調幅」（AM）廣播與調頻（FM）電臺兩種。

就廣播特質而言，由於「調幅」廣播使用天波和地波傳送訊號，所以它的射程範圍較遠，但也由於天波會受到空中靜電的影響，故到地面之後，從收音機常聽到的廣播有雜音。至於「調頻」廣播則因使用直射波傳送訊號，遇有高山或大樓會受阻，故發射範圍較小，概以眼睛所能看到的

距離為限。由於調頻電波不向天空發射，加上其頻寬較調幅為寬，約有20倍之多，故音質較好，不但沒雜音，而且可產生立體聲的效果，適合播出音樂，但在臺灣，在1993年開放調頻廣播給民間經營之前，調頻頻道絕大多數撥給公營電臺使用，故以「政令宣導」為主，講話時間可能多於播放音樂呢！

一、以工程性質區分

依據「廣播電視無線電臺設置使用管理辦法」規定，我國調頻廣播電臺分為大功率、中功率、小功率等三類，一般而言，同一廣播區內，小功率電臺間頻道間隔約為400千赫、中功率電臺頻道間隔約為600千赫、大功率電臺間頻道間隔約為800千赫，其技術標準如表2-2。

依新聞局公布之資料顯示，至2003年止，大功率電臺均為軍公營，民營者僅中廣及ICRT。

（一）調幅與調頻電臺

無線電廣播電臺，就電波屬性而言，如同前述，可分為調幅電臺與調頻電臺。這裡有兩件東西，與廣播電臺有密切的關係，其一為「頻率」（frequency），其二為「功率」（power）。

所謂功率是指廣播電臺發射電力的大小；而頻率乃指電波每秒跳動的次數（cycle per second）。一般而言，電臺廣播範圍的遠近，是與發射功

表2-2　大、中、小功率、調幅之技術標準

類　　別	輸出功率	發射半徑	電臺種類
調頻大功率	30千瓦以上	全國	（全）地區
調頻中功率	3000瓦以下	20公里	區域性
調頻小功率	750瓦以下	10公里至15公里（依87年1月1日起實施之小功率廣播電臺服務區調整案，宜蘭、花蓮、臺東及澎湖地區調整至15公里）	地方性
調頻調幅	1000瓦以下	40公里以內	區域性

資料來源：作者整理。

率的大小有關。但低頻調幅廣播，更要借助天線鐵塔的高度，來協助電波的發射，因爲其二者恰成反比。調頻電臺則需藉天線鐵塔高度與轉播站，將其至高頻（VHF）和超高頻（UHF）的電波傳送出去。

現在調幅廣播所使用的是中頻的電波，經國際協商劃定在540至1600千赫（kHz）；而調頻廣播所使用的頻率範圍，屬於至高頻（VHF），國際協商劃定在88至108兆赫（mHz），並規定調幅電臺頻寬爲10千赫，調頻電臺則爲200千赫，以免互相產生干擾。前述我國的情形，是將之「加倍」了。誰知由於頻寬「加寬」，卻讓臺灣地下電臺「趁虛而入」，有機可乘了！

（二）數位廣播電臺

由於廣播數位化已經是全球傳播科技發展的趨勢，臺灣亦不能例外。數位廣播（Digital Audio Broadcasting, DAB）是繼傳統AM、FM廣播之後的第三代廣播，除了可使收音品質提升至CD音響的水準，也可同時傳輸影像及數據，提供附加價值的服務。其優點包括：具備數位訊號傳輸的優點，抗雜訊、抗干擾；數位廣播藉由壓縮技術，一個頻率可以同時傳送多套高品質、無干擾的節目；聲音品質可達到CD水準；可同時傳輸數據信號，未來可運用範圍如呼叫（paging）、廣告、天氣預報、節目報導、尋人尋物等。

1998年，交通部電信總局委託工研院電通所，就歐洲與美國數位廣播系統提出綜合報告，之後決議以歐規Eureka-147做爲臺灣DAB的測試標準。

2000年1月，交通部正式公布歐規Eureka-147的試驗計畫，同年2月29日並公布DAB試驗電臺名單，其中包括中廣、中央、警廣、漢聲、教育等5家全區電臺，及飛碟、全國、港都等16家分區電臺。

經過4年的試驗之後，在2005年6月獲得政府開放申設的數位廣播電臺有全區網3家：福爾摩沙臺（民視）、優越傳信數位廣播（大眾電臺）和中國廣播公司。地區網「北區」寶島新聲電臺、臺倚數位廣播（臺灣大哥大、倚天科技），「中區」無，「南區」好事數位生活臺（港都電

臺）。

　　然而，在公布前述民營數位廣播電臺的申請設立之際，原有全區公營廣播電臺如教育等，則宣布退出試播電臺行列。更令人難以相信的是，到了2006年起直至今日，前述民營數位電臺除寶島新聲電臺之外，均已告停播，如表2-3所示。在2007年1月11日上午，由數位廣播通訊聯盟假臺北市電腦商業公會召開的一次會議中，與會數位廣播業者即表示，停播原因很多，也很複雜，但主要問題是數位廣播自試播及開播以來，已經燒了不少錢，在開銷經費龐大，而收入卻極微情況下，無以爲繼。總而言之，數位廣播在沒有適當的營運模式，加上數位廣播接收器的銷量不彰之下，導致數位廣播變成如今的窘境。

　　目前獨撐大局的寶島新聲數位廣播電臺，乃租用中央廣播電臺機組，播送數位廣播及多媒體節目，內容有互動音樂、數位學習等，其收聽對象爲臺北市、新北市，以及桃園地區的越籍、菲律賓籍、印尼籍及泰籍勞工，經費來源包括申請政府補助款在內，說來經營誠屬不易也！

　　就工程性質而言，除了前述的地面（terrestrial）電臺：調幅、調頻電臺及數位電臺之外，尚有已營運多年的衛星電臺（satellite）和正在興起的網路電臺（online），衛星廣播在國外行諸多年，在臺灣，民眾較爲陌

表2-3　第一梯次數位廣播業者現況

編號	電臺名稱	經營地區	現　況
1	福爾摩沙電臺籌備處	全國C組11D	架設許可證逾期
2	優越傳信數位廣播股份有限公司籌備處	全國B組11C	架設許可證逾期
3	中國廣播股份有限公司	全區單頻網A組	架設許可證逾期
4	寶島新聲廣播電臺股份有限公司	北區E組10C	完成架設，業已核發電臺執照
5	臺倚數位廣播股份有限公司籌備處	北區D組10B	業經NCC許可廢止數位廣播籌設許可
6	好事數位生活廣播電臺籌備處	南區E組10C	架設許可證逾期

資料來源：國家通訊傳播委員會網站。

生，有的話，也是聽海外的衛星廣播；而網路電臺在臺灣如銀河網路等，已經營多年，也吸引不少年輕族群上網收看。不過，面對有愈來愈多的人們，特別是年輕族群，紛紛使用MP3、iPods、iPhone或其他行動裝置來接收音樂，或使用podcast來接收資訊或娛樂時，對於傳統無線廣播業者，毋寧是一種警訊！

二、以經營的方式區分

其次，電臺的種類，除以工程性質區分爲調幅、調頻與數位三類以外，另外，若以經營方式來看，則可分爲商業（commercial）及非商業（non-commercial）電臺。前者爲營利性電臺，後者爲非營利性質；後者又可分爲公共（public）、學校（college，指教育性、非商業性質）、社區（community），以及宗教（religious）等四種。在美國，調幅廣播原本有非商業性電臺，後來在1938年將它移往調頻，第二次世界大戰之後，又將88到92兆赫的範圍劃定爲非商業性電臺，共有20個頻道，屬地功率（10瓦）之D類電臺。

不管是商業性或非商業性之調幅或調頻廣播電臺，均牽涉到經營理念與電臺定位等經營管理上的觀念及實際運作等問題；而這些又影響到節目企劃與製作。最明顯的例子，在我國公營電臺，如由政府機關設立的電臺，大抵屬非商業性質之電臺，而民營電臺，由中華民國國民以公司或財團法人型態設立之電臺，前者屬商業性，故以營利爲目的，後者屬非商業，故應屬非營利廣播電臺。

三、以行銷觀點區分

就行銷（marketing）的觀點來看，美國市場行銷學大師科特勒（Philip Kotler）指出，廠商對於市場有三種不同的營運方式，即大量行銷（mass marketing）、產品差異化行銷（prodcut-differenciated marketing），及目標行銷（target marketing）。

（一）大量行銷與產品差異化行銷：綜合型電臺

以廣播電臺節目播出類型來看，所謂「綜合性」電臺，類似前面所指的「大量行銷」，及僅對一種產品作大量的生產與配消，以期吸引各類之消費者。此外，所謂「產品差異化行銷」，即生產兩種或兩種以上的產品，其各具有不同特色、款式、品質及大小等，以使消費者能有所選擇，並使此產品有別於競爭者產品。因此，綜合性電臺開闢兒童、婦女、綜藝、戲劇、宗教、新聞、公共服務、體育……各式各樣節目，以期吸引「大量」或「產品差異化」的消費者。

在1987年臺灣解嚴以前，臺灣大部分的電臺仍採取綜合性電臺的類型，基本上，希望以大眾（mass）為目標受眾。然而，隨著解嚴，電臺大量開放，再加上有線電視與衛星電視興起，廣播電臺漸漸被視為一種「弱勢」媒體，無法與聲光畫面具備的無線與有線電視媒體抗衡，尤其網路媒體出現之後，原有一些仍守在廣播收音機旁邊的年輕學子，大量流失，轉而透過電腦或手機等，上網尋找音樂或其他影音資訊。於是，部分原有廣播電臺業者，以及新成立的電臺業者，為了更有效掌握市場機會及產品與行銷組合，於是便採取「分眾化」的「目標行銷」策略，這種策略就是將市場區隔成若干群體，分別針對各自目標市場開發適當產品，並研訂出來的一種適當之行銷組合策略。

（二）目標行銷：類型電臺

事實上，這種「分眾化」的「目標行銷」策略，與前述「分眾化」和「窄播」有關。目標行銷的主要步驟為市場區隔、目標區隔、目標市場之選擇與市場定位。

在美國，從1950年代起，便發展出以市場區隔為依據的一種有規則性的特性電臺，意即「類型廣播電臺」（format radio station）。到目前為止，這種轉形成功的電臺經營方式，拯救了美國的廣播事業。

1950年代以前，美國的廣播節目除了少數熱門音樂電臺外，並沒有其他的特殊類型電臺（format stations）。後來因為面對電視的強烈競爭，1950年代以後，廣播由全國性媒介轉而扮演地方性媒介，朝向分眾

發展，各自標榜一種特殊的聽眾群，而避開與電視重疊的大眾市場，進而謀求廣告收益。

事實上，促成美國類型電臺大量發展的因素有三：

1. 美國聯邦傳播委員會（FCC）開放了許多低功率（lower power frequencies）的電臺，以便在都市之外，設立更多的地方性電臺。

2. 手提收音機的問世，開發更廣大的廣播聽眾市場。

3. 搖滾樂的風型，引導廣播業者進軍這個市場。1950年代後期，電臺已開發出多種類型，如美麗的音樂（beautiful music）、音樂排行榜（Top 40）、鄉村音樂（country music）等。

「類型電臺」的一般做法是，電臺委託市場顧問公司先作分析，找出閱聽人市場的飽和度，並規劃出最大市場的閱聽人定義，以電臺一天總播出時間為基準，分成若干時段，在整體規劃下，於不同的時段，進行不同的節目內容。

在這種情況之下，不但可區分出電臺的特性，更可掌握市場，而且以一天為週期。在整體包裝下，讓聽眾習慣節目的進行方式，進而使聽眾不知不覺地融入電臺的運作。

美國廣播電臺基本上是以商業方式經營，故其是以市場取向，民營電臺可自行決定其節目類型（format），而其主管機關——聯邦傳播委員會（FCC）原則上是不加干涉的。目前美國的類型電臺大致上可分為下列幾種：

1. 成人當代節目（adult contemporary, AC）

2. 當代熱門音樂電臺（Pop contemporary hit radio, CHR; Top 40）

3. 輕音樂（light music）

4. 搖滾唱片型（rock 'n' roll）

5. 鄉村音樂臺（country music）

6. 古典音樂臺（classical music）：又細分：古典搖滾（classic rock）、古典流行（classic hits）

7. 當代都市音樂（urban contemporary）

8. 陳年葡萄臺（Oldies）（nostalgia radio stations?）

9. 中間路型臺（middle of the road, MOR）

10. 新聞與談話臺（News/Talk）

　　1980年代廣受歡迎的休閒音樂，包括：Easy Listening（EL）、Middle of Road（MOR）、Variety和Nostiga，隨著人口結構、資訊取得便利性、廣播科技的快速發展，已歸併至American Standard類別中。

（三）聯播網

　　另外一種拯救廣播事業的經營方式，就是「聯播」了。在臺灣原有所謂法定的聯播網（network），就是除了屬於院轄市的臺北、高雄二個地方政府所屬電臺之外，其餘指配有「大功率」的電臺，像漢聲、警察、復興、教育四家公營電臺。此外，所謂民營電臺也只有「中國廣播公司」和「臺北國際社區廣播電臺」（ICRT）兩家獲得青睞。如表2-4所示。

　　等到1993年，政府宣布開放頻道之後的新設立電臺，為了求生存、圖發展，也成立「自發性」的「聯播網」。換句話說，臺灣廣播市場自1993年開放後，政府大量釋出頻道，對原有的廣播生態造成了第一次革命；而新興電臺的聯合經營與聯播，則是廣播生態的第二次革命。

表2-4　臺灣各調頻大功率電臺之調頻率數

頻率數	調頻軍公營大功率電臺						調頻民營大功率電臺		大功率電臺總頻率數	調頻總頻率數
	漢聲	警察	復興	教育	臺北	高雄	中廣	ICRT		
調頻頻率數	8	12	1	8	1	1	30	2	63	183
大功率頻率比（%）	12.7	19.05	1.59	12.70	1.59	1.59	47.62	3.17	100	
總頻率比（%）	4.37	6.56	0.55	4.37	0.55	0.55	16.39	1.09	34.43	

資料來源：前行政院新聞局廣電處網站。

尤其，自從1996年之後，部分電臺開始進行區域性節目相互聯播，唯規模不大，且成效不彰，真正開始公司化的策略聯盟，並衝撞新聞局法令規章者，則首推1997年開播的飛碟電臺，採用相同的名人牌，與臺北之音分庭抗禮，迄至2003年約有8家全區或部分區域的聯播網成立，包括：東森、好事、KISS、亞洲、HIT FM、APPLE及青春線上等，這時的臺灣廣播事業，遂進入合縱連橫的局面。原本獨立經營之電臺，如北部的臺北之音，中部的臺中、全國、大千等電臺，全都面臨聯播網所給予的壓力。

　　目前以主播臺自居的電臺，主要有：飛碟電臺（聯播臺10家）、臺北之音電臺（聯播臺7家）、快樂電臺（聯播臺5家）、港都電臺（好事聯播網：Best）（聯播臺4家）、金聲電臺（聯播臺3家）、城市電臺（聯播臺3家）。

　　目前廣播產業發展策略聯盟的方式主要可分為三種：一是「經營結合」，二是「節目共享」，三是「業務結合」。「經營結合」是指結合的兩家廣播電臺所播出的節目完全一樣；「節目共享」是指同一節目由多家廣播電臺共同製作、播出；「業務結合」則是一種比照聯播的合作方式，因為主播臺與聯播臺的經營權各自完全獨立，惟對於聯播之節目，則採業務合作的經營方式，期降低節目製作成本。

（四）專業電臺

　　在臺灣，服務功能與類型電臺相似，但實際運作又不一樣的電臺，叫做「專業電臺」，以下作一比較說明。

　　何謂「專業」？

　　中國古籍《左傳》恆公15年：「祭人中專，鄭伯患之。」此「專」即只「擅長」。

　　《禮記》〈曲禮〉：「有喪者專席而坐。」此「專」即指「單獨」。

　　國內大部分辭典對於「專」的解釋，不外是指「專門的學業、事業或職業」，例如中華書局出版的《辭海》，則將「專門」解釋為「精專於一類，相對於普通而言」。至於外國字典呢？

《牛津大字典》對專業的解釋是「一個人專門從事於一項職業，這項職業必須具備高度的學術上或科學上的知識和技能，以應用於其他人的事物，而提供專門性服務」。

《美國百科全書》對專業的解釋是「專業和其他行業並無顯著的不同，但是專業必須提供高度特殊化的知識服務」。

由上面的解釋可以得知，所謂「專業」是指「相對於普通，具有高度特別化或學術上的、科學上的知識或技術服務」。

就廣播電臺而言，所謂專業電臺，至少可以包括以下這5家電臺：

・教育廣播電臺（1960年3月29日開播）
・警察廣播電臺（1971年3月1日開播）
・中廣新聞專業電臺（1972年8月1日開播）
・中廣農業專業電臺（1975年8月3日開播）
・臺灣區漁業廣播電臺（1975年8月3日開播）

以上是在1993年政府開放廣播頻道以前，政府有關部門（包括當時的執政黨：中國國民黨）視環境與社會的需求，利用廣播媒體所從事的專業廣播服務，然而，就其原始意義而言，應稱「特殊任務廣播電臺」，但該政府所屬電臺之管理階層，卻較喜用「專業廣播電臺」。到了1993年以後，新的電臺紛紛奉准成立，便出現以女性、勞工……為主要對象，故統稱之為某某專業電臺。（有的電臺甚至模仿美國類型電臺〔format stations〕的作法，一天24小時播出某一類型音樂，如搖滾業、輕音樂、鄉村歌曲……）

其實，與其去爭論類型電臺與專業電臺有何不同，不如從電臺設臺宗旨與電臺定位，來更進一步瞭解其與節目製作的關係。

❋ 第三節　電臺宗旨與電臺定位

媒體管理學者Lavine及Wackman（1988）在其所著《媒體組織管理》

（*Managing Media Organization*, 1988）一書中強調，電臺宗旨要能夠提供一個廣闊的遠景，並且能說明電臺設立的原因。

一、電臺宗旨

為何要確定電臺宗旨？我國廣播界前輩陳本苞先生指出，電臺宗旨的確立，在於使電臺經營方式正確，因此他認為一位電臺經營者必須確定以下三個觀念：1.廣播事業本身乃是一種社會公器，廣播頻率是屬於全體國民，因此，2.應將廣播事業看成是一種教育性、社會性的投資，而不是一種商業性的投資，3.廣告本身可以促進工商發展、社會繁榮，但電臺對其必須要有選擇性，以避免被市儈商人所利用。

例如：在國內唯一以英語發音的廣播電臺——臺北國際社區廣播電臺（ICRT），其設臺宗旨乃是「服務臺灣地區的外籍人士，並以促進中西文化交流為目的」。又如由臺北市政府設立的臺北電臺，其設臺宗旨為「宣導市政並肩負民防工作」。

再以政府開放第一批廣播頻道，並於1994年10月25日成立正式開播的「正聲廣播公司臺北生活資訊調頻臺」（ICB, FM 104.1）為例，其乃以「提供大臺北都會居民生活資訊」為設臺宗旨。惟到了2001年，改定位為「財經專業電臺」，為了讓投資大眾擁有更寬廣的財經視野，該臺除現有股市節目外，另在早上時段開闢系列專業財經節目，與下午與晚上的股市區塊，相互呼應連結。

甚至在解嚴前在國內唯一由學校附設學生實習並准對外播音的世新電臺，其創辦人成校長舍我先生，在該臺開播致詞時，便期盼該臺所播的節目能做到讓聽眾「開機有益」，這就是該臺之設臺宗旨。

由上得知，廣播電臺本身的設臺宗旨，必須能反映市場取向、社會期待、傳播功能與道德力量。其次，也必須能服務聽眾、員工，以及投資者的最大利益。最後，更能要運用廣播媒介的特性，並且發揮廣播媒介的功能。

二、電臺定位

一般而言，廣播電臺本身的設臺宗旨，即已確立電臺的定位（positioning），而電臺的定位亦會反映在節目的表現方式，例如：商業取向的電臺，因為市場定位與服務的受眾不同，或重視娛樂性節目，或重視新聞節目；而公共廣播電臺則偏重公共服務性質的節目；宗教廣播電臺自然會偏向宗教與心靈的訴求。簡言之，商業性電臺是為了高利潤而運作，而非商業性電臺則是為了節目策略而生存，本質上是沒利潤可言。

目前國內各個電臺的定位又如何呢？以廣播界的龍頭——中國廣播公司而言，早於1973年8月成立新聞專業電臺，當時可謂一項創舉。後又分別成立音樂網、青春網……等，確立專業及類型（format）電臺節目取向，使得其市場定位更加明確。

前述臺北國際社區廣播電臺，其前身乃是美軍電臺（AFNT），1978年美軍宣布撤出臺灣，但由於主、客觀因素認為此唯一的英語電臺有存在的必要，乃於1978年4月16日接續美軍電臺播音，正式成立ICRT，繼續單負起服務外僑與中西文化交流的任務。該臺調頻網（北部FM 100.9；南部FM100.1）定位為「當代成人節目」（adult contemporary）類型，對象以25至48歲為主，並以播放自1950年代至今的流行音樂或歌曲為主，但不包括搖滾樂，縱使有的話，也是柔和的，特別是抒情音樂，採連續播放方式。至於新聞播報，除每個鐘頭有5分鐘的整點新聞外，在清晨至7時，更有長達半小時至一小時的新聞時段，不過，這個傳統已有改變，因為商業需求，早上時段已改為某私人英語教學單位買走的時間了。

以中廣音樂網（FM96.3）為例，其節目宗旨為「為了提供聽眾最佳的服務品質，音樂網24小時依作息陪您工作玩樂，創造無壓力自由空間。陣容龐大的聲猛活力DJ，風格獨具，魅力無敵」。綜觀其發展，最初，音樂網藉由自動化電腦播出系統排播全天樂曲，不設主持人；自2000年3月份起，逐步增加各類有音樂素養的主持人，白天黑夜兩種風貌，不同時間不同心情，營造出流行、風潮、都會、年輕、變化、前

衛……的收聽情境。因此，中廣音樂網的定位就很清楚：音樂網的收聽群目前以20到45歲的「年輕成人」聽眾為主，其結果就是造成中廣音樂網，成為全國收聽率最高的音樂專業電臺。

成立於1960年的教育電臺，其設臺宗旨為「製播創意文教新聞、提供優質閱聽品質、強化顧客導向服務、創造卓越團隊活力」，藉以建構卓越團隊，製播優質節目，透過全國調頻網與網路廣播服務系統，傳送到各個角落，讓社會大眾享受收聽廣播的樂趣，享受成長的喜悅。秉持前述設臺宗旨下，教育電臺遂自我定位為「文教專業臺臺」，堅持媒體社會責任，這也是該電臺永續經營的方針與競爭力的來源。

前面提到宗教電臺，因此，這裡也要特別介紹財團法人佳音廣播電臺，該臺乃以關懷人們心靈為出發點，成立於1995年10月，頻率為FM90.9，屬於民營小功率電臺，是臺北地區唯一的社區公益電臺，不以營利為目的，播出範圍涵蓋大臺北地區，電臺抱持「真心關懷、伴你成長」的理念，針對每一個人、每一個家庭與社區，製作各類型的節目。

因此，在前述的設臺理念之下，佳音電臺的設臺宗旨為：1.重建社區倫理道德，推廣富而好禮之價值觀。2.提倡文化休閒活動，充實社區居民生活。3.加強社區守望相助，推展社區福利服務，促使社區更溫馨祥和。換言之，電臺希望以媒體傳播之力量以達成強化家庭、教化社會、淨化人心之責任。

由於佳音電臺是基督徒共同成立之電臺，也是臺灣第一個基督教電臺，秉持前述宗旨，佳音電臺的定位即為「一個關懷全家人身心靈成長的電臺」。

另外一家民營商業電臺——飛碟廣播電臺，成立於1996年，頻率FM92.1，設臺宗旨乃：1.結合知識力量。2.發揮人文關懷。3.以專業廣播理念，全方位經營。4.擴展精神生活領域。5.塑造都會區新文明。經過幾年經營，飛碟電臺已發展成「飛碟聯播網」，是一個完全商業化經營的綜合性電臺，除了強調「最好聽的音樂」、「最流行的話題、觀念與資訊」之外，並以「兼具時代感、國際觀及娛樂性的主流電臺」做為該電臺的定

位。

　　另一家曾爲「地下電臺」，後經合法申請核可的中功率調頻電臺──「寶島新聲電臺」，成立於2004年，頻率FM98.5，包括在地下電臺期以TNT發聲期間，曾以非營利、並以「扮演公共論壇」爲自許，其設臺宗旨有四，乃希望促使民眾爲：「1.參與公共事務，服務社區鄉里，促進地方繁榮。2.關心公共政策，監督政府，爭取民眾權益。3.愛護公共資源源，提供公共福祉，改善環境品質。4.凝聚公民意識，提升教育文化，培養民主素養。」然而，當合法後的幾年經營經驗，現已轉型並定位爲：「1.唯一的臺語音樂臺。2.沒有賣藥的節目。3.提供優質的臺歌曲。4.精緻的文化節目。」

　　總之，本章內容主要給予讀者先對我國無線電廣播的發展，尤其1993年的頻道開放政策，作一簡單介紹。接著針對發射過程、無線電廣播電臺的種類：依工程性質分爲調幅、調頻電臺、數位電臺及網路電臺、依經營方式分爲商業與非商業電臺、依行銷觀點分爲類綜合與類型電臺及聯播網，先有一個基本認識。最後，就節目企劃與製作相關的幾個因素：電臺宗旨與電臺定位加以說明，而有助於以下各章脈絡與發展的認識與瞭解。

第 二 章
思考與練習題

一、試以工程技術區分電臺的種類。

二、試以行銷觀點區分電臺的種類。

三、試述日治時代的臺灣廣播發展情形。

四、試述我國發展數位廣播的發展情形。

五、何謂「類型電臺」（format radio）？有何特色？

六、何謂「專業電臺」？有何特色？

七、為何要確立電臺宗旨？

八、請舉例說明較知名電臺的定位情形。

03

第 3 章 ▶▶▶

廣播節目經營與策略

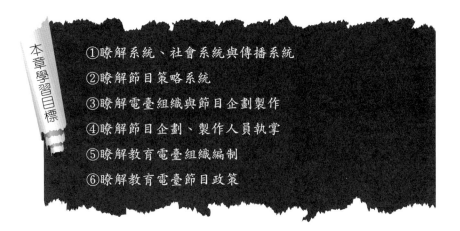

本章學習目標

①瞭解系統、社會系統與傳播系統
②瞭解節目策略系統
③瞭解電臺組織與節目企劃製作
④瞭解節目企劃、製作人員執掌
⑤瞭解教育電臺組織編制
⑥瞭解教育電臺節目政策

　　前一章提到電臺成立的理念、宗旨，因爲它牽涉到電臺的定位，這是比較「微觀」的，本章的目的，乃希望從「巨觀」的角度來看，因此，首先欲介紹系統的觀念，俾讓讀者在進一步瞭解節目企劃與製作之前，先有較爲宏觀的概念，因爲廣播電臺乃屬於傳播系統（communication system）之一環，而傳播系統乃屬社會系統（social system）之一環，再者，社會系統又屬人類眾多系統之一環。有了這些觀念，再回頭看節目政策與節目製作，就容易多了。

　　當廣播電臺位於傳播系統之一種組織型態時，從節目企劃與製作的觀點來看，廣播電臺的另一個特質，便是它又屬於一種創新性（innovative）的系統與組織。跟其他如電腦公

第三章　廣播節目經營與策略 ——

037

司⋯⋯等高科技企業組織一樣，廣播電臺必須時時刻刻動腦，以便推陳出新它的產品──節目，才能夠在眾多的競爭對手中生存與發展。

就在節目在創意中產生之際，一個成功的節目，也必須考慮到在此系統中內在與外在因素的影響，以做為節目製播的依據與參考，因此節目策略在此環結中，更突顯其重要性。最後，本章也要介紹廣播電臺組織以及節目企劃與製作有關的部門與人員，如此，讀者在下一章進行廣播企劃與製作實務時，才清楚生產與製作這些創意性產品──廣播節目的，到底是哪些人。

第一節　系統、社會系統與傳播系統

一、系統

在浩瀚無邊的宇宙中，人類文明所繫的地球，便屹立在宇宙眾多星系之一的銀河系，於是，「系統」（system）這個概念，就是告訴我們系統是一個組織的、複雜的全體，或各類複雜事物的整體之組合和聚合，正與佛家所說的「一沙一世界，一葉一如來」相契合。

根據韋氏新國際字典所下的定義，所謂系統乃指「規律化的交互作用或相互依賴的萬物的結合，為達成共同目標所構成的整體」。

早於1920年代，生物學家貝特蘭非（Ludwig Von Bertalanffy）首先提出「一般系統」的理論，簡言之，現代科學各分科在演進當中都在觀念上推向一個共通的觀念，因而提供了一般系統一個形成通用的機會。

（一）系統的特質

前述的系統概念到底有什麼特質？第一，它有個疆界。誠如巴克雷（Walter Buckley, 1967）所說，系統是一種「持續性、維持疆界及各有不同部分組成的東西」。第二，它具有互動性。前述之貝特蘭非便稱系統是一種「互動因素的複合體或具有一些類似的態度（方法）」（Ludwig Von

Bertalanffy, 1975）。第三，它具有同目標。迪・羅斯奈（Joel De Rosnay, 1975）進一步的說，系統是「一組呈現動態互動的成分，這些成分乃爲一共同目標而組成」。第四，它與其他成分彼此都有關係的。如同佛拉德與卡森（Robert L. Flood & Eart R. Carson, 1988）所定義的「系統」，是「在一組織化整體中彼此相關成分的結合」。

（二）生命系統的結構

　　系統理論亦稱做「輸入」（input）與「輸出」（output）系統理論，前者是指外界輸入至系統內的活動，其中又區分爲生產輸入與維護輸入，其目的在達成社會功能與維護社會的存在。後者乃系統對環境的輸出，即原料輸入後，經過處理，轉換爲成品，以便貢獻給外在環境，簡言之，即對外在環境的反應。圖3-1即爲生命系統（living system）的結構。

　　根據一般系統理論及其發展出來的社會系統理論與其附屬之傳播行爲系統，也都和所有的生命系統一樣，本身就是一個開放的系統。換言之，社會系統不能獨立環境之外，此外，社會系統本身又有次級系統（sub-system）存在，例如：組織系統。

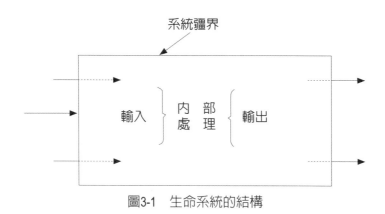

系統疆界

輸入　內部處理　輸出

圖3-1　生命系統的結構

二、社會系統

（一）次級系統

　　首先將「結構功能」分析拿來比對一般系統觀念者，乃是美國社會學者帕森思（T. Parsons），在1960年代，他將社會視為一有機體，然後將社會分為四種此系統：（1）行動系統（behavioral organism system），（2）人格系統（personality system），（3）社會系統（social system），與（4）文化系統（cultural system）。帕森思認為，所有具體的社會行動（social action）都受到來自這四種次系統的力量之支配與干擾。

（二）系統的功能

　　為了維持成長及應付來自系統以外的刺激與挑戰，任何系統都必須擁有以下四種功能：

1. 規範穩定性的功能：模式的維護。
2. 整合的功能：社會互動及行動單位整合的過程。
3. 調適的功能：對外在環境的適應。
4. 追求目標的功能。

三、傳播系統

（一）傳播系統的功能

　　人類傳播行為系統概屬社會系統之一支，同樣擁有其本身之社會功能。1949年，大眾傳播研究先驅拉斯維爾（H. Laswell）從社會鉅觀著眼，探討大眾傳播對整個社會擁有的功能，包括以下三個功能：

1. 偵查環境（surveillance of the environment）。
2. 協調反應（correlation of the parts of society in responding to the environment）。
3. 文化傳遞（the transmission of the social heritage from one generation to the next）。

美國另一位傳播學者萊特（Charles Wright）則補充了「娛樂」（entertainment）功能；而布丁（Kenneth Boulding）認爲大眾傳播媒介可刺激消費，故又補充「廣告」（advertising）功能。

根據傳播學泰斗施蘭姆（Wilbur Schramm）的綜合性說法，大眾傳播媒體的功能可包括：監視（watcher）的功能、決策（forum）的功能、教育（teacher）的功能、娛樂的功能和商業（廣告）的功能。

（二）廣播的的功能

以「廣播」這個無線電子媒體而言，它可以全天24小時報導國內、外新聞及氣象，讓聽眾瞭解生活環境四周目前及未來的狀態，例如颱風動態或戰爭走向，以上均屬「監視的功能」。其次，廣播在「決策功能」方面最顯著的，就是目前流行的「叩應」（call-in）。當政府某一重大政策形成之前，電臺可藉call-in，測知一般民眾對這項政策的反映和看法。尤其以臺灣近年來大小選舉連連，各種新聞媒體莫不以各種方式的民意測驗，來測知各政黨候選人當選的可能性，以上都可算是廣播的「決策的功能」。

廣播在教育、娛樂和商業方面的功能，則更爲眾人所熟知了。以「教育功能」爲例，各電臺的空中英語或日語教學，即省去交通往返補習班之煩惱，又可選擇適合自己的時間與地點收聽廣播，可謂一舉兩得。

廣播的「娛樂功能」，早期在電視未出現前，最爲人所稱道。幾乎家家戶戶，隨時打開收音機，收聽自己喜歡的音樂、歌曲或小說、戲劇等類節目，已達到休閒及娛樂的效果。

最後談到「商業功能」，也就是一般所說的「廣告」或「工商服務」。在資本主義國家的私人或商業性質的廣播電臺，其收入依靠廣告，而一般消費者，也大多根據媒體，包括廣播在內的廣告訊息，來做爲消費的參考。尤其當社會進入工商資訊發達的階段，一般企業廠商更重視大眾傳播媒體的功能，各國廠商每年編列宣傳預算，大做廣告，以達到促銷的目的。

（三）廣播的特性

其實，廣播媒體與其他一般像印刷等媒體相較，還有以下幾項特性：

第一，可以一邊做事，一邊收聽，例如在開車、做家事、做功課時，一邊收聽廣播節目。

第二，可以做雙向溝通，打電話進入節目，與節目主持人或其他聽眾直接交談。

第三，可以「隨身聽」廣播節目，是屬「個人化」的大眾媒體。

其他特性方面，廣播尚可：人人易懂，不受教育程度影響；傳播速度快，沒有疆界之分，具有想像性等等。

❋ 第二節 節目策略系統

如果將廣播電臺比喻為一家工廠的話，那麼廣播電臺所要生產的產品（products）便是節目（programs）了。

什麼是「節目」？我們知道，收聽廣播時的主持人談話、所放的音樂以及音響效果，便是組成節目的三個要素。這三個要素，經過有系統、有組織的設計與編排，成為節目的內容，透過廣播電臺播音室的機器設備，例如麥克風、唱盤、混音器、放大器等，並經由發射天線，將此一載波訊號發射出去，供一般大眾收聽者，即為廣播的節目了

一、節目策略系統的概念

前面所說，節目既然為廣播電臺的「產品」，它必須接受市場供需法則的影響，因此，電臺經理人員如果想要有效經營他的廣播事業，就必須要注意與重視所謂的「節目策略」（strategy）。

根據前述的概念，電臺經理人員除了在節目製作階段要研究節目製作內容與技巧之外，更要研究節目策略、節目促銷（promotion）與節目銷售（sales），而其目的，則希望所生產的產品——節目，能受到市場受眾（audience）的歡迎與喜愛。如何瞭解其是否受到消費者的喜愛，則依賴收聽率（rating）的調查來調整播出節目的內容，甚至於電臺整體性的節

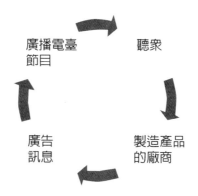

圖3-2　節目循環關係圖

資料來源：Raymond L. Carroll與Donald M. Davis合著*Electronic Media Programming: Strategies and Decision making*（1993年），第9頁。

目編排（schedule）。

以市場爲導向，並以廣告爲收入主要來源的商業性廣播電臺，其與節目內容和觀眾之間，變形成如圖3-2的循環關係。

一般而言，影響節目策略的主要因素，除了圖3-2所提示的廣播電臺業者、廣告商與聽眾之外，尚有政府部門的執行者，如我國的國家通訊傳播委員會。

二、聽眾調查

前一章提到，「類型電臺」不但可以區分出電臺的特性，更可掌握市場，因此，類型電臺事先便要委託市場顧問公司先做「聽眾意見調查」。在以前「生產導向」時代，「聽眾意見調查」原本不受重視，如今到了「市場導向」的「分眾」時代，才慢慢受到廣播業者的重視。

美國芝加哥《論壇報》撰寫廣播評論的專欄作家艾力克‧柔恩（Eric Zorn）便指出：「每個人的品味（individual tastes）將主宰節目的主要因素，該放什麼內容，不再由少數人組成的超團體（super-group），例如：電臺負責人來決定。我們正朝著一個共同嚮往已久的目標前進，創造一個完美的電臺，當聽眾想聽一首歌時，他用不著等候。」

綜上所言，到底聽眾調查對電臺促銷宣傳有何幫助呢？吾人認為至少有三點：1.可掌握人數眾多、散布各地的聽眾之需求，或者其需求的變化。2.可比較本身與競爭對象之間的優劣情形。3.可發覺潛在目標市場，並將電臺行銷或宣傳集中在最大潛在利益的聽眾群。

三、影響節目策略的主要因素

（一）內在因素

根據美國Arbitron Company的研究指出，影響節目的內在因素有以下幾項：

- ‧播出表的長度。
- ‧新音樂選擇的品質。
- ‧新聞播報長度與時段。
- ‧播出製作品質。
- ‧廣告數量。
- ‧播音員的勤勞或懶惰。
- ‧播音員的表現。
- ‧電臺促銷宣傳。
- ‧唱片循環率。
- ‧老唱片的數量與品質。

（二）外在因素

- ‧地方性、全國性新聞事件。
- ‧新的音樂以及現有產品。
- ‧市場中其他的電臺。
- ‧僱用人員。
- ‧體育報導。
- ‧播音時間長短。
- ‧本臺對外宣傳。
- ‧季節性促銷。

‧聽眾生活習慣的改變。

‧氣象。

‧其他媒體。

從前述內、外在因素各種因素,可以繪製如圖3-3的關係圖。

綜合前述有關節目、節目策略以及影響因素的初步概念之後,我們可以大略勾勒出「節目策略系統」的簡圖,如圖3-4所示。

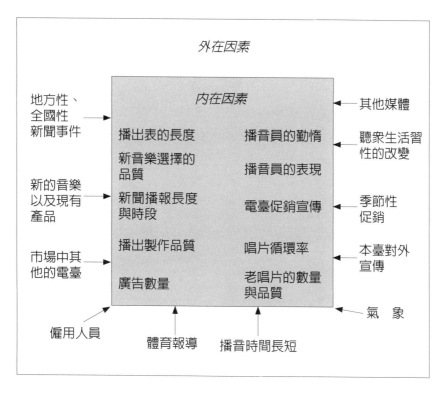

圖3-3 影響電臺節目的各種因素

資料來源:The Artitron Company.

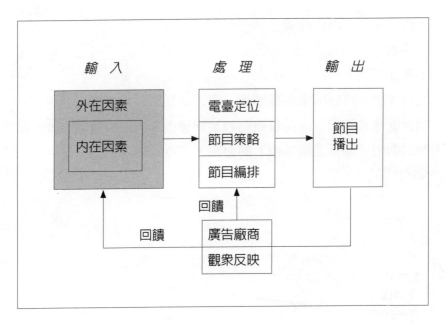

圖3-4　節目策略系統圖

　　大眾傳播媒介乃屬於社會體系的一環，而廣播又屬於大眾傳播媒介的一種，當我們談到「節目製播策略」時，必須以系統的觀念來探討與研究。在瞭解組織與環境的互動關係之後，才能有效進行節目企劃與製作的整個過程。

　　前面提過，所謂「節目策略」乃指大規模的節目計畫，亦即電臺或系統整體的節目編排，而不是單一的節目規劃或企劃。

（三）**影響節目製播的因素**

　　影響節目製播的因素很多，歸納國內、外專家學者的意見，吾人可以發現以下的內、外在因素：

1. 外在因素

　　即非電臺可以控制的因素，包括人口特質、市場、競爭對手、政策、法規、廣告商及節目供應機構……等。

2. 內在因素

即電臺本身可以控制的因素，包括經營理念、節目選擇、節目編排、節目促銷、製播能力、節目存量，甚至財務預算及工程設備……。

3. 內、外在因素間之相互影響

前述內、外在因素之間的相互影響，錯綜複雜，不易明辨，但是節目策略制訂者的責任，便是研究與分析這些影響的因素，利用科學的聽眾與市場調查，來形成一個節目編排的概念，再藉助編排的技術與方法，包括「回饋」（feedback）的參考，以落實節目的編排與後續節目策略的擬定。

四、節目策略制訂原則與節目排檔方法

（一）節目策略制訂原則

有關節目策略的制訂，美國廣播學者Eastman等人，提出下列五個原則：

1. 適宜原則（compatibility principle）

依據目標閱聽眾的生活型態，配合其一天之作息，來安排適合他們口味的節目。此外，不僅重視時段的安排，更重要是其節目型態與節目內容主題的選擇。

2. 習慣形成（habit formation）

透過帶狀節目，每天在同一時段播出同一節目，養成閱聽眾收視習慣。

3. 控制聽眾流動（control of audience flow）

由於市場競爭激烈，因此，必須掌握閱聽眾收看本節目以及下一段節目的流程。

4. 廣泛訴求（breath of appeal）

設計各種不同類型與不同內容的節目，來滿足大眾的需求。依據市場區隔，先求分眾之爭取，再從分眾中尋找廣泛的閱聽眾。

5. 節目資源的保存（conservation of program resources）

面對新媒體競爭常會面臨節目資源有限的困境，因此，為了利用節目資源，電視臺應該把好的節目或拍攝的精彩畫面存檔，至少在節目資源存量要維持足以節目正常播出。此外，也必須注意節目內容必須有存在的價值。

（二）節目排檔方法

根據以上節目策略原則，吾人在節目編排時，可參考Pringle等學者的意見，作以下五種安排的方法：

1. 針鋒相對策略（head-to-head）

指節目訴求方向與競爭對手相同或相似，在同一時段安排類型或收視群相同之節目，以爭取相同品味或特性的聽眾。

2. 反向策略（counter programming）

指節目內容與競爭對手背道而行，採用時機為同一時段中有強大的對手時，希望以不同的訴求，吸引與競爭對手不同品味或特性的聽眾。

3. 帶狀策略（stripping programming）

又稱水平策略（horizontal programming），將同一節目安排在每天或相隔數天的同一時間播出，其目的在於養成聽眾收視習慣。

4. 棋盤策略（checkerboard programming）

指每天同一時段皆安排不同的節目類型，如棋盤一樣變化。

5. 區段策略（block programming）

又稱垂直策略（vertical programming），將特質相近或訴求對象相同的節目搭配在一起，前後呼應成為一個區段，希望聽眾在此時間的收視習慣能夠延續。

總之，節目策略包括節目方向與規劃到節目編排，對廣播電臺而言，節目是最重要的核心，決定聽眾的收聽與頻道的形象，因此，在節目規劃、節目編排策略，都必須符合設計原則與因應競爭的策略。

※ 第三節 電臺組織與節目企劃製作

前面提到，假使電臺是一家工廠，則節目是這家工廠所生產的產品。就以工廠爲例，一個產品在正式上市以前，必先經過市場調查，瞭解消費者的需求，其次，再瞭解此一產品在現有市場中，有無競爭對手，其產品之質料、款式、設計、外觀、價格，甚至行銷管道爲何？與本廠生產產品比較之優、缺點爲何？第三，假如本產品要上市，則亦需經過企劃、設計、生產、命名、定價、包裝、宣傳與行銷……等過程，才能正式推出。

同樣地，廣播電臺的組織，因各電臺的性質、目標、資本額的多寡、電波涵蓋的大小、負責人或決策機構對廣播的見解……等等因素的不同，而有很大的差異。依據現行《廣播電視法施行細則》第16條規定：「本法第十三條所稱廣播、電視事業之組織規定如下：一、廣播事業應分設節目、工程及管理等部門外，並應視其性質增設新聞、教學、業務、專業廣播或其他有關部門。其員額自訂之。」

廣播電臺的組織，一般包括工程部、節目部與管理部三大部門，如屬商業電臺，則需設業務部或廣告部門，其中節目部便是企劃與製作節目的部門，其他部門均爲節目製作而配合的單位，其工作性質，各個部門容有不同，但任務都是一致的。甚至當廣播數位化、網路化的現代廣播，電臺管理階層更添購了硬、軟體，甚至增設了資訊部門，以因應節目的需要。

一、節目部以外的其他部門

在介紹節目部之前，先將其他部門的工作職掌範圍，作一簡單說明。

（一）工程部門

主要負責電臺硬體的單位，尤其在電臺籌備階段，工程部門的任務，尤爲重要。電臺乃利用電波，將新聞、音樂等資訊，傳送給聽眾，以便收聽。因此，舉凡在電臺裡面錄音、播音及發射機器的維修與架設等工作，均由工程部人員負責。

其次，當電波需要整理、放大與傳送時，亦需由工程部負責處理電波頻率、電功率、線路架設、成音、發射與轉播等之監聽與處理，以確保訊號傳送之無誤和品管工作。

因此，不管室內成音機器維修，對外電波傳送，以及戶外轉播機器架設與操作，都需要工程部的工程師或技術員來協助處理。

尤其，目前臺灣各公、民營電臺流行「叩應」（call-in）節目，如何讓聽眾藉由電話線路進來與主持人聊天說話，並保持暢通，更需要工程人員與節目人員之間的合作，才不會在事前或節目進行中發生意外狀況。

（二）管理部門

管理部門又稱行政部門，它就相當於一個陸軍部隊的後勤單位，故其職掌範圍，為不屬於節目、工程以外的人事、財務、會計、文書、庶務……等事項。

該部門看起來雖非電臺最「風光」的單位，但亦非常重要，因為從節目製播人員所要的每月薪資、CD、唱片採購及文具紙張供應……等，均靠有效率的管理部門來提供支援的工作，故屬「幕後英雄」的角色。

（三）業務部門

該部門又稱「廣告部門」，有人戲稱此部門為電臺的「衣食父母」，因為民營（商業）性質電臺的主要收入來源，均來自廣告。

該部門主要職掌為負責廣告的招攬、製播及排檔，有的還包括節目的促銷……等事項。

二、節目部門

如果說節目部門為廣播電臺的靈魂，似不為過，故節目部門可說是一般電臺「出風頭」的單位，其重要性不言自明。

節目部門可依電臺規模大小，再劃分為各個不同的組，例如（節目）企劃組、製作組、導播組、編審組、新聞組、資料組、音樂組……等，以下僅根據節目製播流程的先後，舉出幾個重要組別，加以說明。

（一）企劃組

負責節目構想、企劃與設計等工作，提出可行的企劃案，交由節目部門主管核定實施。

（二）編審組

負責稿件撰寫、匯集與審核，以及節目表之編排⋯⋯等工作。

（三）導播組

執掌包括節目的錄製與播出，以及播音員的調度。另外，戲劇⋯⋯等節目之排演與現場節目之指揮⋯⋯等工作，亦屬該組負責。

（四）新聞組

舉凡是新聞採訪、訪問錄音剪輯、新聞稿撰寫與編輯、新聞實況——包括球賽、國慶節目活動轉播與主持，以及外電新聞翻譯⋯⋯等工作，均由該組記者、編譯、編輯與製作人⋯⋯等分工負責。

（五）音樂組

負責電臺音樂串連編排、音樂節目播出，以及音樂設計與規劃⋯⋯等工作。

（六）資料組

負責有聲資料，如唱片、CD⋯⋯等之管理、保存與流通。現已發展由電腦來管理。

三、其他部門的增設

前述我國《廣播電視法施行細則》第6條規定，廣播事業應分設⋯⋯，並應視其性質增設新聞、教學、業務、專業廣播或其他有關部門，其員額自定之。因此，各公、民營電臺有設公共關係、社會服務、研究考核、資訊⋯⋯等相關部門，以協助完成電臺訂定的目標。

試舉民國45年桃園地區第一家中功率調幅（AM）民營廣播電臺——桃園先聲電臺為例，其節目內容多數以勞工、農、漁、牧基層民眾、家庭主婦為其訴求對象，年齡層也偏中、高齡人口，廣告商品多數以「醫療」、「診所」、「健康食品」、「醫療器材」、「宗教佛具」、「老

歌唱片、錄音帶」、「電影廣告」為主，「餐飲」、「電器」、「日用品」……為輔，綜觀該臺的組織系統圖（圖3-5），在總經理下設有副總經理、臺長，下轄節目部、業務部、工程部與行政部，事權統一，組織完備。

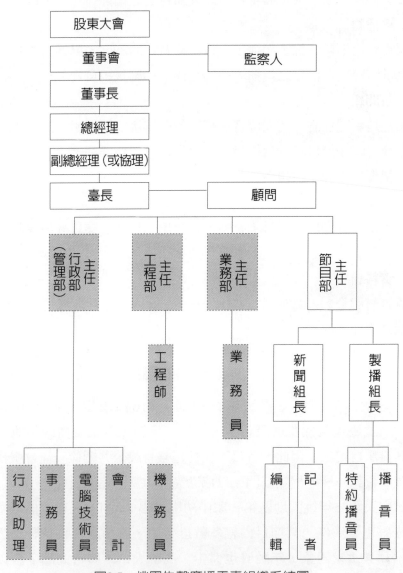

圖3-5　桃園先聲廣播電臺組織系統圖

四、節目部門與其他部門的互動關係

電臺節目的製播，乃屬於一種團隊工作（teamwork），絕非一個人或少數幾個人單打獨鬥便可完成。因此，節目部門雖然負責節目的企劃、製作與播出，卻是也需要其他部門的協助，才能竟其功。以下是節目部門與其他部門產生互動關係時應瞭解的事項。

（一）工程部門的互動關係

工程部門乃負責錄、播音器材的維修，節目部門人員應注意：

1. 對於錄、播音器材、設備的初級維修，應有基本認識與實際作法。

2. 提供聽眾收聽節目是否清晰與穩定之資料，以便瞭解節目聲音訊號播出之品質。

3. 錄製節目或主持現場節目時，應與錄、配音工程人員或控機人員合作無間，例如準時到錄、播音室，遵守錄、配音人員或控機人員對其機器操作或應用時之指引……等。

4. 維護錄、播音室的清潔及機器設備的正確使用方法……等。

（二）與管理部門的互動關係

1. 錄、播音室器材及有聲與文字資料添購或汰換需求之申請。

2. 錄、播音室與採訪車輛、通訊設備及其他裝備之申請。

3. 錄製、播音、外出採訪差旅費、加班費等之申請。

4. 其他需要行政上之人員、材料、物資與財務上之支援……。

（三）與業務部門的互動關係

1. 配合廣告錄製，支援錄音所需的男、女聲。

2. 廣告排檔，通知播音室節目主持人注意與插播。

3. 節目宣傳，通知播音室節目主持人插播。

4. 宣傳活動，調派節目主持人前往活動現場支援。

5. 提供聽眾意見或節目收聽率調查，給予業務人員，以便廣告客戶瞭解與參考。

❋ 第四節　節目企劃、製作人員職掌

　　節目部門人員所執掌之工作，大小輕重容有不同，但目標卻是一致，即完成節目製播，以下乃從肩負重責的節目主管，到節目創意草擬的企劃人員所負責的工作範圍，加以一一說明。

一、節目部經理（主任）

1. 秉持電臺政策，在合乎廣播法令之下，負責製播所有節目。
2. 負責電臺形象與節目風格的塑造。
3. 節目製播過程與品質的監督與指導。
4. 節目播出後績效的評鑑。
5. 節目播出時間表的核定。
6. 節目人員的徵選、聘僱、培訓及管理與考核。
7. 聽眾調查之舉辦與監督指導。
8. 電臺及節目之宣傳與促銷。
9. 節目預算之執行與控制。
10. 與節目有關會議之召開。

二、節目導播

1. 負責督導每日現場或錄音節目之順利播出。
2. 各類節目插播之錄製、排檔與管理。
3. 節目人員的培訓。
4. 播音室、錄音室及各種成音設備之管理使用。
5. 督導各項播出紀錄表之填報。

三、音樂導播

1. 音樂、歌曲及各類有聲資料之購買、管理及建檔。
2. 音樂、歌曲的選擇與錄製，以便提供主持人運用。
3. 電臺音樂播出品質的管制，以及電臺音樂特色之建立。
4. 相關文字資料的蒐集、整理與保存，以供節目的運用。
5. 掌握音樂流行市場的動態。

四、節目製作人

1. 節目的設計與策劃。
2. 節目資料的蒐集與工作人員的安排。
3. 稿件的審查，除涉及有關法律，如著作權法，否則需貫徹執行節目政策。
4. 節目預算的掌理。
5. 有關部門或單位的聯絡，例如實況轉播或外出採訪，需與相關人員聯絡。

五、節目主持人

1. 秉持節目部主管、導播及製作人員之指示，主持節目。
2. 有聲及文字資料的準備。
3. 現場節目聽從節目主管、導播、控機人員之指揮調度，力求零缺點播出。
4. 錄音節目應加以監聽，認為沒有問題後才予以播出。
5. 掌握並發揮節目特性，隨時提出節目研究之改進意見。
6. 主管交播文稿、插播資料、廣告內容、宣傳促銷活動……等，應在節目中按時播出，並詳細列入「節目進行表」。
7. 填寫各項播出紀錄。

六、播音員

1. 輪值播音室現場節目。
2. 整點新聞與商業或公益廣告之插播。
3. 廣告配音及公益插播之錄製。

七、節目助理

1. 協助製作人、主持人相關資料之蒐集與整理。
2. 聽眾來信之分類、處理、回覆與建檔。
3. 其他一般性事務之處理。

八、節目企劃、宣傳人員

1. 節目之創意。
2. 各種節目活動之構思、企劃及執行。
3. 各類企劃案之蒐集、審核及提報。
4. 掌握社會脈動、聽眾取向，並釐訂具前瞻性節目之企劃或建議。
5. 各類商業性、非商業性及有關宣傳促銷等插播文稿之撰寫。

此外，在節目部門中，還設有新聞部主任、編審、編輯與記者……等人員，在電臺同一目標下，或採訪撰寫新聞稿，或編輯、翻譯新聞稿件，然後變成廣播節目中的一部分，例如固定的整點新聞之外，還有新聞專題報導、新聞特寫……等，屬於新聞性的節目。

❋ 第五節 教育電臺組織編制

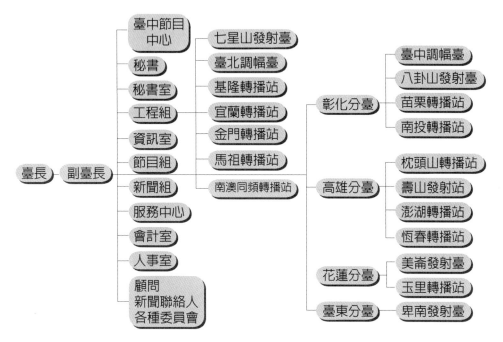

圖3-6 國立教育廣播電臺組織架構圖

資料來源：國立教育廣播電臺網站。
註：組織運作：教育電臺隸屬教育部，掌理全國教育廣播事宜。

　　國立教育廣播電臺置臺長1人、副臺長1人、秘書1人。下設秘書室、工程組（含七星山發射臺、臺北調幅臺、基隆轉播站、宜蘭轉播站、金門轉播站、馬祖轉播站）、資訊室、節目組、新聞組、服務中心、會計室、人事室等單位，另設彰化分臺（含八卦山發射臺、苗栗轉播站、南投轉播站）、高雄分臺（含枕頭山轉播站、壽山發射臺、澎湖轉播站、恆春轉播站）、花蓮分臺（美崙發射臺、玉里轉播站）及臺東分臺（卑南發射臺）等4個分臺，並應業務需要置顧問、新聞聯絡人及設各種委員會。

表3-1　國立教育廣播電臺組織架構職掌說明

單位名稱	職　掌
節目組	辦理節目之企劃、編導、錄製、播出及教學等事項。
新聞組	辦理新聞之採錄、編輯、編譯、播報及新聞資料處理等事項。
工程組	辦理工程規劃、設計、執行、機件裝配、機器操作維修及備用器材管理等事項。
服務中心	辦理節目之推廣及聽眾服務等事項。
資訊室	辦理電腦運作、軟體規劃、設計、自動化作業及資訊處理等事項。
秘書室	辦理研考、法制、文書、檔案、出納、採購、庶務及財產等事項。
會計室	辦理歲計、會計及統計事項。
人事室	辦理人事管理事項。

資料來源：國立教育廣播電臺。

第六節　教育電臺節目政策

一、節目目標

發展聽眾終身學習，教育電臺節目內容以「學習認知」、「學習做事」、「學習共同生活」、「學習發展」四大終身學習面向為經，以聽眾生活、工作、教育三個層面為緯，作為節目內容規劃目標。

二、教育電臺節目企劃理念

在節目規劃上，主要是以類型電臺經營策略為主軸，並兼顧聽眾收聽習慣，以節目性質劃分時間區塊，方便聽眾收聽，規劃重點如下：

（一）新聞公共服務

報導教育政策政令、溝通教育理念及揚善、營造溫馨社會，一向為教育電臺規劃製播新聞節目之方針，除了以迅速、確實、客觀之精神，製播文教新聞報導教育政策政令外，並製播教育評論節目，兼顧新聞的廣度與深度。每日以國語、英語、閩南語、客語四種語言播報「文教新聞」；節

目邀請專家學者、學校師生與家長共同針對教改政策等教育議題深入探討與溝通；製播「教育交流道」單元，為聽眾解惑；採訪優良教師、學生及社會人士，報導溫馨感人事蹟，期喚起大眾善良本性，共創祥和社會。

（二）完整進修管道

針對一般民眾製播英語、日語、德語、法語、西班牙語、俄語、阿拉伯語、韓語、越南語、泰語、印尼語等十一種教學節目，並配合空中大學、空中進修學院播出教學課程，提供成人進修學習。

另因應教育改革之推動，邀請學者專家製播系列教師進修節目，為中小學教師充實教學知能，開啟另一扇窗。

（三）教育專業精神

製播特殊教育、職業教育、家庭親職教育、心理諮商、環保、民俗藝文等各類教育文化節目，充實民眾生活資訊，提升生活品質。

（四）兼顧本土國際

為與國際接軌，提升全民外語聽說能力，教育電臺與國際傳播媒體BBC、RFI及DW等合作播出英語、法語、及德語等國際文教資訊節目，同時製播閩南語、客語、原住民語不同族群文化節目，在相知、互重的基礎上，促進族群融合。

（五）運用科技創造廣播知識經濟

為使知識文化充分的重複運用及永久保存，自1999年起教育電臺採用節目製播數位化系統，以提高節目之製播效率與價值，並建置多元資料庫，包含節目資料庫、音樂資料庫、資訊單元資料庫、聽眾資料檔，俾利資料能有效率的存取運用，提升節目製播效能。

三、教育電臺節目安排原則

（一）大部分由電臺製作，小部分為外製節目。

（二）教學節目的規劃為先選擇老師，再選擇教材，而非直接選定教材播出。

（三）目前節目分配狀況（星期一到五帶狀分配）

0000-0100音樂性節目

0100-0400軟性節目（談話、音樂性節目）

0400-0700、1800-1900語文教學節目

0700-0800、1200-1300、1700-1800

‧文教新聞（由新聞組或約聘各教育局人員採訪提供）

0800-1200文化藝文性節目

1300-1700親子家庭節目

1900-2400空大空中教學節目

‧每個整點會有3分鐘的整點新聞

（四）為配合22歲以下收聽族群，將空大教學節目2100-2400時段，
規劃成三部分：

2100-2200兒童節目

2200-2300青少年節目

2300-2400青年節目

由以上節目分配狀況來看，文化性節目比重偏高，也有一個明確的電臺定位取向，雖然與漢聲、復興電臺教育性質節目有重疊時段，但也不怕聽眾群被瓜分。

四、小結

教育電臺近幾年在各方面都有很大的進步，設備更新，讓收聽的品質增加，也方便收聽，而節目的重新安排時段考慮到收聽率的問題，由過去教育電臺所作的收聽調查曾發現，青少年收聽教育電臺的比例偏低，主要是在25歲以上。由於25歲以下的聽眾群多屬於求新好變的年紀，如何迎合他們的需求才是教育電臺努力的目標。

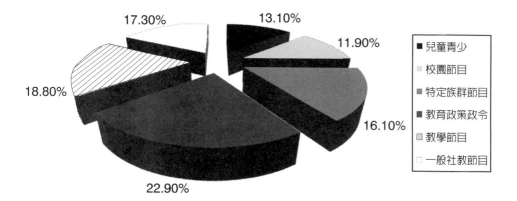

圖3-7　國立教育廣播電臺各類節目比例圖

資料來源：國立教育廣播電臺。

五、教育電臺聽眾意見調查

（一）調查結果

　　有關民眾對終身學習廣播節目的需求與滿意度，根據兩次不同調查的結果發現：

1. 2004年調查結果

　　民眾當時最常收聽的終身節目為「生活育樂節目」（占48.0%），其次為「醫療保健類」（28.6%），第三為「語言教學」（21.6%）。至於未來比較有興趣收聽的終身學習廣播節目類型，第一為「醫療保健類」（37.7%），其次為「生活育樂類」（34.6%），第三為「語言教學類」（24.4%）。

2. 2010年調查結果

　　受訪民眾希望從廣播中收聽到的文教節目類型，以社教節目最高，比例占39.2%，其次為文教新聞（38.8%）、音樂娛樂節目（38.0%）、兒童少年節目（37.6%）。

　　最常收聽教育電臺的節目類型，以音樂娛樂節目最多，比例為31.6%，其次為文教新聞（29.6%）、教育議題節目（25.1%）及兒童少年

節目（25.1%）。

（二）結論

1. 最滿意教育廣播電臺節目的類型，以音樂娛樂最多，比例為31.1%，其次為教學節目（29.6%）、教育議題節目（25.1%）、兒童少年節目（25.1%）。

   認為最應加強的節目以兒童少年節目最多，比例為31.1%，其次為教育議題節目（20.8%）、銀髮族節目（18.0%）、文教新聞（17.5%）。

2. 至於認為教學節目、社教節目最滿意的是50-59歲、小學及以下教育程度的聽眾；認為應加強的則以研究所以上教育程度的民眾居多。2010年收聽社教節目民眾增加最多，達26.5%。然而，與2008年相較，表示願意收聽社教節目的比例卻下降了3.9%，值得注意。

（三）建議

　　教育廣播電臺近幾年在軟體與硬體等各方面，都有很大的進步，尤其在社會教育與終身學習方面，就年齡層而言，2010年調查顯示，兒童及少年節目與銀髮族的節目，其收聽率都有上升，然而2010年該臺的整體收聽率，較2008年下降了3.3%，故應找出真正原因，除了加強節目的專業性與精緻化之外，並應擬定適當的宣傳與行銷策略，如此才能鞏固已有的聽眾，並開發新的聽眾群。

　　本章從巨觀角度看節目企劃與製作，故從社會系統、傳播系統到電臺組織編制，都逐一介紹說明，最後回歸到微觀角度，藉由聽眾意見調查，瞭解電臺宗旨與定位下，如何根據節目政策與市場行銷策略，編排電臺整天節目，進而確立單一節目的內容。

第 | 三 | 章
思考與練習題

一、試述廣播的功能與特色。

二、請圖解說明節目的循環關係。

三、您認為節目受哪個內在（或外在）因素影響最深？試舉例說明。

四、節目策略制訂原則為何？試舉例說明。

五、節目排檔方法為何？試舉例說明。

六、節目部主管的職責為何？

七、請畫圖說明某一民營電臺的組織系統圖。

八、請從某一公營電臺的節目表，瞭解該臺的節目政策。

第 4 章 ▶▶▶

發聲運動與國語正音

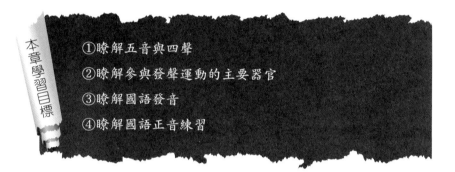

①瞭解五音與四聲
②瞭解參與發聲運動的主要器官
③瞭解國語發音
④瞭解國語正音練習

　　廣播是聲音的媒體，在廣播電臺工作的播音人員、節目主持人，新聞主播都要靠聲音表達思想感情或報導新聞資訊等內容。古人說：「工欲善其事，必先利其器。」因此，本章要特別介紹人的發聲運動與國語正音，提供對於想進入廣播行列的初學者一個練習的基本參考。

第一節　五音與四聲

一、五音

　　可曾聽人講過，某人五音不全？何謂五音？喉、舌、齒、牙、唇，為之五音。最深者為喉音，稍出者為舌音，再出在兩旁牝齒間為齒音，再出在前牝齒間為牙音，再出在唇

上者爲唇音。雖分五層，其實萬殊。喉音之淺深不一，舌音之淺深亦不一，於三音皆然。短，故長者平聲知本象也。故五音之正聲皆易辨，而於交界之處則甚難。

等到吾人稍長，開始認字、讀字，便要運用到「四呼」了！何謂「四呼」？開、齊、撮、合，謂之四呼，此讀字之法也。

開口謂之開，其用力在喉。齊齒謂之齊，其用力在齒。撮口謂之撮，其用力在唇。合口謂之合，其用力在滿口。五音爲經，四呼爲緯，經緯既明，斯綱舉目張，音正調合矣。

例如《西樓記·樓會》第一句：「慢整衣冠步平康」七字。「慢」字是陽去聲，爲唇出齒收音，四呼中屬開。「整」字是陽上音，爲齒音，四呼中屬齊。「衣」字是陽平聲，爲齒音，四呼中屬齊。「冠」字是陰平聲，爲喉音，四呼中屬撮。「步」字陽去聲，爲唇音，四呼中屬合。「平」字是陽平聲，爲唇出齒收音，四呼中屬齊。「康」字爲陰平聲，爲舌音，四呼中屬開。

二、四聲

平、上、去、入，謂之四聲，每聲音各有陰陽，共有八音。四聲之中，平聲最長，入聲最短，故長者，平聲之本象也。

廣播是聲音的媒體，舉凡節目主持人、播音員或新聞主播等主要從業人員，便是要依賴「發聲」來達到廣播的目的。因此，本章要先從瞭解發聲運動的主要器官開始。

🕷 第二節 參與發聲運動的主要器官

人人都會說話，人人都會念稿、朗讀，但是要做到高度藝術性技巧性的播音，不是一般人能達到的。必須經過長期學習、複雜訓練，才能在大腦建立一個用於播音發聲的運動程式，例如資訊的儲存、指令的傳輸以及

發聲條件的反射、反饋系統，這樣才會達到日臻完美的發聲技巧。

　　播音發聲單靠喉部不行，還需要全身許多器官的協同配合。而這些器官隸屬於消化、呼吸、運動系統，在播音發聲運動中它們起著相當重要的作用。因此，我們把這些器官稱之為「參與發聲運動的器官」，也有人直接稱它們為「發聲器官」。

　　那麼，參與發聲運動的主要器官有哪些呢？請大家看圖4-1的發音器官圖，我們把它們分為四個部分：

　　1. 動力部分：指肺及氣管，它是使發音體得以顫動的動力。
　　2. 振動部分：指喉部，主要是聲帶，顫動的聲帶可以發出聲音。
　　3. 共鳴部分：指咽腔、口腔、鼻腔等，可使聲音得到調節、美化。
　　4. 咬字部分：指唇、齒、舌、牙、齶等，是言語產生的關鍵部分。

一、呼吸器官

　　包括肺臟、氣管、胸腔、橫膈膜和有關的呼吸肌肉群。肺是吸入和呼出氣息的總倉庫。肺在胸腔內，外面是肋骨，下面是橫膈膜。肋間的外肌收縮，橫膈膜就會下降，胸腔就會擴大，可以幫助吸入氣息。肋間的內

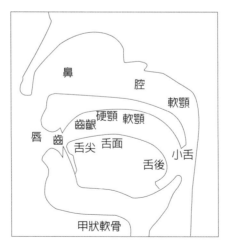

圖4-1　發聲器官圖

第四章　發聲運動與國語正音

067

肌收縮，橫膈膜就會向上抬起，胸腔也跟著縮小，可以幫助呼出氣息。呼出的氣息衝擊了聲帶，使聲音得以發出。因此說，氣息是發聲的動力和基礎。

二、振動器官

這裡指喉頭和聲帶，喉頭為介於咽腔和氣管之間的部分，由甲狀軟骨、環狀軟骨、杓狀軟骨和會厭軟骨以及各種肌肉所共同構成。喉內有聲帶，由聲帶肌和聲韌帶組成。兩片聲帶並列左右，中間的部分叫做聲門。由於喉頭內各種軟骨和肌肉間的相互作用，可使得兩片聲帶產生靠攏、分開、拉緊和放鬆的不同動作。呼吸時，兩條聲帶分離；發聲時，由於受到氣息的衝擊而振動，兩條聲帶靠攏，發出聲音。聲帶振動的頻率愈快，發出的聲音愈高；振動的幅度愈大，聲音愈響。在呼吸的配合下，聲帶可調整其長度、厚度和張力，從而發出高、低、強、弱等不同的聲音。

三、共鳴器官

聲帶發出的聲音是基音與泛音的組合，但微弱細小。當這種聲音在人體內各共鳴腔內得到共振時，使原來微弱細小的聲音得到擴大和美化，發出圓潤、明亮的聲音，這就是「共鳴」。

人體的共鳴器有能夠自由控制的共鳴聲腔，包括喉、咽、口各腔；還有固定不變的共鳴腔，如胸腔、鼻腔和頭腔，頭腔指頭顱內各竇，如蝶竇、額竇、篩竇等。

聲腔是可變性共鳴腔，口腔可開可閉、可大可小，舌頭可鬆可緊、可薄可厚；咽腔的肌肉可張可縮、可長可短，喉頭可上下自由活動，因而聲腔是可變性共鳴腔體。胸腔、鼻腔、頭腔是不可變性的共鳴腔。胸腔是發出聲音的基座，是產生「厚度」聲音的中堅，沒有胸腔的聲音會顯得很單薄。鼻腔與頭腔是產生高音的關鍵，在語言藝術發聲上這部分的聲音用得不多。總之，共鳴器官是一個整體，在「共鳴」的使用中，播音員應具備「整體協調的意識」。

四、咬字器官

主要指口腔各部分，主要包括唇、齒、舌、牙、齶。是播音發聲中吐字發音的關鍵部分。咬字、吐字的好壞跟口腔控制的力度及口腔開度有很大關係。咬字器官把聲帶發出的聲音，經過加工、調整，構成不同的母音、輔音，進而產生具有言語功能、能表達一定複雜思想感情的獨特的人聲，再經過藝術塑造，可增強語言藝術的感染力。

總之，人講話時，在中樞神經支配下，聲道中的喉頭、口腔、鼻腔等形狀發聲變化，其中舌尖位置的改變，對口腔形狀的變化，產生主要作用，使人能夠發出不同的語音。

✳ 第三節　國語發音

播音是經過創作的有聲語言，它是規範化、藝術化了的有聲語言，因此，播音員、主持人應該有深厚的語言功力；而語言功力是最重要的業務素質。只有具備了一定的語言功力，才能充分發揮作為創作主體的主觀能動性，並運用豐富的表達技巧，以敏銳的感觸、創作的激情完成播音作品。

尤其，播音具有鮮明的宣導性，以及不容忽視的重要地位和作用。它不僅居於傳播的「前線」，與大眾做直接的交流，更是電臺、電視臺的「門面」。因此，做為播音員、主持人必須具有一定的專業素質。所以，想要在有聲語言上具有功力，當然必須得付出努力，經過刻苦的訓練。

播音員、主持人的有聲語言要能表達出親切、自然、真實、由衷，以及語感的準確性、細膩性、貼切及豐富性，這些都不是與生俱來的，而是後天習得的。它是經由艱苦探索、悟性昇華後的成果，是沒有捷徑的。

比起解嚴之前，臺灣廣播電臺的數量，幾乎多了近5倍（從32家增至150家以上）。由於競爭激烈，對於播音員、主持人的要求，似乎創意多

於字正腔圓，因此對於標準國語的要求，也不像過去般嚴格，這種現象有利也有弊，雖不至於到北京人般「捲舌」，但至少要口齒清晰，因為有聲語言是主要的傳播手段。字音的準確、規範應該是一個起碼的要求。這裡僅提供過去廣播前輩留下的寶貴資產，作個見證，也希望有志學好標準國語的年輕學子，有個學習教材可資利用。對於有志於報考國家考試，如普通考試，以進入公營廣播電臺，例如漁業電臺、教育電臺等，並擔任新聞或播音人員；或者有意想學好自己母語，包括臺語、客語及原住民語的未來廣播電視從業人員，同樣可以本此學習精神與學習方法，循序以進，相信經過不斷練習，隨時請教前輩，一定會有良好的學習成果。

其實國語說的標準流利令人聽來悅耳，當然初學者在練國語時，說起來總是不太順，常有拗口的感覺，但是說習慣了久而久之，講起來就會很成熟自然了，要學講標準國語之前，必須先會讀，而後再會拼注音符號。故本節特地提出來，以便練習之。

一、注音符號

在臺灣所使用的注音符號一共有37個（前21個為聲母）分別如下：

ㄅ、ㄆ、ㄇ、ㄈ、ㄉ、ㄊ、ㄋ、ㄌ、ㄍ、ㄎ、ㄏ、ㄐ、ㄑ、ㄒ、ㄓ、ㄔ、ㄕ、ㄖ、ㄗ、ㄘ、ㄙ（以下為聲母）、ㄚ、ㄛ、ㄜ、（ㄝ）、ㄞ、ㄟ、ㄠ、ㄡ、ㄢ、ㄣ、ㄤ、ㄥ（以下為韻母）、ㄦ、ㄧ、ㄨ、ㄩ。

中國大陸使用的普通話21個聲母符號及16個韻母符號如下：

b、p、m、f、d、t、n、l、g、k、h、j、q、x、zh、ch、sh、r、z、c、s（以下為聲母）、a、o、e、（e）、ai、ei、ao、ou、an、en、ang、eng（以下為韻母）er、yi、wu、yu。

（一）注音符號的發音和用法

1918年，北洋政府教育部公布注音符號的時候，就特別指出拿它來代替反切。後來注音符號是用符號來代表「聲」、「韻」和「調」，消滅了反切用漢字代表音的缺點。

「聲」、「韻」究竟是什麼？簡言之：「聲」就是一個字音的前半

音，或上半部，發聲時是由發音器官的聲門部分發出，在口腔裡受到阻礙而形成的氣流，在注音符號中，一共有21個聲母。通常注聲的字母叫聲母；而注聲的符號則廣稱爲聲符。「韻」乃就次一個字的後半音（Final）。一個音節，除去聲母和聲調，剩下來的部分，就是韻母。它是由聲帶顫動發出的聲音，引起口腔的共鳴，而不受任何器官阻礙，只受唇和舌的調節而成的音。通常，發韻母時，聲音清晰響亮，發音器官各部位保持均衡緊張。

「聲」符有：ㄅ、ㄆ、ㄇ、ㄈ、ㄉ、ㄊ、ㄋ、ㄌ、ㄍ、ㄎ、ㄏ、ㄐ、ㄑ、ㄒ、ㄓ、ㄔ、ㄕ、ㄖ、ㄗ、ㄘ、ㄙ。

「韻」符有：ㄚ、ㄛ、ㄜ、ㄝ、ㄞ、ㄟ、ㄠ、ㄡ、ㄢ、ㄣ、ㄤ、ㄥ、ㄦ、ㄧ、ㄨ、ㄩ。

由於聲母本身是不發聲的，但是爲了方便教學及練習，於是在教學時就將聲母加一個韻以便發出聲音。例如：

加ㄜ韻的聲母有：

ㄅ、ㄆ、ㄇ、ㄈ、ㄉ、ㄊ、ㄋ、ㄌ、ㄍ、ㄎ、ㄏ

加一個韻的有：

ㄐ、ㄑ、ㄒ

加ㄓ韻的有：

ㄓ、ㄔ、ㄕ、ㄖ、ㄗ、ㄘ、ㄙ

（二）聲母及韻母發音法

1. 聲母的發音

聲母（無聲）＋韻才能發出聲音21個

ㄅㄆㄇㄈㄉㄊㄋㄌㄍㄎㄏㄐㄑㄒㄓㄔㄕㄖㄗㄘㄙ

經常用到的聲母發音部位有「雙唇」及「舌頭的舌尖、舌面、舌根」以及「上下牙床」、「硬口蓋、軟口蓋、鼻腔、聲帶、聲門」等等。在發聲母時，必須注意其所配合的韻音須同時發出。

首先，按照先後順序：

「ㄅ」雙唇閉合之後，發聲時雙唇突然張開，爆出聲音，簡稱爲「塞

爆聲」。

「ㄆ」和「ㄅ」不同之處，在於爆出聲音的同時，將氣流送出。

「ㄇ」雙唇閉合，在發音的同時，雙唇張開，聲音從鼻腔發出。

「ㄈ」上齒輕輕碰觸下唇，氣流同時從唇齒之間送出。

「ㄉ」舌尖抵住上床牙，上下齒靠近勿咬合，聲音由其中送出。

「ㄊ」和「ㄉ」的不同在於發聲的同時送出氣流。

「ㄋ」舌尖抵住上牙床，聲音從鼻腔中發出，稱之為鼻音。

「ㄌ」將舌尖背面輕觸上牙床，聲音發出的同時舌尖還原。

「ㄍ」將舌根上抬，舌頭呈斜面，聲音再送出時遇到軟口蓋，受阻之後爆發而出。

「ㄎ」和「ㄍ」的不同在於發聲的同時將氣流送出。

「ㄏ」將口自然張開，聲音由舌根和小舌之間摩擦而出。

「ㄐ」將舌面前貼在硬口蓋，上下齒接近發聲時鬆開一小空隙，讓聲音摩擦而出。

「ㄑ」和「ㄐ」的不同在於聲音發出時將氣流送出。

「ㄒ」聲音從舌面和硬口蓋之間送出，經過上下齒之間的小空隙摩擦而出。

「ㄓ」將舌尖往後翹起，上下齒接近聲音從舌尖送出。

「ㄔ」和「ㄓ」不同的地方在聲音送出的同時將氣流送出。

「ㄕ」將舌尖往後翹起，聲音自然從其中摩擦而出。

「ㄖ」將舌尖往後翹起，接近硬口蓋留一空隙，聲音摩擦送出同時顫動聲帶。

「ㄗ」舌尖輕抵下牙床，上下齒輕合，聲音因受阻由齒縫送出。

「ㄘ」和「ㄗ」的不同在於發聲同時將氣流送出。

「ㄙ」舌尖輕抵牙床，上下齒輕合，聲音到齒前摩擦出聲。

「ㄈ」字發音，注意上齒輕觸下唇，而不是咬住下唇。

「ㄓ、ㄔ、ㄕ、ㄖ」四個字的發音是屬於翹舌音，不要將舌頭捲起。

聲母發音中較困難的是「送氣聲」，注意需將氣流正確送出。

其次，依照其發聲的部位及方式來一一介紹：

（1）雙唇音：氣流受上下兩唇的阻礙而成的音，所以叫做雙唇音。

　　ㄅ（不送氣）、ㄆ（送氣）、ㄇ（鼻聲）＋ㄛ韻

　　例如：伯父、保鑣、琵琶、批評、盲目、冒昧。

（2）脣齒音：氣流受上齒和下齒的阻礙而成的音，所以叫做唇齒音。

　　ㄈ＋ㄛ韻

　　例如：發瘋、繁複。

（3）舌尖音：氣流受舌尖和上牙牀的阻礙而成的音，所以叫做舌尖音。

　　ㄉ（不送氣）、ㄊ（送氣）、ㄋ（鼻聲）、ㄌ＋ㄛ韻

　　例如：調動、丟掉、體貼、貪圖、男女、扭捏、勒令、勒索。

（4）舌面音：氣流受舌面和硬口蓋的阻礙而成的音，所以叫做舌面音。

　　ㄐ（不送氣）、ㄑ（送氣）、ㄒ＋一韻

　　例如：節儉、戒酒、齊全、欠缺、新鮮、寫信。

（5）舌根音：氣流受舌根和軟口蓋或小舌的阻礙而成的音，所以叫做舌根音。

　　ㄍ（不送氣）、ㄎ（送氣）、ㄏ＋ㄛ韻

　　例如：觀光、改革、開墾、空曠、皇后、歡呼。

（6）舌尖前音：氣流受舌尖和上牙床的阻礙而成的音，所以叫做舌尖音。

　　ㄗ（不送氣）、ㄘ（送氣）、ㄙ

　　例如：自足、作賊、從此、倉卒、色素、筍絲。

（7）翹舌音：氣流受舌尖和硬口蓋的阻礙而成的音，發音時舌尖要翹起來，所以叫做舌尖後音或叫捲舌音。

　　ㄓ（不送氣）、ㄔ（送氣）、ㄕ、ㄖ＋空韻

　　例如：鎮長、招贅、出差、長程、事實、賞識、軟弱、容忍。

2. 韻母的發音

注音符號中的「韻母」一共有16個，韻母代表元音是「母音」。

ㄧㄨㄩㄚㄛㄜㄝㄞㄟㄠㄡㄢㄣㄤㄥㄦ

韻母分為單韻母、複韻母、聲隨韻母跟捲舌韻母4種：

（1）單韻母（單韻發音）：所謂單韻的發音方式，就是發聲從開始
　　　到結束，其嘴型、舌頭固定形狀後就不改變，也就是單純的元
　　　音，國音裡有7個（還有一個省略的空韻帀）：ㄧㄨㄩㄚㄛ
　　　ㄜㄝ。

　　　例如：奇蹟、秘密、數目、讀書、遇雨、玉女、大華、爸媽、
　　　　　　坐臥、墮落、天鵝、快樂、雪夜、解決。

　　　其中單韻發音的韻母有：

　　　「ㄚ是大圓的口型。」

　　　「ㄛ是小圓的口型。」

　　　「ㄜ是橢圓的口型。」

　　　「ㄝ是扁的口型。」

（2）複韻母（雙韻發音）：所謂的雙韻發音方式，就是由兩韻合成
　　　的聲音，朗讀時自然合音，不可有一長一短的感覺。

　　　雙韻發音的韻母有：

　　　ㄞ讀ㄚ的唇型，加ㄧ的尾音。ㄞ＝ㄚ＋ㄧ

　　　ㄟ讀ㄛ的唇型，加ㄧ的尾音。ㄟ＝ㄝ＋ㄧ

　　　ㄠ讀ㄚ的唇型，加ㄨ的尾音。ㄠ＝ㄚ＋ㄨ

　　　ㄡ讀ㄛ的唇型，加ㄨ的尾音。ㄡ＝ㄛ＋ㄨ

　　　例如：海帶、衰敗、老饕、腰包、琉球、謀救。

（3）聲隨韻母（聲韻雙音）：所謂的聲韻雙音發音方式，就是由一
　　　單韻發聲時，隨後發出一聲符的鼻聲。發ㄋ的鼻聲的有「ㄢ、
　　　ㄣ」，發兀的鼻聲的有「ㄤ、ㄥ」。

　　　ㄢ＝ㄚ＋ㄋ

　　　ㄣ＝ㄜ＋ㄋ

ㄤ＝ㄚ＋兀

ㄥ＝ㄜ＋兀

例如：南山、反叛、很睏、幫忙、影星、聰明。

（4）捲舌韻母（捲舌發音）：所謂的捲舌發音方式，就是發聲的同時將舌頭捲起，捲舌發音的韻母只有ㄦ＝ㄜ＋囗。

例如：爾爾、二兒。

韻母因口腔的形狀不同，配合舌頭的變化，再透過氣流顫動聲帶，產生不同的聲音。韻母是代表一個字的下半部，其發音的變化在口型的「開、合、大、小、圓、扁、寬、窄」。因此要學好韻母發音，就須注意口型，除了口型之外，還有單韻、雙韻、聲韻等變化。

3. 結合韻

注音符號共有37個，其中21個聲母，16個韻母，是不夠使用的，因此學者專家設計了新的韻符，就是將韻符中「ㄧ、ㄨ、ㄩ」三個符號分別和其他的韻符結合，形成新的符號，稱之為「結合韻」。由表面看來，結合韻是由兩個韻併起來，其實它是代表一個新的符號，在讀的時候，要整個讀出來，才符合結合韻的正確意義。

結合韻的組合是由ㄧ、ㄨ、ㄩ三個韻與其他的韻符結合而成的，因此結合韻分為下列三種：（1）齊齒音；（2）合口音；（3）撮口音。

（1）齊齒音

與「ㄧ」結合的韻，因為「ㄧ」韻又稱為齊齒發音，因此稱此韻為齊齒音。與「ㄧ」結合的齊齒音一共有十個如下：「ㄧㄚ」、「ㄧㄛ」、「ㄧㄝ」、「ㄧㄞ」、「ㄧㄠ」、「ㄧㄡ」、「ㄧㄢ」、「ㄧㄣ」、「ㄧㄤ」、「ㄧㄥ」。

（2）合口音

與「ㄨ」結合的韻，因為「ㄨ」韻又稱為合口發音，因此稱此韻為合口音。與「ㄨ」結合的合口音一共有八個如下：「ㄨㄚ」、「ㄨㄛ」、「ㄨㄞ」、「ㄨㄟ」、「ㄨㄢ」、「ㄨㄣ」、「ㄨㄤ」、「ㄨㄥ」。

（3）撮口音

與「ㄩ」結合的韻，因為「ㄩ」韻又稱為撮口發音，因此稱此韻為撮口音。與「ㄩ」結合的合口音一共有四個如下：「ㄩㄝ」、「ㄩㄢ」、「ㄩㄣ」、「ㄩㄥ」。

二、聲調

（一）聲調的性質

在國語裡，每一個字的構成，除了前面所講的「聲」、「韻」之外，還有一個「聲調」。聲調是指一個音節發音時高低升降的調子。這個名稱也可以叫做「四聲」。（四聲之外還有一個輕聲，所以聲調認真算來應該有五個，見表4-1）

聲調中分為四聲，就是「平、上、去、入」，而「上、去、入」三者合起來稱之為「仄」聲（讀音為「則」）。在古詩中講究「平、仄」，因為它能表現詩詞的節奏之美，如今注音符號的「四聲」和以前的「平、仄」聲是不太相同的，現在的「四聲」是將以前的平聲分為「陰平」和「陽平」兩個部分，而將「入聲」去掉，仍然保有四聲。「四聲」的功能在於確定發音的高低音，也是將我們一般所說的「聲調」。因發高低不同的聲調，其所注的字音就代表不同的意義。例如「買」和「賣」、「香蕉」和「橡膠」等。它的和聲母、韻母一樣，具有區別意義的作用。

（二）聲調的分類

國音的聲調，可分成陰平、陽平、上聲、去聲四類。各類聲調都有固定的調值（即音高、音長的變化）。描寫調值一般採用「五度制標記法」，調值圖呈現如下：

表4-1 聲調四聲表

聲調類別	1	2	3	4	輕聲
符號	不加符號	／	ˇ	ˋ	·

俗名：一聲　　二聲　　三聲　　四聲

調名：陰平　　陽平　　上聲　　去聲

音長：次短　　次長　　最長　　最短

由調值圖可知，四類聲調的音高和音長都各有差別。

（1）陰平（第一聲）〔55：〕高平調，高高的平平的。如：巴。

（2）陽平（第二聲）〔35：〕中升調，向上升速度快。如：拔。

（3）上聲（第三聲）〔214：〕降升調，先下降再揚起。如：把。

（4）去聲（第四聲）〔51：〕高降調，由高音往下降。如：爸。

四聲符號也可以這麼寫：

陰平　無號

陽平　第二聲　符號（ / ）

上　　第三聲　符號（ ˇ ）

去　　第四聲　符號（ \ ）

入　　符號　　（ ˙ ）

（三）聲調發音要求

1. 音高務求到位

聲調具有高低升降的變化，才能呈現聲音的美感。但一般人由於發音的怠惰習性，常將聲調高音的部分降低，使得高音不夠高，如：陰平由〔55：〕降至〔22：〕，變成低平調；陽平的上揚度不夠，由〔35：〕降至〔23：〕；至於去聲則出現上飄現象，無法快速下降至〔51：〕，以顯示高降調的特性，導致四聲都趨向低平，無法顯現聲調間的區隔。唯有確實把握四聲調值，務求高音到位，才能完整呈現聲調之美。

2. 上聲字要發得完整

讀單音節的上聲字，務必要做到全上發足，將上升的調值〔214：〕完完整整不折不扣地讀出來，如：寫、比。

但值得注意的是，一般人說話大多習慣省略上聲末尾上揚的部分，只發出前半上的下降音。

三、其他的發音方法

（一）塞爆聲：氣流全部受阻，等氣流要出來的時候，突然破阻，很自然的爆發出來的聲音，這類發音的方法叫做塞爆聲。

（二）塞擦聲：氣流受阻，等氣流出來的時候，較受阻的地方摩擦出來的聲音，這類發音的方法，叫做塞擦聲。

（三）鼻聲：氣流受阻，等氣流出來的時候，先從鼻孔出來，然後再破阻而出。這一類發音方法的聲音，叫做鼻聲。

（四）邊聲：氣流受阻，等氣流出來的時候，經過舌尖兩邊出來。這類的發音方法叫做邊聲。

（五）擦聲：氣流受阻，等氣流出來的時候，從受阻的地方摩擦著出來而成的聲音，這一類的發音方法叫做擦聲。

以上所說的是發音方法。

四、特殊聲母發音法

用同一部位和方法而能發出兩種不同的聲音來，這是由於送氣或不送氣、帶音或不帶音的分別。所謂送氣：就是氣流受阻的時候顫動了聲帶。如果不顫動聲帶，那就不帶音。為更明白起見，列表說明如下：

万：發音方法和ㄈ相同，但在發音時聲帶顫動。

广：舌面發部貼住硬口蓋，聲音先從鼻孔中出來，並破阻而出。

兀：發音方法和ㄍ相同，但聲音要從鼻孔中出來，並再破阻而出。

根據以上說明，僅將聲母及韻母發音法表列整理如後：

表4-2 聲母發音法

發音方法 發音部位	塞爆音		塞擦音		鼻音	邊音	擦音	
	不送氣	送氣	不送氣	送氣	帶音	帶音	不帶音	帶音
雙唇	ㄅ	ㄆ			ㄇ			
唇齒							ㄈ	万
舌尖與齦	ㄉ	ㄊ			ㄋ	ㄌ		

發音方法 發音部位	塞爆音		塞擦音		鼻音	邊音	擦音	
	不送氣	送氣	不送氣	送氣	帶音	帶音	不帶音	帶音
舌根與軟口蓋	ㄍ	ㄎ			ㄫ		ㄏ	
舌面與硬口蓋			ㄐ	ㄑ	广		ㄒ	
舌尖與硬口蓋			ㄓ	ㄔ			ㄕ	ㄖ
舌尖與上齒			ㄗ	ㄘ			ㄙ	

表4-3 韻母發音法

韻 呼	單	韻符				複音符 收(ㄥ)		收ㄨ		聲隨韻符 鼻聲隨				捲舌韻符
開口	（不用拼音）	ㄚ	ㄛ	ㄜ	ㄝ	ㄞ	ㄟ	ㄠ	ㄡ	ㄢ	ㄣ	ㄤ	ㄥ	ㄦ
齊齒	ㄧ	ㄧㄚ	ㄧㄛ		ㄧㄝ	ㄧㄞ		ㄧㄠ	ㄧㄡ	ㄧㄢ	ㄧㄣ	ㄧㄤ	ㄧㄥ	
合一	ㄨ	ㄨㄚ	ㄨㄛ			ㄨㄞ	ㄨㄟ			ㄨㄢ	ㄨㄣ	ㄨㄤ	ㄨㄥ	
撮口	ㄩ				ㄩㄝ					ㄩㄢ	ㄩㄣ		ㄩㄥ	

（齊齒、合一、撮口三列之「單／韻符」欄標示「符韻合結」）

🌟 第四節　國語正音練習

一、注意事項

　　從事發音工作者，僅是會認、會注音符號是不夠的。平日除了對「ㄓ、ㄔ」、「ㄕ」、「ㄖ」捲舌音及「ㄗ」、「ㄘ」、「ㄙ」（不捲舌音）……等這些字母所拼出來的音能咬得準確之外，另外還得注意到輕音、變調及「ㄈ、ㄏ」、「ㄋ、ㄌ」、「ㄣ、ㄥ」、「ㄢ、ㄤ」等。如能將以上所提事項注意到並努力苦學就不難學會說一口流利漂亮的國語了。

　　其次，練習發音時，必須認識我們的發音器官，如此才能知道發聲的

部位及氣流的送出，是否正確？方能正確地發出聲音。

　　因此，發音時須注意下列三點：

1. 雙唇和雙齒在發音時，須注意不論合、開、大、圓、扁等變化，均須注意切實、正確。而雙齒是很少咬合在一起的。

2. 舌頭的發音有三個部位——舌尖、舌面及舌根，因此發音時要靈活，發出來的音才會正確。

3. 發音器官中最重要的部位是聲門、聲帶、咽喉及氣管。（李慧雲，頁39）

二、實例練習

（一）實例

1. ㄈ、ㄏ：非法、分發、煥發、會話、揮發、方法、黃花、彷彿、恍惚

2. ㄋ、ㄌ：南路、難怒、連年、年年、戀念、能耐、能來、哪裡、哪類

3. ㄓ、ㄗ：自治、自製、製紙、宗旨、正宗、眞正、鄭重、珍重、折衷、知足

4. ㄔ、ㄘ：從此、層次、船艙、船長、初春、儲存、車掌、車場、出超、耡草

5. ㄕ、ㄙ：十四、四十、上司、逝世、收拾、首飾、手式、上市、賞識、商數

6. ㄖ、ㄋ：柔韌、柔軟、熱鬧、叨擾、容忍、榮辱、忍耐、牛乳、仁人、認人

7. ㄛ、ㄜ：博得、薄荷、波折、河伯、刻薄、墨盒、破格、剝奪、垃圾、特色

8. ㄟ：爲非、北緯、違背、肥美、煤灰

9. ㄣ、ㄥ：誠懇、眞正、人生、仁生、仁政、成功、學生、身體、光明、縱橫、誠心

10. 儿化捲舌音：窟窿儿、枕頭儿、燈泡儿、門口儿、小的儿

（二）遇有下列情形讀法應以改變

1. 儿韻跟ㄓㄔㄕㄖㄗㄘㄙ連在一起時，在這些符號後面省去（倒ㄓ），變成ㄜ。

例如：

有事兒→讀成ㄧㄡˇ　ㄕㄜˋ儿

臺詞兒→讀成ㄊㄞˊ　ㄘㄜˊ儿

鐵絲兒→讀成ㄊㄧㄝˇ　ㄙㄜˊ儿

瓜子兒→讀成ㄍㄨㄚ　ㄗㄜˇ儿

三十兒→讀成ㄙㄢ　ㄕㄜˊ儿

2. 儿韻跟ㄝ韻連接在一起時，也變成ㄜ。

枝葉兒→讀成ㄓ　一ㄜˋ儿

字帖兒→讀成ㄗ　ㄊㄧㄜˋ儿

蝴蝶兒→讀成ㄏㄨˊ　ㄊㄧㄜˊ儿

名角兒→讀成ㄇㄧㄥˊ　ㄐㄩㄜˊ儿

甜姐兒→讀成ㄊㄧㄢˊ　ㄐㄧㄝˇ儿

3. 儿韻跟ㄞ韻連在一起時，ㄞ是由ㄚ和一併成的，一消失了只剩下ㄚ。

腰帶兒→讀成一ㄠ　ㄉㄚˋ儿

口袋兒→讀成ㄎㄡˇ　ㄉㄚˋ儿

木塊兒→讀成ㄇㄨˋ　ㄎㄨㄚˋ儿

白菜兒→讀成ㄅㄞˊ　ㄘㄚˋ儿

鍋蓋兒→讀成ㄍㄨㄛ　ㄍㄚˋ儿

小孩兒→讀成ㄒㄧㄠˇ　ㄏㄚˊ儿

4. 儿韻跟ㄟ韻連在一起時，ㄟ變成ㄜ。

一對兒→讀成一　ㄉㄨㄜˋ儿

一會兒→讀成一　ㄏㄨㄜˋ儿

滋味兒→讀成ㄗ　ㄨㄜˋ儿

沙堆兒→讀成ㄕㄚ　ㄉㄨㄜˊㄦˊ

5. ㄦ韻跟ㄢ韻連在一起時，ㄢ韻裡面ㄋ消失，只剩ㄚ。

木板兒→讀成ㄇㄨˋ　ㄅㄚˇㄦ

臉蛋兒→讀成ㄌㄧㄢˇ　ㄉㄚˋㄦ

帳單兒→讀成ㄓㄤˋ　ㄉㄚㄦ

提心吊夢兒→讀成ㄊㄧˊ　ㄒㄧㄣ　ㄉㄧㄠˋ　ㄉㄚˇㄦ

6. ㄦ韻跟ㄣ韻連在一起時，韻母裡面的ㄣ消失，只剩下ㄜ了。

課本兒→讀成ㄎㄜˋ　ㄅㄜ·ㄦ

大門兒→讀成ㄉㄚˋ　ㄇㄜˊㄦ

手心兒→讀成ㄕㄡˇ　ㄒㄧㄜㄦ

費勁兒→讀成ㄈㄟˋ　ㄐㄧㄜㄦ

胡琴兒→讀成ㄏㄨˊ　ㄑㄧㄜ·ㄦ

7. ㄦ韻跟ㄧ韻連在一起時，ㄧ與ㄦ之間多了一個ㄜ。

沒氣兒→讀成ㄇㄟˊ　ㄑㄧㄜˋㄦ

小雞兒→讀成ㄒㄧㄠˇ　ㄐㄧㄜㄦ

米粒兒→讀成ㄇㄧˇ　ㄌㄧㄜˋㄦ

班底兒→讀成ㄅㄢ　ㄉㄧㄜˇㄦ

瓶底兒→讀成ㄆㄧㄥˊ　ㄉㄧㄜˇㄦ

8. ㄦ韻跟ㄩ韻連在一起時，ㄩ韻兒之間多了一個哦。

有趣兒→讀成ㄧㄡˇ　ㄑㄩㄜˋㄦ

小曲兒→讀成ㄒㄧㄠˇ　ㄑㄩㄜˇㄦ

小魚兒→讀成ㄒㄧㄠˇ　ㄩㄜˊㄦ

小毛驢兒→讀成ㄒㄧㄠˇ　ㄇㄠˊ　ㄌㄩㄜˊㄦ

外甥女兒→讀成ㄨㄞˋ　ㄕㄥ　ㄋㄩㄜ·ㄦ

（三）繞口令練習

ㄕ　石獅寺，有四十四隻石獅子，四十四隻石獅子，吃了四十四個澀柿子。

ㄨ　壁上掛面鼓，鼓上畫老虎，老虎抓破了鼓，買塊布來補，不知道

是布補鼓，還是布補虎。

ㄩ　拉大鋸，題扯大鋸，姥姥家唱大戲，接閨女瞧女婿，小珍珍也要去，不給去，躺在床上聲大氣。

ㄒ　蕭先生上險山，上山燒香想修仙。

ㄚ　大花碗裡，扣著個大花活蝦蟆。

ㄛ　天上一個鵝，地上一個鵝，鵝飛鵝跑，鵝追鵝。

ㄟ　山前有個崔粗腿，山後有個崔腿粗，兩個山前來比腿，不知道是崔粗腿的腿粗還是，崔腿粗的腿粗。

ㄡ　忽聽門外人咬狗，拿起門來開開手，拾起狗來打磚頭，又被磚頭咬了手。

ㄢ　出南門走向南，有個麵鋪面朝南，面鋪門口掛著藍布綿門帘，先開藍布綿門帘，看見麵鋪面朝南，放下藍布綿門帘，還是麵鋪面朝南。

ㄣㄥㄤ　（1）天上一個瓶，地下一個盆，瓶盆一齊響，不知道是盆碰瓶，還是瓶碰了盆？

（2）高高山上一顆藤，藤條頭上掛銅鈴，風吹藤動銅鈴動，風定藤停銅鈴停。

（3）天上一顆星，地上一個人，星照人，人照星，星照不清人，人瞧不清星。

ㄊㄤ　端湯上塔，塔滑湯灑，湯燙塔。

ㄑㄐ　解南來了個瘸子，手裡端著個碟子，碟子裡盛著一個茄子，地上一個橛子絆倒了瘸子，瘸子摔了碟子，碟子灑了茄子。

ㄋㄥ　你會燉我的燉凍豆腐，來燉我的燉凍豆腐，你不會燉我的燉凍豆腐，別胡燉亂燉燉壞了我的燉凍豆腐。

ㄣㄥ　雲昇昇，情深深，聲聲生琴韻，情蘊深深深。

ㄔㄕㄙㄓ　廚師傅，大掃除，掃出一堆死蜘蛛，數一數四個四，四個十，四個十四，四個四十，四個四十四，哦？一共四十四之死蜘蛛。

ㄢ　院前有個袁眼圓，院後有個嚴圓眼，兩人來到院裡來比眼，也不知是袁眼圓的眼圓還是嚴圓眼的眼圓。

ㄙ　ㄕ　ㄗ　ㄓ　四十四張濕字紙，濕字紙，四十四張，是四十四張濕字紙？還是濕字紙，四十四張？

第 | 四 | 章
思考與練習題

一、何謂五音？何謂四聲？請各舉例說明。

二、參與發聲運動有哪些主要器官？

三、國語注音符號有幾個？其中聲母發音的有哪幾個？

四、依發聲的部位及方式可分為雙唇音、唇齒音，請分別舉例說明之。

五、依發聲的部位及方式又可分為舌面、舌根音、舌尖前音、翹舌音，
　　請分別舉例說明之。

六、結合韻分為齊齒音、合口音及撮口音三種，請分別舉例說明之。

七、何謂音調？音調可分為哪幾類？

八、請舉本文以外的兩個繞口令並請發音練習。

第 5 章▶▶▶

收聽動機與主持技巧

①瞭解聽眾收聽廣播動機研究
②瞭解播音員與節目主持人的職掌、工作與條件
③瞭解播音與主持節目技巧

　　本章擬從瞭解受播者——廣播聽眾的收聽動機，來探討傳播者——廣播電臺播音員及節目主持人製作節目應有的認識，以及製作節目的依據與基礎，舉凡從發聲運動與國語正音開始，到口語表達與播音技巧等等，若以「練武」為例，國語正音是基本功，口語表達和播音技巧則是運用技擊的技巧了。練功的主角雖是電臺的播音員、節目主持人、新聞主播等節目製作播出人員；但是，這些基本功準備與訓練，為的就是聽眾。那聽眾到底是誰呢？

第一節　聽眾收聽廣播動機研究

　　廣播是為聽眾存在的！廣播不是單單為才華橫溢的主持人或播音員而設的！因此，如果不能真正掌握聽眾特質，那

麼在節目製作與行銷策略等工作上都可能事倍功半，甚至徒勞無功。

如果問起：「聽眾收聽廣播的動機是什麼？」「聽眾收聽廣播什麼節目？」答案可能很多，但大部分的人可能會回答：「聽音樂」、「聽新聞」。這就牽涉到傳播研究的閱聽人研究了。就行銷觀點，閱聽人就是消費者。廣播節目若是一種商品，那麼聽眾當然就是消費者了。

然而，早期傳播研究，重視的傳播效果，感覺上，閱聽人或聽眾，各個在強大媒體威力下，閱聽人即應聲而倒。那時所探討的是媒介對閱聽人做了什麼，而不重視閱聽人的地位。 到了第二次世界大戰時，學者霍夫蘭（Hovland）對美國國防部的軍教影片效果作研究，結果發現宣傳並不能改變受眾的態度。之後，拉查斯斐等人於1940年代對選民的問卷調查，也發現，大眾傳播對改變選民的態度很有限。1960年代，克拉伯（Klapper）也認為傳播媒介充其量只有助長的效果。那時的效果研究在探討媒介內容與閱聽人之間的「緩衝體」（或「中介變數」）。

一、主動閱聽人研究

這種研究取向，一直到1964年，哈佛大學的社會心理學家鮑爾（Raymond Bauer）推出〈頑固的閱聽人〉（The Obstinate Audience: the Influence Process from the Point of View of Social Communication）一文，才開始有了明顯的轉變。鮑爾的觀點，一反過去閱聽人是被動的說法，而認為閱聽人可以主動地尋找資訊。有關閱聽人是「主動」的研究取向，70年代出現的「使用與滿足理論」可以說是重要的閱聽人對媒介的使用，是一種功能性選擇的結果，它強調閱聽人有能力去選擇符合他們需求的資訊內容。換言之，傳播效果研究的重點從以往的「媒介內容能對閱聽人做什麼」轉變成「閱聽人能對媒介內容做什麼」。

學者凱茲等在1974年著《大眾傳播的使用》論文提出：「使用與滿足途徑」（uses and gratifications approach），與傳統效果理論間的差別在於：與其研究媒介對人仍有什麼效果，我們應該研究人們如何使用媒介。「使用與滿足」研究，將注意力放在「使用」媒介的閱聽人何以得到「滿

足」，或是「需求的實現」閱聽眾的行為大都可以用個人的「需求」和「興趣」來解釋。在此，必須強調它是一「接收」過程的模式，並沒有包括整個的傳播過程，而是經過閱聽人選擇過的。

二、國外「使用與滿足」的廣播聽眾相關研究

最早研究廣播與使用滿足的學者，是美國的赫佐格（Herzog），他在1942年時，就進行廣播劇聽眾收聽動機之研究，從他對100位收聽廣播的聽眾訪問中發現，有些聽眾收聽廣播劇，乃將它視為發洩情感的方法，把自己沈浸於劇中的悲喜，喜好與劇中人有相同的感受，藉以減輕自身的煩憂，忘掉煩惱；或以劇中人的成就來彌補現實生活中自己的失敗缺憾；或是由於聽廣播劇，可以得到某些忠告，提供行為的準則。其中有一些女性受訪者就表示：「當劇中的情況，真正發生於現實生活中時，我們會知道如何應付。」

一直到20年後（1962年），才有另一位學者卡爾森（Carlson）針對「收聽新聞的動機與閱聽人的認知」展開研究，結果發現，收聽新聞的動機和閱聽人的兩項認知有關：（1）認知新聞有助於達成個人目標；（2）欲達成之目標對個人之重要程度。換句話說，如果個人首先認知到收聽新聞可以達成個人目標時，才會接觸新聞；而接觸新聞之程度，則取決於欲達成之目標對自己的重要性，也就是接觸程度愈高，表示愈重要。緊接著2年（1964年）後，有學者曼德爾頌（Mendelsohn）接續研究「收聽廣播動機」，結果發現，人若在寂寞或被隔離的情境下，收聽廣播的主要動機，是可以藉由廣播來消除寂寞，因此廣播成了最好的陪伴代用品。

從1971年開始，到1986年，投入收聽廣播動機研究的學者愈來愈多，首先針對不同年齡層的聽眾，例如：兒童、青少年以及30歲以下的成年人。像兒童部分：葛林柏格（Greenberg, 1974）研究發現，兒童收看電視的動機為打發時間、忘記現實生活、學習如何做事、尋求刺激、陪伴、習慣。其次，青少年部分：1971年的溫托布（Weintraub）「青少年收聽廣播的動機」研究發現，美國青少年喜歡收聽喋喋不休的DJ，其他

收聽廣播的動機還包括：新聞的涵蓋面更廣、打發時間、獲知周遭發生的事物、收音機攜帶方便、可以知道時間和天氣、如果沒有收音機會看更多的電視或聽唱片、收音機可以聽到更多的音樂。第三，成年人部分：索林（Surlin, 1986）對「牙買加首都京斯頓268位成人聽眾調查」，而在受訪者有半數以上是30歲以下的聽眾，他們收聽廣播的動機為：為獲得與每日生活相關的有用資訊，為了想知道時事、為了瞭解別人的看法、善用自己的時間、娛樂、想聽自己的意見、排除寂寞。

至於為何要call-in?有兩個不同的研究，首先是杜洛（Turow, 1974）針對「費城WACU 電臺的研究」後發現，參加廣播節目call-in的人，主要想獲得資訊、或提出個人意見、或求得問題的答案，還有一點，就是希望和主持人說說話，讓自己也成為節目的一分子。其次是柴比諾斯（Zerbinos Eugenia, 1993）的類似研究，發現「聽眾收聽廣播節目參與call-in的主要動機」為：消遣娛樂、瞭解他人的想法、知道周遭發生的事情、獲得生活上有用的資訊、尋找與自己相似的觀點、陪伴等。

最後是針對晚間收聽的，那是1974年比瑞得和狄林克（Bierig & Dimmick）針對「芝加哥的WIND電臺的夜間節目contrace的研究」，結果發現，收聽廣播的主要動機之一是消除寂寞及與人說說話。

三、國內「使用與滿足」的廣播聽眾相關研究

國內最早調查閱聽人廣播收聽動機的是在1974年的政大教授漆敬堯，在他「電視、報紙及廣播的功能」研究中，曾針對臺北市1,000名成人使用廣播媒介習慣進行調查，結果發現廣播對於受訪者的主要功能為：娛樂、報導、說服。

翌年（1975），同是政大新聞研究所教授的楊孝濚（1975），縮小研究範圍，這次他針對的是大學生，他研究的是「大專學生接觸大眾廣播媒介動機」，結果發現，大專學生收聽廣播主要的動機為「消遣」和「新知獲取」。

3年後（1978），政大新聞系三位教授：徐佳士、潘家慶、趙嬰等人

將研究範圍擴大到臺灣地區，在他們有關「改進臺灣地區大眾廣播國家發展功能之研究」發現，收聽廣播的主要動機為：尋求快樂、希望增加新知、尋求消息。

同是政大新聞系教授的陳世敏，於1985年，也將研究對象擴大到一般民眾，在對「一般民眾收聽廣播習慣之研究」時發現，主要的收聽動機為：消遣娛樂、獲取新知、收聽新聞氣象、打發時間、作伴。

臺灣有「漁業廣播電臺」，隸屬農委會漁民署，臺本部在高雄市，其服務對象為漁民，漁民為何收聽廣播？政大新聞系教授彭家發，在1985年，針對「漁民收聽廣播習慣研究」發現，大部分的受訪漁民因為要出海打漁，基於工作需要，所以會關心收聽漁業氣象報告，而且期待能夠有流行歌曲的娛樂，陪他們度過漂流海上既刺激、又無聊的漫長日子。

1986年，另一個大規模的調查研究展開了，那就是在1986年由政大新聞系多位教授：潘家慶、王石番、謝瀛春等人，針對「臺灣地區民眾傳播行為」進行研究，結果發現臺灣民眾收聽廣播主要動機為：獲得新知見聞、瞭解地方事務、瞭解國家和世界大事、探求資料、尋求快樂。

當調頻（FM）廣播新問世，不知高中生的接受程度為何？張源齊於1989年，針對「臺北市高中職學生收聽FM廣播節目動機研究」，發現臺北市高中職學生收聽調頻廣播節目的主要動機為：生活調適、消遣娛樂、獲取新知、他人影響。

同年，研究範圍從高中生擴大到「大專生」收聽廣播的動機及使用行為，皇甫河旺、王嵩音、臧國仁、曠湘霞等人研究發現大專生收聽廣播的動機項目琳琅滿目，分別為：找娛樂、增進新聞見聞、想忘卻煩惱、想打發時間、想學習外國語言、想瞭解別人對事物的看法、想知道世界及國家大事、已經成為習慣、想知道地方事物、想增加談話題材、想幫助解決生活上的問題、想知道市場行情、因為同學聽所以也聽。

臺灣解嚴，開放頻道，聽眾call-in蔚為風氣，許文宜於1994年，在「我國廣播電臺『電話交談』（call-in）節目之研究——打電話者（caller）的使用動機與媒介使用行為之關聯性分析」，發表研究結果時指出，

聽眾打電話到廣播「電話交談」節目的動機可分成四大類：「消費娛樂」、「人際聯絡」、「資訊守望」、「尋找論壇」。

在臺灣，有所謂「南北差距」之說，同一年（1994），簡聰穎在「大臺南地域性廣播電臺之一般聽眾收聽行為」研究中，利用因素分析，將動機因素分為三個構面：「增廣見聞」、「娛樂作伴」、「感性歸屬」，並進一步透過集群分析，同時將廣播聽眾分為三個集群，命名為「功能性機動強烈群」、「相對作伴、打發時間群」、「功能性機動薄弱群」。

距離10年前的臺灣地區大調查，廣電基金於1996年，委託哈里士國際調查臺灣分公司，對臺灣地區1,126位電臺聽眾收聽行為進行研究，結果發現，主要的收聽動機為：打發時間、欣賞音樂、收聽新聞、作為陪伴、獲取新知。這些動機跟之前所發現的結果大同小異。2年後，中央通訊社「臺灣地區民眾（12歲以上）廣播節目收聽行為調查」（吳育昇，1998），結果發現聽眾的收聽動機為消遣打發時間（占55%）、喜歡節目內容或主持人（占26%）、以及想聽新聞及路況（占21%）。本調查強調聽眾「喜歡節目或主持人」的重要性。

臺灣有許多族群，如外省、閩南、客家、原住民族及來自東南亞與大陸的新住民等，劉幼琍於1997年，對「客家族群對廣電媒體使用與滿足調查與評估研究」，發現平時收聽廣播以尋求快樂排遣時間、獲取新知、與他人交換消息。

不同的職業別，如軍公教、士農工商等，也是被研究的對象，丁德鵬於1998年，針對「國軍官兵廣播收聽行為研究」，結果發現，國軍官兵因為需要配合任務作息，收聽廣播的行為多受到時間的限制，在收聽動機方面主要為：資訊、習慣、參與、被動與娛樂的動機。

同一年（1998），張志雄也進行「國軍官兵傳播指標調查」，結果發現國軍官兵收聽廣播節目結果發現動機依序為：「瞭解社會發生什麼事」、「學習是事物與新知識」、「休閒娛樂、打發時間」、「增加討論話題」、「參與call-in節目」。這與丁德鵬的前一個類似研究，有同工異

曲的發現。

這裡進一步要問，那同為軍方所屬的電臺——漢聲電臺的聽眾收聽動機為何？底下有二個相關研究，第一是蔡順傑（2006）之「漢聲廣播電臺閱聽人之研究」，該研究調查結果發現，收聽動機依序為：「想獲得生活資訊增廣見聞」、「因為有喜愛的特定節目」、「想娛樂消遣、調劑身心」。

第二是胡宥佳（2009）之「漢聲廣播電臺政策性節目官兵滿意之研究——使用滿足理論之再驗證」，該研究調查結果也發現，在收聽漢聲電臺節目動機較為強烈項目為：「想獲得生活資訊，增廣見聞」、「因為有喜愛的特定節目」、「想娛樂消遣，調劑身心」、「想知道最新的國內外新聞時事及氣象消息」、「想單獨一人工作、開車時，希望有個聲音作伴」、「節目主持人的風格吸引我」。

兩者都以「想獲得生活資訊」為收聽廣播的首要動機。其次因有喜愛的特定節目，也是共同動機，可見主持人經營節目，鞏固聽眾向心力的重要性了。

臺灣有公營及民營電臺。到底收聽公、民營電臺的動機有何不同？曾在南部服務公營電臺多年，並擔任過部門主管、電臺副臺長的李至文先生，曾於2001年針對「地區性公營廣播電臺聽眾滿意度調查分析——以國立教育廣播電臺高雄分臺為例」，調查結果發現，聽眾的主要收聽動機為：增進文教新知、瞭解政府教育政策、內容吸引人、增進親職教育知識與觀念。

民營電臺部分，邱瑞蓮於2004，在她「民營廣播電臺聽眾收聽行為與滿意度調查研究——以臺南縣建國電臺為例」的研究，調查結果發現，動機分為「娛樂動機」、「資訊動機」、「參與動機」、「習慣動機」、「感性動機」等五個動機因素。

其中「感性動機」與簡聰穎（1994）在「大臺南地域性廣播電臺之一般聽眾收聽行為」研究中，將「感性歸屬」列為收聽動機因素之一，都在強調「南部聽眾」「重感情」的一面。

前述國內外多達27項調查結果，綜合以上相關研究整理，大致可瞭解聽眾收聽的動機可歸納爲「資訊蒐集」、「娛樂消遣」、「學習」、「社交互動」、「習慣性」及「作伴」等較爲常見的收聽動機。然而，這些動機與實際收聽廣播行爲的調查結果，有無差距？

根據NCC「2010年廣播電臺收聽行爲調查研究報告」指出，爲何會「吸引」聽眾收聽廣播的原因，前五個因素爲：1.音樂因素（47.9%）；2.新聞因素（22.%）；3.路況報導因素（17.9%）；4.主持人因素（11.%）；5.整體內容因素（11.1%）。同一份報告，也指出聽眾收聽廣播的前五個原因：1.有聲音陪伴；2.可以跟著唱歌／聽歌（26.5%）；3.收聽即時新聞（24.）%；4.無聊（23.0%）；5.路況報導（16.1%）。

對照前面的國內外研究，被吸引並實際收聽廣播的前三個原因，乃是「作伴」（有聲音陪伴）、「娛樂消遣」（收聽／演唱音樂）及「資訊蒐集」（新聞）。

然而，「學習」與「社交互動」則是排在後面，例如「學習」只占「吸引」因素第8名的語言學習因素的（3.3%）、以及只占「收聽原因」第10名語言學習的（2.3%）；另外，「社交互動」只占「吸引」因素第10名互動的（1.7%）、以及只占「收聽原因」第11名的（0.3%）。

最後，我們要問閱聽人爲什麼會選擇某種媒介？答案是：透過接觸媒介而得到滿足：施蘭姆（W. Schramm）在其著《人、訊息和媒介》（*Men, Messages, and Media*）一書中提出一個公式如下：

報酬的承諾（promise of reward）＝選擇或然率（probability of selection）所需付出的努力（effort required）。

基本上，報導的重點是指閱聽人對自己需要的滿足。也就是說，當一個特定的大眾傳播媒介引起我們注意時，那是因爲它能滿足我們一部分的需求，才引起我們對它發生興趣而加以注意。所謂「所須付出的努力」是指媒介易得性的大小。對於一種媒介的取得，我們所要考慮到的是所需花費的金錢，及滿足需要所需花費的時間。我們如能花費較少的錢，花費較少的時間，並且使用起來也很容易，則對於該項媒介的使用就付出較少

的努力。

　　這裡有一個研究可做佐證，即廖美婷（2006）「大臺北地區居民收聽專業廣播電臺行為之研究——以正聲電臺為例」，發現由於正聲電臺相當成功，所以有個人理財的聽眾較多會選擇收聽該電臺節目，證明了聽眾是主動的選擇媒體，並依照自己的需求與喜愛去選擇適合自己的電臺。因此，身為廣播電臺第一線的播音員與節目主持人，便要在電臺宗旨與電臺定位的指引下，戰戰兢兢，肩負起應有的責任，好好主持與經營自己的節目。

❋ 第二節　播音員與節目主持人

　　前中國廣播公司總經理李祖源曾指出：一個專業廣播電臺的成敗關鍵，除了電臺的經營策略、節目定位、內容安排是否恰當之外，節目人員更具有決定性的影響。由此可知，節目主管及其所領導的節目製播人員是電臺的先鋒主力，電臺經營的成敗，全賴節目主管及其所領導的節目製播人員專業水準與能力的發揮；而電臺的節目製播人員除節目主管、導播、編輯之外，就屬播音員與節目主持人了。

一、播音員與節目主持人的的職責與工作

（一）播音員

　　播音員常指值班擔任各項播音工作的人員而言。播音員是廣播電臺節目部中最基層，卻非常重要的一個人。有許多播音員實際上也常擔任節目主持人、成音控制、編審或導播的工作。在美國，播音員可以依其工作性質之差異，可分為下面五種類別：1.採訪報導員（reporter），2.評論員（commentators），3.體育播報員（sportscaster），4.播音員（narrators），5.新聞主播（anchor）。

　　播音員由於係電臺中播音工作最基層的人員，所以工作特別繁重，幾

乎包括了所有播音工作。僅摘要列舉於下：

1. 播音值班的工作

播音員的主要工作之一就是值班，值班時的主要工作包括：（1）準時處理、播放節目。（2）擔任值班期間之播音事項。（3）準時處理、播放廣告插播事項。（4）依規定播報臺呼、臺聲、呼號、頻率事宜。

2. 值班期間之代班工作

播音員值班時間內，遇有主持人未能準時趕至現場主持節目時，即應先行代理主持；下一值班播音員未能準時接班時，也要先行代理。

3. 緊要事項之處理工作

如颱風動態之收取與播出等緊急應變與處理事項，均應能主動積極處理並播報等等。

（二）節目主持人

何謂「節目主持人」？最早是叫播音員（Announcer、Broadcaster），在廣播電臺誕生初期，他們的主要工作為播放一些新聞、天氣情況、物價消息、介紹唱片及演播廣播劇等。後來，廣播或電視節目一天一天豐富起來，播音員的工作也複雜起來，他們不僅做上述工作，還要邀請聽眾或來賓到播音室，和他們談話，討論大家感興趣的話題。播音員還要走出播音室到社會生活去，到新聞現場去，親自採訪，用自己的聲音，把聽眾喜歡的節目內容，播送到聽眾的耳邊或眼前。

20世紀50年代，「節目主持人」一詞出現在美國電視節目裡，英文叫「Anchor」，意思是跑最後一棒的人。美國國家廣播公司的製片人唐・修伊特（Tom）借用這個詞來指「將節目相關的報導串聯起來並作一番綜述的人」。美國最早的主持人是新聞節目主持人，著名記者華爾特・克朗凱特（Walter Cronkite）在報導美國總統大選時第一次被冠以主持人稱呼。至此，Anchor就多了一個意思——節目主持人，即「the main broadcaster on a program of news, sports,etc.」，主要指新聞節目、體育節目主持人。後來克朗凱特主持歌倫比亞（CBS）著名新聞節目《60分鐘》主要工作是把記者拍攝的新聞素材介紹給觀眾，採訪有關新聞人物，並發

表自己的看法和觀點，而成為名噪一時的著名節目主持人。後來，美國的廣播電視節目中又出現了Host（Hostress）、Presenter等指稱不同類型節目的主持人，他們的主要任務是把廣播電視節，介紹給受眾，也就是透過有聲語言，在麥克風和鏡頭前，把節目內容傳送給受眾，達到傳播者的傳播目的。由此可見，有聲表達就是播音員（announcer、broadcaster）、節目主持人（ancer host、presenter）工作的手段，表達技巧對於他們工作的重要性是不言而喻的。

以2008年金鐘獎的廣播節目類主持人獎為例，就包括了：流行音樂節目、非流行音樂節目、文教資訊節目、社會服務節目、藝術文化節目及綜合節目六種不同節目的主持人獎。至於同年金鐘獎電視類主持人獎則包括：綜合節目、娛樂綜藝節目、歌唱綜藝節目三種不同節目的主持人獎。另外2008年卓越新聞獎，則設有新聞節目主持人獎。

二、播音員、節目主持人的條件

國內外有關廣播電臺專業節目主持人的條件等的相關研究幾乎從缺，僅有少數幾篇論及廣播節目人員應具之專業素養，概述如下：

加拿大廣播專家Jerry Good（1996）根據他長期觀察美加地區受歡迎的廣播節目主持人均具有和善、人情味、說服力及溝通力等特質。曹愛琳（1995）認為，新聞廣播節目主持人所必備的條件不外乎反應要快、常識淵博、主持技巧性足、懂得聽眾心理、瞭解聽眾好惡。

郭春在（1996）歸納陳本苞（1989）等廣播學者的論著，指出廣播節目人員應具備的專業素養包括：1.專業知識：熟知廣電法規、具文學素養、淵博常識、有音樂素養等。2.專業能力：高度組織力、良好表達溝通能力、獨特創造力及熟練的廣播設施操用能力。3.專業精神：包含要有興趣、責任感、理想等。

（一）播音員的條件

「播音」工作常被一般人認為是一件很簡單的事，以為除了啞巴之外，人人都會講話，播音也只不過是對著麥克風說話而已，而事實上這份工作並非像一般人想像的那麼簡單。從事播音工作的從業員，必須時時虛心學習，不斷的努力研究以力求進步，不可驕心自滿，這樣才能夠做一個標準的播音員。

前廣播前輩吳疏潭便語重心長地勉勵從事播音工作的新進人員：

1. 播音員不是說話的機器，他應該把感情、學問、人格都融於播音中。對整篇稿子的內容都應該先行消化，不可看一字讀一字，聽起來艱澀生硬。

2. 播音員是稿子的最後糾正者，在你進入播音室之前，有很多記者、作家、編輯為你備稿。稿子一到播音員的手中，你的工作就可以使其效果增加或減少，其重要性可想而知。

3. 播音員固然應該虛心、謹慎，全神貫注來工作，但是不要緊張害怕，否則也同樣會壞事的。

4. 要時時牢記「守時」的信條，即使工作了幾十年，也應該堅守一秒不差的原則，在時間上永遠要敬業從事。

5. 不可忽視小節，習慣性的小毛病要糾正過來，工作才能上軌道。

6. 播音員要珍惜自己的才華，恃才傲物總歸要失敗的，持盈保泰是我們為人處事最重要的一個態度，做一個有貢獻的播音員更應如此。

7. 播音員工作既辛苦，又不能滿足虛榮。只有堅毅不跋、工作熱忱度極高的人才能緊守崗位。要做好廣播工作更不是簡單的事，能夠完成不易做到的事，才是我們的驕傲。

從上得知，播音員必須具備以下五大條件：

1. 認識自己的聲音

聲音的特質包括：（1）說話音量的大小。（2）音質屬性：說話時的語調是否為急促、無高低起伏，或是發聲鼻音太重、喉音刺耳、尾音全

無等。瞭解了自己的聲音特質及優缺點之後，才能進一步找到方法來糾正既有的壞習慣，再經由不斷地練習，達到理想的境界。

2. 對播音工作應有正確的認識

播音工作不外是報導時事、傳達政令、宣揚文化以及播送歌曲、廣告等，廣播的對象不分高下貧富、老幼，由於要滿足廣大聽眾的要求，所以任務相當重大，在聽眾當中，有才識豐富的、有粗通文字的、也有不識字的，各階層各角落都有聽眾，所以播音內容必須要多方面的，同時也要因節目稿性質的不同，在播音方式上、詞句上、語調上，就有很大的差別。例如：播報新聞、時事分析等這類的節目所報導的文字當然詞句要求簡潔，語調要鄭重而又不能過於呆板。

3. 對播音工作應有認真的態度

播音工作儘管被認為是「輕鬆」的差事，但工作態度應該要認真，同時要珍愛這份工作，才能勝任愉快。因為播音工作實際上是相當艱苦的，它不分寒暑、晴雨、假日，年節都得關在緊閉的播音室裡，來製作各類的節目。如果沒有濃厚的興趣，是絕對沒辦法從事這項工作的，除此之外，還要恪守崗位克盡職責，而且時時留心品德和技巧的進修。

4. 在播音最好要字正腔圓，至少要口齒清晰

現在廣播職場，並未要求播音員在播音時要捲舌，要百分之百字正腔圓，但至少要有良好的音質，要咬字清晰，更重要的是，還得有敏銳的理解力，這樣才能瞭解廣播稿的文字內容及真正情感，然後才能把它恰當的表達出來。因此，播音員應清清楚楚地咬字，糾正自己不悅之發音，然後每天不忘做美聲練習。

5. 能正確使用聲帶，發揮聲帶功能

（1）保持情緒穩定，放鬆肩膀、頸部肌肉，以輕鬆方式說話。

（2）注意呼吸的狀態。講話時最好用80%的腹式呼吸，20%的胸式呼吸。如果胸式用得多，會浪費太多力量，造成喉部和頸部緊張。通常500CC的空氣，可以讀3、4秒鐘的話，若能在講5秒鐘內換氣的話，就可以避免浪費能量。其次，宜以最適合自己的頻率講話，一般就以自己輕咳

一下的聲音為最適當的頻率，但切忌經常清喉嚨。第三，控制話的音量，最好在耳朵放個棉球，以減低外來的干擾。第四，保持適當的說話速度，最好讓別人聽得清楚就好。第五，以柔軟的方式起音。

（3）避免聲帶受損，則不要嘶喊，少吃刺激性的食物，如辣椒、咖哩。再來少抽菸，少喝酒。充足睡眠。最後，早上或晚上，有短時間的「練習」，可使聲帶恢復彈性。

（二）節目主持人的條件

至於節目主持人的條件，楊仲逵先生認為應包括：1.音色美而有播音經驗。2.有幽默感和輕鬆諧趣。3.有語言天才，又有表演天才，最好能瞭解多種才藝。4.要有相當學養與機智。5.須有組織力。6.要有支配時間與控制時間的能力。7.要充分瞭解發言公器的神聖任務及職業道德。8.要有責任感。9.要有高度的涵養。

事實上，主持人扮演一種社會的角色，具有多重屬性，是一種複合性的角色，因為他除了是節目的主導者之外，也是媒體意志的體現者，不但扮演公眾代言人角色，更是先進文化的傳播者，故肩負社會託付的重大責任。

由於現在一般電臺已無節目製作人，或由主持人一手包辦，無論如何，楊仲逵也認為，製作人條件至少要包括以下六點：1.應具有豐富的節目製作經驗：2.有組織能力。3.有創造能力。4.有豐富的社會知識。5.有多種才藝的鑑賞能力。6.有控制預算的操守。

✸ 第三節 播音與主持節目技巧

一、如何播音

播音員不是說話的機器，他應該把感情、學問、人格都融於播音中，因此，播音員未開始播音前，必須把稿件的內容作一番充分的瞭解，以便

先行消化瞭解，不可看一字讀一字，聽起來艱澀生硬，甚至對一個問題的前因後果以及縱橫關係、時代背景，都要體味一番。所以在電臺播音員準備室裡，應該備有各種參考書籍、資料、圖表以及標本等。或許有人認為這是一個理想，但是如果電臺真能做到，深信做出來的節目就不會令人失望的。

以下是播音員播音時應注意的事項：

（一）要聚精會神、平心靜氣

播音時一定要穩定情緒，保持愉快的心情才能聚精會神，不慌不忙的把整個精神與聽眾凝為一體，全神貫注到稿件內容裡。否則心慌意亂，心猿意馬想不出錯也不可能，應有緩有急，有「重音」、也有「輕聲」。這種「輕」、「重」、「緩」、「急」就形成了一句話的抑揚頓挫，說起來就像音樂一樣悅耳動聽了，這是播音最基本的常識，是不容忽視的。

（二）注意尾音的持續

一句話最後的一個字或句與句之間是靠著「尾音」的聯繫，一個播音員的聲音所以婉轉動聽，使人有餘音繞樑之感，就是他的尾音在聽眾的腦海裡環繞，留下一種深刻印象的緣故，但是這不是說句與句、字與字之間含混不清，因此絕不可在句與句或開頭或結尾部分用以斬釘截鐵、戛然而止的方式來處理。

（三）播音發聲還得善於運用聲音的對比

例如聲音的高低、強弱、長短、明暗、寬窄、前和後、虛與實等都應在廣播發聲中明顯地表達出來，以顯現出播音員的控音能力。此一能力的養成，不僅在發音的不可變因素：如聲帶、口腔、唇舌等生理結構方面的學理應予研究外；另外在吐字歸音、呼吸調節、發聲狀態等可變因素方面，亦須多多鍛鍊。另外，播音員應有能力面對不同內容、不同體裁的稿件，而應用不同的聲音形式、氣息、狀態的要求去播音。

（四）牢記「守時」觀念

廣播是時間的媒體，一秒都不能出差錯，因此，身為播音員應有「守時」觀念，及早進入播音室準時播出節目，一秒不差。

總之，播音員的有聲語言應該是經過加工的、具有藝術性的、區別於日常談話的聲音。播音發聲雖然是對語言進行藝術加工，使有聲語言能夠更純潔，更準確，更具美感。

（五）增加播出效果

經驗豐富的播音員會針對記者、作家、編輯為他準備的稿子，適當地增加播出效果，故其重要性可想而知。

（六）發音方法

這裡提供幾種播音員之發聲方法，包括：1.丹田發聲法，2.口鼻腔發聲法，3.胸腔發聲法，4.咽喉腔發聲法，5.頭腔發聲法。至於播音員的呼吸與換氣技巧則包括：1.換氣，2.偷氣，3.停頓聲調與語調訓練，內容包括：（1）基本語，（2）口氣語調，訓練項目有：①發音，②語速，③節奏。

二、如何主持節目

（一）口語語言表達基礎

何謂「口頭語言表達」？其意涵在於說話者藉助聲音、動作、姿態等表情達意的技巧，在不同場合、對象、心境和題目，把思維意識轉化為口頭語言活動。

一般新聞主播需要正襟危坐，用很權威的語氣、嚴肅的表情播報新聞。1996年（民國85年）的正聲廣播公司卻在每天下午的「超級音樂臺」推出了「LIVE新聞秀」節目，由該公司新聞部採訪組長（目前擔任新聞部經理）的宋流芳（宋怡）主持，該節目選出的新聞，仍是以當天的重點新聞為主，經過宋怡編輯之後，在每一則新聞中加上宋怡自己的評析（或反諷），戲而不謔，但語氣明顯活潑、生動、幽默、好笑，經常引起收聽者的會心一笑。自從宋怡以詼諧、幽默的語氣開播該節目之後，在新聞圈裡揪起一片波濤洶湧，尤其是電子媒體的主播們，趨之若鶩，也極受聽眾好評、讚賞有加，彷彿喚醒沈睡的心靈，所有隱性的聽眾都曝光了，並引起新聞圈的討論：究竟新聞主播以何種方式播報新聞最為討喜閱聽

人？

主張「播新聞」的學者認為，「說新聞」隨意性太強，存在著信息參水的問題；摒棄我國廣播電視的優良傳統；主張「說新聞」的學者認為，「播新聞」只是照本宣科，缺少生氣和說服力。當然，這不僅僅是話語言說方式的爭論，也是新聞觀念的一種爭論。

儘管這種爭論仍然繼續，隨著實踐的深入，廣播電視界普遍認識到，「把『播新聞』和『說新聞』和諧地融合在一起。該『說』則『說』，該『播』則『播』，完全依據新聞稿件的要求辦事。」換句話說，說和播都是運用語言藝術的不同方式，任何一個播音員或主持人應該兩者都能掌握（孟偉，2006：48）。

至於，如何做到呢？以下方法可能可以改善。第一，在口語優勢基礎上，吸取書面語的精華：口語做為一種創作活動，無論是層次結構的嚴謹集中、修辭手段的豐富多樣、句子結構的縝密規範、或選詞造句的字斟句酌，多應盡可能向書面與學習。第二，重視口語創作前的備稿：古人說，「豫則立，不豫則廢」，因此，舉凡在麥克風、在攝影機前的即興口語表達前，要有紮實的備稿動作，包括：選定題目、有關文案素材廣泛蒐集、深入探討、整理分析。這樣，才能「胸有成竹」於前，「出口成章」於後。第三，綜合能力的培養：包括主持人的獨特人生閱歷、思想感情、文化素養、審美情趣及語言功力等等長期修練的成果。畢竟口語表達能力，是一個人德才學識的總體現。第四，加強口語實踐：廣播電視口語講究效率，沒有迅速而有條理的內部語言組織，就不可能有流暢而清晰的語言表達。因此，內部語言的組織，是口語表達的基礎與前提。這就要回到前面談到的，重視思維能力的培養。加強的方法，就是針對歸納、演繹和類比三種思維方法的練習。

（二）思維模式的練習

在傳播的領域，語言和符號是傳達意義的一種工具，尤其廣播從業人員更需藉助書面語和口頭表達，並掌握語言和符號，來傳達訊息。何謂「口頭語言表達」？其意涵在於說話者藉助聲音、動作、姿態等表情達意

的技巧，在不同場合、對象、心境和題目，把思維意識轉化爲口頭語言活動。思維意識會隨意境、對象的不同而有不同的思考方式。換句話說，應針對不同的情境，展現不同的思維模式。而在廣播職場上常見的四種情境爲：1.描述性的思維模式。2.說明性的思維模式。3.說服性的思維模式。4.辯論性的思維模式。

在與人交流過程中，表面上是憑藉著「語態」來交流，實際上乃是「思維」在背後支撐著。舉凡口語表達流暢清晰、條理分明的人，其思維必然判斷準確、合理明暢，善於緊扣問題關鍵而反應敏捷，因此思維能力的提高，有助於口頭語言表達的表現，而如何讓思維具有條理性、敏捷性，甚而具有開創性、新穎性，必須培養鍛鍊大腦思考問題方式，以提高大腦的工作效率。思維意識會隨意境、對象的不同而有不同的思考方式。換句話說，應如何針對不同的情境，展現不同的思維模式。

（三）語言表達的訓練

廣播即興口頭語言表達，存在著很多「語境」和「心態」。它一方面力圖打破傳播障礙和隔閡，一方面又極力顯示人際傳播的魅力，將那些具體生動、富於情趣的溝通方式，運用於廣播媒體。進一步而言，就連「語境」，在廣播中的語言傳播的「語境」和日常生活中語言活動的「語境」，就有些不同。對主持人構成制約的，主要表現在溝通的目的、溝通對象和傳播手段的變化上。以下是有關播音主持語言表達內部技巧與外部技巧的訓練方法，簡單說明如後。

1. 語言表達內部技巧訓練

情景再現、挖掘內在語、捕捉對象感，是從備稿到播音主持藝術創作，使思想感情處於動態狀態的三種重要方法。

（1）情景再現：就是在符合作品稿件需要的前提下，以稿件作品提供的材料爲原型，使稿件作品中的人物、事件、情節、場面、景物、情緒……在主持人的腦海裡不斷浮現，形成連續的活動畫面，並不斷引發相應的態度、感情，這個過程叫做情景再現。

（2）挖掘內在語：內在語是幫助主持人把稿件變成自己要說的話，

使感情處於運動狀態的好方法，對主持人的表達有直接引發和深化涵義的作用。

（3）捕捉對象感：主持人在進行主持藝術創作中，必須在「目中無人」的條件下，努力做到「心中有人」，也就是要對聽眾進行具體設想，從感覺上把握聽眾的存在，時時與聽眾有思想感情的交流、呼應，這就是對象感。

2. 語言表達外部技巧訓練

重音、停連、語氣、節奏是有聲語言表達的外部技巧。

（1）重音、停連的練習：重音是指語句而言。詞和詞組內部的輕讀、重讀，稱之為輕重格式。段和全篇的重要句子或層次，稱之為重點。語句重音，是指那些最能體現語句目的，而在主持藝術創作中需要特別強調的詞或詞組。

（2）語氣、節奏的練習：主持語氣是指在一定具體的思想感情支配下，具體語句的聲音形式。在運用語言技巧時，應遵守以下三大原則：把握思想情感、使用具體語句以及化為某種聲音形式。節奏是有聲語言運動的一種形式。在播音中，節奏應該是由全篇稿件產生出來的。播音員和主持人思想感情的波瀾起伏，造成了抑揚頓挫、輕重緩急的聲音形式，同時予以循環往復。因此，語氣是以語句為單位，而節奏是以全篇為單位。

第｜五｜章
思考與練習題

一、何謂主動的閱聽人？

二、聽眾收聽廣播的主要動機為何？

三、請比較國內與國外「使用與滿足」的有關廣播聽眾call-in動機的研究。

四、請比較國內與國外「使用與滿足」的有關成人收聽廣播動機的研究。

五、請比較播音員與節目主持人的工作職掌有何不同？

六、播音時應注意哪些事項？

七、何謂節目主持人？其應具備哪些條件？

八、主持人語言表達的內部技巧，有何訓練的方法？

06

第 6 章 ▶▶▶

節目與新聞企劃及製作流程

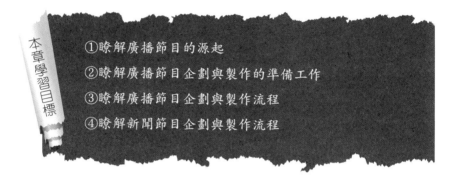

本章學習目標

①瞭解廣播節目的源起
②瞭解廣播節目企劃與製作的準備工作
③瞭解廣播節目企劃與製作流程
④瞭解新聞節目企劃與製作流程

✹ 第一節　廣播節目的源起

　　根據無線電廣播發展史，首先用無線電開始向空中傳播
人類的聲音者，為1906年聖誕夜，位於美國麻省的范斯頓
（Fessenden）電臺所完成。

　　到了1910年，紐約市歌劇院名歌唱家卡羅素的歌聲，即
以無線電廣播向外播送，這是無線電廣播歌唱的開始。至於
音樂節目，則在1917年第一次世界大戰時，由杜尼瑟上尉主
持的無線電訓練營裡播送。

　　目前最受歡迎的市場行銷及氣象報告，是由美國威斯康
辛大學的WHA電臺，於1919年播出的。正式以商業廣播電臺

第六章　節目與新聞企劃及製作流程

申請並取得政府第一張執照者，爲1919年播出的。正式以商業廣播電臺申請，並取得政府第一張執照者，爲1920年在美國匹茲堡由西屋電氣公司設立的KDKA電臺。其成立以後，首先播送的是哈定總統的選舉開票情形，並應觀眾要求播放唱片、體育新聞以及自己推銷收音機的廣告。

4年後（1924年），在中國上海成功地每天播出8小時廣播節目，包括商情、歌劇、教堂禮節和商情廣告的，是美商開洛公司以100瓦電力發射的電臺，一直到1929年才結束。

以上所描述的，正是早期廣播電臺的節目內容。

一、廣播與電視節目之比較

根據臺北市新聞記者公會於1983年印行的《英漢大眾傳播辭典》，對於廣播電視「節目」的定義爲：「電臺播映的視聽訊號，內容經過設計組合，可供大眾（收聽）觀賞者。」

這裡稍就無線電廣播與電視節目的異同，作一簡單的比較：

（一）相同點

廣播與電視節目都要利用聽覺，同時，它們都是消耗時間的媒體，也有它們在製作上和編排上的共通之處。

（二）相異點

1. 廣播節目是給人聽的，是訴諸聽覺的藝術；電視節目是給人聽、同時也給人看的，是聽、視覺兼具的藝術。
2. 廣播節目製作過程較爲單純，且不受空間的限制，由聽眾去創造心靈上的意境。電視節目製作過程較爲複雜，且受畫面影響和螢幕大小等空間上的約束，不能作憑空的遐想，但有情影景，說服力和眞實性較強。

瞭解廣播初期節目內容與型態之後，再來從不同的角度探討節目的種類。

二、廣播節目的種類

（一）根據廣播電視法分類

1. 現行廣播電視法第16條規定

「廣播電視節目分為下列四類：（1）新聞及政令宣導節目。（2）教育文化節目。（3）公共服務節目。（4）大眾娛樂節目。」

2.「廣播電視節目規範」的說明

行政院新聞局於1979年9月20日公布的「廣播電視節目規範」中，曾對前述四類節目內容有所說明，謹引述其中內容，加以補充說明如下：

- 新聞及政令節目：包括新聞報導及分析、政令施政措施及政策的說明介紹、新聞話題之評論、座談、訪問以及實況轉播……等。

- 教育文化節目：凡以發揚中華文化、推廣社會教育、輔助學校教學、啟迪兒童智能為目的，皆屬於教育文化節目。基本上，凡能啟發社會大眾智能、增進民眾知識、提升國民精神文化生活者，都是教育文化的範疇。

- 公共服務節目：過去在廣電節目規範所指之氣象、時刻報告、緊急通告、公共安全及其他有關社會服務事項，均屬於公共服務節目的內容，維護社會大眾權益，提升其生活品質的節目，均屬於公共服務類型節目，例如：公益觀念推廣、與生活有關之問題諮詢解答，包括食、衣、住、行、育、樂中之法律、婚姻、健康……等，以及資訊傳遞，例如路況報導……。

- 大眾娛樂節目：包括唱歌、音樂、戲劇、電影片、小說故事、笑話、猜謎、舞蹈、技藝、綜藝及職業性之體育表演，換言之，以歌曲、音樂、趣事、技藝表演、綜藝或其他方式，提供大眾生活消遣娛樂的節目，都算是大眾娛樂節目。

在這裡順便提一下，就是有關這四類節目，在廣播電臺播出的比例，根據廣播電視法施行的細則規定，新聞及政令宣導節目，不得少於15%。教育文化節目，不得少於20%。公共服務節目，不得少於10%。大眾娛樂

節目，不得超過55%。

（二）以播出的性質分類

1. 報導性節目

在傳播客觀存在的事務，以供大眾知曉。

2. 教育性節目

在傳輸知識或觀念，以增進視聽人的智慧。

3. 娛樂性節目

在刺激聽眾的感官和情慾，以滿足休閒的需要或打發時間。此三種性質的節目有時彼此混合，很難獨立，但必須能以一種為主體，換言之，也就是一個節目的主旨所在。在廣播電臺，一週一次或多次的節目，每次節目播出的內容儘管不同，但總是有一個主題，而且每個主題又不能離開這個節目的主旨，否則就不成為同一個節目，而是另外一個節目了！

（三）以製作的方式分類

1. 內製內包節目

由電臺編制內的節目人員製播節目，而廣告業務承攬則由電臺業務部負責。

- ・優點：由於節目由電臺編制內人員製作，故電臺有絕對主控權，對節目品質亦能掌握。
- ・缺點：對於新電臺而言，必須承擔六個月的經營風險。

2. 內製外包節目

由電臺編制內製作人與主持人製播節目，廣告業務承攬則由傳播公司負責，按月繳交時段費。

- ・優點：電臺可掌握節目理念。
- ・缺點：必須在節目先有知名度的情況下，較容易完成。

3. 外製內包節目

由電臺委託傳播公司或個人製播節目，廣告業務則由電臺業務部負責承攬。

- ・優點：可以解決電臺裡面大牌主持人難求的問題，並且可容納更多

社會菁英加入廣播行列。

・缺點：傳播公司容易利用節目發展周邊利益，造成電臺難以控制的局面，若由個人製作，則較容易控制。

4. 外製外包節目

將電臺的廣播時段，以簽約方式賣斷給傳播公司或個人。

・優點：電臺不必負擔廣告業務的風險，坐收時段之利。

・缺點：經營理念難以貫徹，節目風格難以確立。

其實，除了節目與廣告均由電臺節目部製播的純內製節目之外，一般廣播電臺亦有由外製單位提出具體完整構想企劃案，經電臺審核通過，確實符合電臺經營而同意製播之「外製」節目。

過去，在國內調幅電臺多採「外製外包」節目的製作方式，於是乎節目製作人本身，除了要主持節目外，同時也要在節目中「推銷」自己的產品，從醫療藥品到手錶、腳踏車、音響……等之外，其最大的特色是在節目中備有「電話」，供聽眾打電話來訂購，以便自己下了節目親自或雇人送貨到聽眾家裡。因此有人稱之為「空中（醫藥）販賣所」，對電臺老闆而言，反正時段有人要買，節目有人要做，何樂不為？

1983年左右，政府開放調頻頻道，許多新電臺都紛紛成立，大抵模仿ICRT電臺節目內製、業務自行負責招攬方式來經營，其優點是，節目品質容易掌控業務行銷活動，自己的DJ配合度高。

以ICRT電臺而言，其內製比例高達96%以上，尤其自週一至週五全天24小時節目，全部都是現場，而且是內製。只有在週六及週日，DJ休息時，由控機員播出「外購」節目，例如向世界知名電臺BBC、CNN等傳播公司，購買新聞及音樂節目。

此外，在別的一般電臺尚有「委製」節目，也就是基於共同的節目理念下，由電臺委託個人加入製播行列，廣告業務則由電臺負責承攬，以業務經營角度來看，此種製作方式，亦屬於內製的一種。以前述ICRT電臺而言，至少在民國79至85年之間，並沒有委製節目存在。然而許多公營（政府經營）電臺或新設立民營調頻，如正聲臺北調頻電臺，便歡迎有企

劃及製作能力的個人去該電臺開闢委製節目，如此可彌補電臺本身人力之不足，又可網羅自己認為滿意的人才，同時以「特約」方式聘僱，不必納入正式編制，還省去退休金給付……等問題。

瞭解廣播節目的定義與種類之後，以下三節將介紹廣播節目企劃製作的準備工作及流程。

第二節　節目企劃與製作的準備工作

自從政府於1983年開放廣播頻道以來，我國廣播節目生態，整個為之丕變。簡言之，不管新、舊電臺的節目企劃與製作，均由過去以「生產」為導向的模式，逐漸調整與改變為以「市場」為導向的模式。在這裡，需要注意的兩點事：（1）重視電臺的定位問題，（2）重視聽眾及廣告客戶的意見與市場調查。前者關係到電臺設立的宗旨與目標，後者則希望透過比較科學的方法，來瞭解目標聽眾的收聽廣播的喜好與習慣，以及瞭解提供電臺主要收入的廣告主，對節目製播的相關意見。以上兩點是電臺經理人在經營一家廣播電臺，尤其著手於節目企劃製作時，所必須要充分瞭解的。

舉例來說，就電臺定位而言，像警察廣播電臺的交通臺，它的定位便很清楚，是針對駕駛人為服務對象，因此，在交通尖峰時期路況報導及交通安全……等節目內容，均受到駕駛人的歡迎。又如正聲廣播公司的臺北調頻電臺，它的定位是都會資訊理財服務，因此到了下午時段，便製播很多有關商業，如：投資、理財、股市分析……等方面的資訊。

其次，就聽眾意見調查而言，過去一般電臺，對此類調查不是不感興趣，就是認為電臺要花很多錢，尤其對節目與廣告採取「外製外包」方式的民營電臺而言，經理人均認為，反正以坐收「大房東」之利，也不必費心去瞭解聽眾的需求是什麼。一直到現在，聽眾意見調查，在新聞局與電臺評鑑委員的期許下，一般電臺才開始正式這個問題。但對新設立的電

臺，聽眾意見調查便非常重要了，一來它要清楚目前聽眾所收聽的廣播喜好是什麼，二來它要掌握自己電臺聽眾的喜好，包括播放的音樂型態，像國、臺語流行歌曲、輕音樂、西洋排行榜流行歌曲及懷念的老歌……等等，排在哪個時段，一個鐘頭播幾首……等等，在在都需要透過聽眾意見調查來做進一步的瞭解。其他像受訪者每星期、每天收聽廣播時數、最常收聽的節目、對本電臺最常收聽的節目、最喜歡的節目主持人……等等問題，是一般聽眾調查所不會遺漏的題目。

對於廣告主而言，除了聽眾收聽廣播的習慣之外，它們更感到有興趣的問題，還包括受訪者的消費能力和消費行為，例如：在過去一年中是否曾去中國旅遊、購買主要家電器具、購買超過一定價值（如4千元臺幣）的服飾或首飾、參加過健身房或高爾夫球俱樂部、曾經購買保險、電腦、音響、去過KTV……等等。這些資訊，足可提供廣告主，經過與受訪者的性別、年齡、教育程度、收入……等等，交叉分析過後，決定在哪個屬性的電臺，以及什麼時段來播放哪一類的產品，以便求得最大的廣告利益。

前面所提的重視電臺定位與實施聽眾意見調查，乃是一般廣播電臺在進行節目企劃與製作不可或缺的步驟。接下來，便是根據其二者所產生的節目理念來規劃所謂的「節目策略」，而節目策略也受到聽眾、媒體主、廣告商及執法者四者之間互相的影響，此外，在規劃廣播節目策略時，也要考慮電臺所在的市場大小、社區組成以及位置、競爭對手、本身財務狀況、工程技術、潛在聽眾與預估利潤等因素。

與節目策略相當，並需要同時考量與規劃的，便是節目與音樂的編排策略了。一般電臺除了純新聞與談話性節目之外，音樂與歌曲在整體節目中，占了十分重要的地位。在國內的電臺，以「綜合性」節目居多，故節目中所播放的音樂歌曲，大多隨著節目內容，如婦女節目、兒童節目、勞工節目……，來播放其相關性的音樂或歌曲。事實上，音樂歌曲的選擇，如同節目類行的選擇一樣，首先要考慮人口統計學上的變項，如年齡、性別、籍貫、收入、教育程度……，以及生活方式和經濟、社會與市場需求

層面的特質，然後由電臺的節目經理、音樂總監、製作經理有關企劃、宣傳部門人員共同會商，才有可能得到共同而且圓滿的結果。上述原則，將在以後適當章節做進一步的敘述。在下一節，我們將具體說明廣播節目企劃與製作的一般流程。

我們知道，廣播的組成有三大要素：談話、音樂與音響。廣播與其他媒體最大的不同，就是具有想像空間。由於廣播沒有畫面，只靠聽覺去認知與理解。因此，主持人或受訪者談話的聲調高低、快慢、剛柔⋯⋯等特性，提供聽眾無限的想像空間，在腦海中浮現其想像主持人或受訪者的年齡、外貌與特質。

同樣地，節目進行中所播放的音樂，不管與節目內容情節有關或無關，也會令聽眾反射心中的感應。尤其配合聽眾所處的環境，如雷電交加的夜晚，如萬籟皆靜的深夜，聽一首感人的音樂或歌曲，更會令人引發內心深處的感懷，進而觸景生情。此外，音響效果更能幫助聽眾「入戲」。為了生動、逼真，經由人工、機械與音效片所產生的恐怖、緊張、悲傷、快樂、刺激⋯⋯等等的廣播收聽效果，會令聽眾不自覺的走入節目製作人或主持人所設定的場景，例如：30年代美國廣播史上最有名的「外星人進攻地球」，其逼真的情節，扣人心弦的音效，造成成千上萬聽眾奪門而出、落荒而逃的下場。在臺灣，小時候聽過廣播前輩吳非宋先生晚上「吸血鬼」廣播劇的人，必對其融入劇情情節的口白與音效，留下深刻的印象。

❋ 第三節　廣播節目的企劃與製作流程

廣播節目的製播，可分為「構想」、「錄製」及「播出」三個階段，這是指具有主題內容的節目，從資料的蒐集，經過組織、整理與編撰，在經由電臺節目部的審查，到錄音室的製作剪輯，按時播出，最後到聽眾的收聽與反應，其整個從傳播來源到被傳播者的過程。但是，就一個完美無

缺的傳播過程而言，必須再加上「回饋」的過程，這在廣播節目製作的過程中，便是「品質管制」，即於節目播出之後，根據聽眾的反應以及收聽的狀況，加以檢討，並採取適當的修正措施。

根據前述節目企劃與製作，我們可以分為：一、企劃作業階段，二、錄製作業階段，三、播出作業階段，以及四、品質管制作業階段。每一階段均有其應注意的事項。

一、企劃作業階段

（一）節目構想

節目構想與創意之間的關聯性相當密切。一個具有創意的節目，有時是經過市場調查，發現有此類型節目的需要，但有時卻是憑一時的靈感而產生。無論如何，古人說的「需要為發明之母」這句話，用在節目的構想與創意上，是非常貼切的。所謂「需要」，包括社會大眾與電臺本身是否有需要，另外需要注意的，尚有「可行性」如何？即在有限的人力、物力與財力限制下，是否能夠完成，宜避免好高騖遠、不切實際的想法，免得到頭來一場空。最後，要注意節目播出後，是否能達到預期的效果。否則，白忙一場，達不到一點效果，也是白費心思。

（二）徵求節目企劃

1. 就電臺內部而言

可依節目的時段、特性，要求電臺節目部所屬人員或約聘節目人員，提出所徵求節目的內容主旨，再根據前述節目構想提出節目提案。

2. 就對外徵求而言

若屬電臺委製或外製外包節目，可由節目部統籌辦理，採公開方式對外徵求節目企劃書及製作人。

3. 就前兩者節目提案而言

前兩者節目提案應提報企劃書等書面資料。

4. 就企劃書內容而言

企劃書內容應包括：提案人、提案日期、節目名稱、節目主持人節目

宗旨、內容大綱、製播方式、播出時段、長度、對象及預算……等要項，此外，企劃書格式以統一為宜。

（三）節目內部會議

1. 會議由節目部經理召集，與會人員包括節目部經理以及所轄各組主管。

2. 初審企劃書工作，除需提報書面資料以外，尚得視需要邀請提案人與會作口頭報告。

3. 提案得於節目部會議充分討論，並由節目部經理審查核可後，方算完成初審工作，再往上提報，邀請電臺總經理、副總經理及各部門經理主管作複審工作。

4. 在審核節目企劃提案時，需注意以下事項：

   （1）節目的構想、宗旨與內容，是否有創新、是否有變化、是否獨特並且符合聽眾的需求……等。

   （2）製作人與主持人的資格及背景是否符合所提節目的專業需要、背景是否經驗豐富……等。

   （3）企劃書內容是否符合廣播節目製作規範之要求與時代潮流？

   （4）節目所列預算是否恰當？是否能達到預期效果？

   （5）電臺內部人員所提對外徵求之企劃案，如未通過審核時，需註明原因後，退回原提案人修正或改進。

（四）電臺高階主管會議

1. 由電臺最高主管定期召開，在會議議程中，可排定電臺節目提案加以討論。

2. 與會人員包括電臺最高主管，如總經理或臺長、副主管，以及節目部、業務部、行政部、工程部及公關部……等單位主管。

3. 討論節目提案時，得請節目提案人到會中作口頭報告，惟提案人只供列席說明，並無決策權。

4. 提供之工作計畫討論過程中，得請製作人與會報告。

5. 前述工作計畫之主要內容，包括工作人員名單及工作分配，製播

內容腳本、工作進度表等基本資料，由原提案人親自執筆完成。

6. 經高階主管會議通過之提案，各單位應全力配合。

二、錄製作業階段

將設計好的節目，錄成盤帶，或直接在現場播出，便屬於錄製階段。

（一）節目審查會議

1. 本會議由電臺最高副主管，如副總經理或副臺長，視需要不定期召開，專門負責審查電臺節目。

2. 審查內容包括：主題是否正確？內容是否配合節目觀念？結構是否嚴謹？節奏是否流暢？主持人表達能力是否恰當？專業知識及經驗是否足夠？掌握氣氛是否適宜？最後要注意節目內容有無與事實出入的地方。

（二）節目製作會議

1. 在節目執行之前，得由製作人召集工作小組會議，以便向工作人員講解內容、分配工作與潤飾稿子……等之提示。

   （1）講解內容：為了避免節目播出時，發生混亂情形，因此任何節目在錄製之前，都需要事先向有關工作人員說明清楚。

   （2）分配工作：對於相關人員，例如工程、音效……等，均應事先予以妥善安排，交代清楚，各司其職，密切配合。

   （3）潤飾稿子：如果有任何需要修改之處，均應修改，或遇需要加強的地方，亦須予以清楚註明。

2. 正式錄製之前，得先進行排演，以避免正式錄音或播出時，發生不必要的錯誤。

3. 預錄性節目的錄製完成後，即交由專人進行剪輯或剪接，或配錄音效。

4. 再來便是「檢聽」，及整個節目錄製完畢後，必須從頭到尾仔細的檢聽，檢查剪接之處是否無誤、音量大小如何，及臺詞有無說錯……等等。

5. 如果是現場播出的節目，則必須在事前溝通協調，以確定節目進行的順序。其次，在播出時亦須責成專人進行監聽。惟第一次試播時，需先行錄製成試聽帶，交付試聽後，如果沒有問題，才可以開始製播。

（三）製作試聽帶

1. 企劃案經過修正通過後，交由提案單位製作試聽帶。

2. 製作試聽帶的相關費用，如屬內製節目，應交由電臺節目部門相關人員協助製作；如屬委製或外製，則由提案單位負擔。

（四）試聽會

試聽會包括電臺內部試聽會與聽眾試聽會。

1. 電臺內部試聽會

（1）完成之節目帶，連同企劃書及工作計畫，交予節目部經理。

（2）節目部經理得召集各相關主管及人員，共同進行試聽，製作人必須到場匯集意見。

（3）試聽包括以下注意事項：

　　─內容主旨是否正確？

　　─主持技巧是否純熟？

　　─節目進行是否順暢？

　　─音質及音量是否符合標準？

　　─與原企劃案是否符合？

　　─時間掌握是否恰當？

　　─語言表達是否自然流利？

　　─是否與廣電法、廣播節目、廣播製作規範及相關法規相牴觸？

（4）試聽會時，節目製作單位需在場說明。

（5）節目製作人匯集兩次試聽會之意見，修正節目內容。

（6）節目內容若修改幅度超過節目長度30%以上時，節目部經理得要求再次召開電臺內部試聽會。

（7）如果試聽不符合電臺要求時，得立刻退回製作單位修改內容。

（8）節目部得委請公關或宣傳部門，邀請媒體記者及電臺聽眾參加新節目之試聽會，節目製作人亦須參加。

2. 聽眾試聽會

凡通過電臺試聽會的節目，由節目部統籌舉辦聽眾試聽會。

聽眾試聽會的各項建議，應詳加記錄，正本留在電臺備查，並作為電臺製作節目的參考，副本則發給外製單位作為修正的參考。

（五）外製單位辦理簽約手續

1. 簽約手續由節目部負責辦理。

2. 簽約時應言明雙方的權利義務、交代方式、付款方式等細節，以免日後產生糾紛。

3. 外製單位每一季辦理一次換約手續，電臺如不續約，應於換約前一個月通知外製單位，並立即著手籌劃替代節目。

（六）安排播出時間

1. 內製節目於節目部經理簽屬同意後，列入節目表；外製節目應於播出前將節目帶交予節目部編碼安排播出。

2. 如果是現場性節目，則須先行提交節目內容企劃書備查，並送回播送單為確定節目播出之正確時段及長度。

3. 時間表排定之後，呈交上級核示，並送交新聞局廣電處備查。

（七）正式製作節目

1. 所有內部作業完成後，通知外製單位進行節目製作。

2. 外製單位應完全負責錄製作業之管理。

3. 製作完成之節目帶，應依合約送交節目部。

三、播出作業階段

「播出」是廣播節目企劃、製作程序的最後一個階段。很多廣播節目都是事先錄好的，比較好控制時間，如果是現場播出，則必須做充分準備，除研讀底稿、試音與排演之外，並且需要對時間嚴加控制，不可以時間未到，就把資料整個說完；也不可以時間到了，卻只說了一半，來不及

作結論就結束。

其次，在節目播出的同時，還要進行監聽。監聽的作業由節目部指派專人負責，監聽時，必須注意播出的內容及品質，如果違反規定，必須立即呈報上級，並通知內製有關人員，或外製單位改進。此外，在監聽時，應將意見詳細記載於節目日誌，以備考察。最後，節目播出後，可要求市場調查部門進行聽眾反應調查。

四、品質管制作業階段

所謂「品質管制」，便是以消費者的要求為標準，運用科學的方法與技術，矯正不良因素，從事生產有利的品質管制，所做的一項措施。

尤其節目播出後的品質，除前述加以監聽填報意見之外，節目部應召集有關部門開會。

（一）內製節目檢討會議

檢討節目內容、音樂教材運用、音樂播出狀況、聽眾反應調查、剪輯及工作流程等各有關事項。

（二）外製節目評鑑會議

每個月定期邀集外製單位召開，其評鑑結果做為每季換約時是否續約之參考。若遇外製單位有所疏失時，應令其限期改善；倘若有重大違紀事項，應立即依合約規定，採取懲罰措施或終止合約。最後，每個月評鑑結果及檢討會紀錄，應於詳細紀錄後，呈交上級長官單位核示。

圖6-1為廣播電臺企劃與製作的一般流程。

一般廣播電臺，均視其電臺屬性、規模大小、市場狀況來決定是否單獨設立新聞部門，或僅依附在節目部門，設立一個採訪組，除非該電臺完全不重視對聽眾的新聞服務，否則以電臺製作過程簡便、反映社會動態迅速的特性而言，於節目中隨時播報新聞及氣象，應該是頗能掌握電臺「新、速、實、簡」的經營特色，並提供聽眾一項很好的公共服務工作，進而建立電臺的社會地位。以下僅分為九個階段，來說明新聞節目企劃與製作流程。

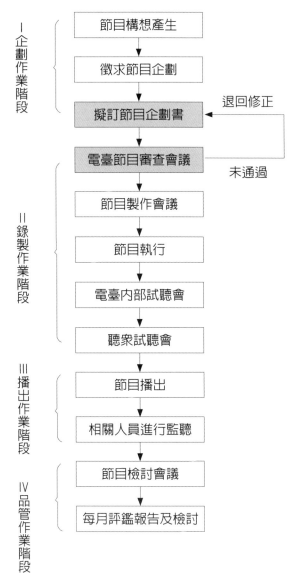

I 企劃作業階段
- 節目構想產生
- 徵求節目企劃
- 擬訂節目企劃書 ← 退回修正

II 錄製作業階段
- 電臺節目審查會議 　未通過
- 節目製作會議
- 節目執行
- 電臺內部試聽會
- 聽眾試聽會

III 播出作業階段
- 節目播出
- 相關人員進行監聽

IV 品管作業階段
- 節目檢討會議
- 每月評鑑報告及檢討

圖6-1　節目企劃及製作流程

（一）第一階段：完成編組

1. 新聞採訪工作，乃根據電臺設立宗旨及編制，來分配適當的人員負責，惟一般而言，廣播電臺新聞部門，尤其採訪新聞的記者人數，永遠無法與一般報社相比，故人員編制較少，一名記者同時要負責好幾條新聞路線。

2. 新聞採訪的分組分線，係由新聞部經理統籌辦理，全權負責。

3. 一般而言，電臺新聞路線可分為：黨政、軍事、外交、國會環保、教育、財經、警政、交通、建設、民政、社區里鄰、藝文、影劇、社會、勞工、科技……等類。新聞局長得視人員工作狀況及實際需要，派任分組進行採訪，並可依自己電臺的需要，加強某些新聞路線的採訪。

（二）第二階段：擬定採訪計畫

1. 採訪計畫由記者根據新聞來源，例如：以預告的記者會、後續新聞、記者自己的建議、各機關所發的新聞稿、新聞部內部開會，甚或從民眾打來的電話……等自行擬定。

2. 以上新聞計畫的擬定，乃根據對其新聞的衡量與判斷，如：重要性、接近性、影響層面及是否眾人感興趣……等因素來決定，每日最好有一「新聞焦點」。

3. 決定好每日採訪日程表之後，接著便是聯絡相關人員，安排採訪的時間及地點。

（三）第三階段：確定採訪支援

如果在採訪的企劃中，需要其他工作人員或支援單位時，例如現場採訪或時況轉播，所需要的人員多少、設備項目、交通工具及通訊傳遞方式……等等，先行提報，由新聞部採訪組協助調理。

（四）第四階段：進行採訪

1. 一般性新聞由負責記者獨立完成。

2. 遇有突發性重大新聞，如某航空公司飛機在東部山區不幸墜毀，則由新聞組組長機動編組，配合完成。

3. 採訪時除須注意迅速、客觀、正確等基本原則之外，有關工作所需的人員配備、交通工具以及採訪所需訪問的要點、背景資料……等，亦儘量事先準備齊全。

4. 採訪過程中，記者尤須注意個人的儀表與態度，因為他或她是代表整個電臺形象及個人新聞專業修養。

（五）第五階段：撰稿與發稿

1. 記者撰稿應力求生動簡潔口語化。

2. 文字稿以不超過200字為原則，錄音稿以不超過90秒為原則，惟國家元首的文告，不受此限制。

3. 記者應就手邊的傳訊工具，以最快的方式傳遞新聞，目前電子通訊發達，記者幾乎人人配有「大哥大」、「筆記型電腦」，可直接與電臺連線。

4. 不管用傳真發稿或電話發稿，須先知會新聞組留守人員待命收稿、準備錄音或錄稿，傳稿時應注意通訊品質，傳稿結束後，需立即聯絡收稿人，確定接收或傳稿無誤。

5. 回到電臺發稿，字跡須清晰易辨，避免混淆。

6. 秉持隨採隨發的習慣，避免尖峰時間的發稿，造成作業困擾。

7. 發稿時，若新聞尚有後續發展時，應於新聞稿中註明，並繼續追蹤結果，持續發稿。

（六）第六階段：編審處理

1. 編輯人員負責對記者新聞稿的改稿工作。

2. 編輯人員有權更動記者所發的新聞稿，內容若有存疑，須立即向記者查證。

3. 新聞排序作業乃根據新聞的重要性，由編輯完成，並於播報前於新聞部經理審定，事後亦填妥例行的報表備查。

4. 新聞部經理則負責播報前之最後審定工作，組長不在時，得責由專人負責。

5. 經由審定，確認內容無誤後，應於新聞播報前十分鐘，交予播報

員，以便播報員事先閱讀。

（七）第七階段：送出播報

1. 播報員於接到新聞部經理核定好的新聞稿時，應事先閱讀。

2. 閱讀中應先順稿，並將稿中應斷句之處，做成記號。若發現有難讀或錯別字時，應與編輯核對。

3. 新聞稿中附有訪問錄音帶時，應將先後順序排妥，以免一時疏忽而錯放。

4. 播報時，眼睛應走在嘴巴前面，力求清晰流暢。

（八）第八階段：監聽

1. 由節目部經理責由專人監聽。

2. 監聽時應注意播出之音量與品質，並核對播出的內容，是否與新聞稿相符。

（九）第九階段：成果統計及檢討

1. 由新聞組組長定期召開檢討會議

2. 會議內容應包括：記者採訪工作報告。

（1）工作狀況統計。

（2）工作缺失報告總檢討。

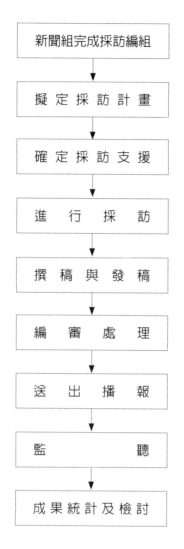

新聞組完成採訪編組

↓

擬 定 採 訪 計 畫

↓

確 定 採 訪 支 援

↓

進 行 採 訪

↓

撰 稿 與 發 稿

↓

編 審 處 理

↓

送 出 播 報

↓

監 聽

↓

成 果 統 計 及 檢 討

圖6-2 新聞企劃及製作流程圖

第｜六｜章
思考與練習題

一、請根據廣播電視法說明廣播節目的種類。

二、請以電臺實際播出的性質說明節目的種類。

三、廣播組成有哪三大要素？在節目製作前，如何運用這三要素作準備
　　工作？

四、如何根據節目構想來徵求節目企劃？

五、錄製作業階段時的節目製作會議至為重要，其重點為何？

六、請圖解說明新聞企劃與製作階段的流程。

第 7 章 ▶▶▶

節目企劃書撰寫實例

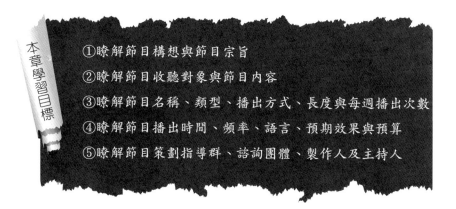

①瞭解節目構想與節目宗旨

②瞭解節目收聽對象與節目內容

③瞭解節目名稱、類型、播出方式、長度與每週播出次數

④瞭解節目播出時間、頻率、語言、預期效果與預算

⑤瞭解節目策劃指導群、諮詢團體、製作人及主持人

　　一個好的、受聽眾歡迎，並且對社會產生正面影響的廣播節目，必須屬於一種有創意的節目。同時，將這個具有創意的節目觀念與構想，見諸於書面的，便是節目企劃書。根據節目企劃書，才能有計畫、有步驟，將節目構想、策劃與設計，很完美的付諸行動，並將節目的內容很忠實的呈現出來。

　　一般節目企劃書的內容，至少要包含以下各項：

・節目名稱

・節目型態

・節目構想（或節目特色）

・節目宗旨

・節目長度

・節目內容

・節目對象

・製作人及其簡介

・主持人及其簡介

・播出方式

・播出時間

・播出頻率

・播出語言

・預期成效

・節目預算

・節目樣本

本章的重點，在於以廣播節目企劃書爲藍本，再將屬於節目中的設計階級，有關節目觀念的產生、節目的策劃與設計，根據本書作者過去與目前所曾經企劃與製播的廣播節目實例，做一個較深入與完整的介紹。

以下將就作者曾在1992年至1995年，分別於警察廣播電臺交通網臺北臺、教育廣播電臺以及世新廣播電臺，以製作人的身分製播「老外在臺北」、「英語俱樂部」以及「那魯灣」等廣播節目企劃書爲例，將前述一般節目企劃書的內容，分項說明於後。

第一節 節目構想與節目宗旨

一、節目構想

一個廣播節目觀念的產生，多半起源於節目製作人的突發靈感。這種靈感有經過觀察現存的事物、外界現象，經過重新組合，並帶動期間關聯性。許多創意或新點子，大都是這種組合過程下的產物。

不管是藉由既有的創意而來，或是經過自己思索而生，創意的產生過

程可以歸納成：

　・決定方針。

　・蒐集資訊。

　・分析資訊。

　・組合資訊。

　・孵化孕育。

　・產生靈感。

　・判斷整理。

　　事先的資訊蒐集，分類和必要的分析，才算完成孵化孕育創意的準備工作，而後將分析結果作成「組合式思考」，包括：

1. 聯想法

（1）由關係相近事物聯想。

（2）由反向進行聯想。

（3）由性質相近角度聯想。

2. 水平思考

（1）對同一件事物從多方面去觀察，或完全改變對某一件事物的看法。

（2）避免用垂直思考的領域去觀察事物。

（3）多多活用偶然出現的構想與機會。

3. 腦力激盪

　　俗稱「動腦會議」，即由一群人而非個人，以討論的形式，來尋求集思廣義的一種方式思考方式。所謂「三個臭皮匠，勝過一個諸葛亮」，以及「三人行，必有我師」。就在這些思考過程中，會忽然冒出創意的火花。總而言之，誠如著名的管理學大師杜拉克所說：「所謂新點子，其實都是基於實際需要，經過反覆的深思熟慮，不斷探究而產生的東西。」

（一）「老外在臺北」節目構想

　1. 近年來，由於我國經濟繁榮，對外貿易蓬勃發展，以臺北市為例，儼然已成為國際性的大都市，因此，外籍人士在臺因求學、

工作之人數，愈來愈多。根據內政部警政署截至80年11月底的統計資料顯示，在臺外籍人士擁有外僑居留證者，共有3萬4,268人；外國在臺留學生生，共有5千9百多人；合法外籍勞工，約有2千人，而非法外籍勞工，則估計有3萬多人。自從政府開放外籍勞工進口後，人數自然更多。

2. 面對外籍來臺人士不斷增加之情況下，由於初入異國環境，一切生疏，加上風俗習慣互異，語言不通，文化背景也不盡相同，自然會衍生許多社會問題，實有加以正視之必要。因此，開闢一個服務外僑的節目，至為迫切，尤其由警政署所屬的警察廣播電臺製播更為恰當。

3. 儘管國內已有以英語發音之臺北國際社區廣播電臺（ICRT），服務外籍人士。惟綜觀其節目內容，乃以音樂、娛樂為主，較少有關外籍人士生活所需法令解釋、消費指南、文化交流等公共服務之資訊，故就實際而言，有其需要性。若由一向重視公共服務之警察廣播電臺製播，並由警政署支援，當可收事半功倍之效矣！

4. 根據警察廣播電臺舉「老外出招」國語演講比賽，歷年來，已收豐碩之效果，當可繼續延伸、擴大，並深入製作本節目。

（二）「英語俱樂部」節目構想

1. 在臺灣，學習英語的風氣很盛，在坊間便可發現琳瑯滿目有關學習英語的書和雜誌。尤其在廣播電臺，以英語播出為主的英語節目，便有3至5種不同的節目，例如「空中英語教室」便是一般人所熟悉，並且歷史悠久的英語教學節目。

2. 綜觀前述廣播英語教學節目的內容，大多以會話或普通文學為主，甚少有以時事或新聞英語為主的教學節目，究其原因，可能以此類內容較為專業與特殊，在取材或播報英語新聞方面，人才覓得並不容易。

3. 自從政府於1990年起開放衛星接受天線（俗稱「小耳朵」、「中耳朵」）以來，出現在廣播、電視與衛星的英語新聞，日漸增

廣播節目製作

128

多，因此，國內民眾培養與增進收聽與收看新聞英語的需求，愈來愈大。

（三）「娜魯灣」節目構想

1. 第一年：1993年

自從解嚴以來，臺灣社會不斷尋求開放，而臺灣本土文化也一直在高漲之中。在許多電臺紛紛製作各種語言及各種面貌的節目之際，唯獨缺少與原住民有關的廣播節目。故製作本節目，期能藉著大眾傳播的力量，使原住民的種族意識能夠抬頭，並使其文化能融入到整個大社會中。

2. 第二年：1994年

· 鑑於上一年度娜魯灣節目所介紹的族群太過繁瑣，節目內容亦造成空洞、不夠精簡，間接造成對族人之不敬，及對社會大眾之不夠負責，故從本年度開始，大幅更改節目內容，以單一族群做起，有系統地把每個鄉的泰雅族部落完整地記載其變遷史，以及每個部落和部落之間在空間及時間影響下，所產生之差異性……等等。其次，本節目主持人由於長期在泰雅族部落的田野採集工作經驗，已和各地泰雅族人產生感情，能拉近娜魯灣節目和泰雅族老人之間的距離，來蒐集珍貴資料，而造福社會大眾。

· 泰雅族的歷史記載，如同其他原住民一樣，是用口傳的方式，一代接著一代傳承下去，因此熟悉泰雅族的製作人及主持人，希望能藉由這泰雅族老人家所習以為常的「口傳歷史傳承」方式，把「他們」的話，一字一句記載下來。如此，一來可使老人家「教的自然」，二來能讓社會大眾「聽的舒服」。

3. 第三年：1995年

· 「娜魯灣」節目製播兩年以來，均以全臺的原住民族為介紹主體，累積甚為豐富的各民族群文化、音樂……等方面。本年度製播重點，除了著重在發揮世新電臺社區性、文化性及教育性特質之外，期能和聽眾形成直接、有效地互動。我們將訪談對象，一方面縮小至居住大臺北地區的原住民族，惟仍採社區採訪、錄音的原有方

式，並輔以現場錄音，期望重視他們的心聲。另一方面，除繼續提供都市原住民各族群其家鄉部落的文化、音樂等精神滋養品之外，亦針對他們的需要，尋求溝通的管道，俾使能夠拉近都市原住民族和社會大眾之間的距離。

隨著臺灣政治和經濟體系的轉換，原住民族社會也會因此產生結構性的劇變，尤其是近20年來，以經濟市場為主導的臺灣社會，大量資源集中都會的開發型態，造就鄉村大量人力向外輸出，原住民族社會也在部落和都市這般的推拉間，流失了生產的主力，然而，這麼多年的都市適應，卻可能是諸多無奈問題的累積。

本節目除提供這群異鄉遊子，在都市叢林思念自然山水的安慰之外，更重要的，本節目希望在現實生活上，提供有幫助的法律、經濟、生活規劃等等的資訊管理，使其在都市生活中，得到舒適便利，並享受其應有的各項權益。

根據前述的幾個實例，吾人可以發現，在節目企劃與製作的構想階段，宜把握以下幾個原則：

1. 掌握聽眾的需求

一般聽眾的需求，可以概分為理智上與情感上的兩大需求。就前者而言，人類一直追求的知識與真理，而廣播卻在提供資訊方面，尤其是語文教學方面，具有較其他媒體所沒有的便利性，例如英語教學，可在家裡或辦公室選擇對自己最方便的時候，加以收聽與學習，而且更可以將節目錄下來，隨時反覆的收聽。如「英語俱樂部」便是教導聽眾如何增進收聽英文廣播新聞的能力。另外，在情感方面，像「那魯灣」及「原野的呼喚」乃針對原住民而製作，談論有關自己的族群文化、音樂、風俗……等已漸被遺忘的歷史遺產，其中更播放家鄉老者的話，均是充滿感性的內容。

2. 走在時代的尖端

廣播節目日益競爭激烈，若無法隨時推陳出新，可能在節目企劃與製作上就會被淘汰。因此，如企劃書製作「老外在臺北」、「英語俱樂部」、「那魯灣」……等節目，便是較別人早觀察到的時代未來趨勢，像

衛星電視CNN一天24小時的英語新聞、大臺北地區原住民的擁進、臺北都會加速國際化、外籍藍領與白領階級增多、許多青少年不瞭解自己的母語與本土文化……等等現象，於是由於前述廣播節目的推出，適時的配合時代潮流，而獲得電臺、贊助者與聽眾的支持。

3. 表現獨特的特性

在進行節目構想的同時，更要突顯該節目設計與其他節目有沒有比較特殊的風格。如果節目的設計，與其他節目沒有什麼特殊或是獨創的地方，那就沒有什麼意義了。例如：「老外在臺北」可以比較中西文化的不同；「英語俱樂部」以新聞英語，尤其以ICRT電臺的國內外新聞內容作為教材，是一般英語教學節目所沒有的；「那魯灣」與「原野的呼喚」，乃即合大臺北地區原住民大專院校的同學共同參與設計的。

4. 符合電臺的宗旨

在企劃節目播出的同時，最好已構思好此一節目倘若可行，應交由哪個電臺製播最好。一般的電臺接受某節目的構想與製播，常首先考慮，該節目是否為電臺所需要，並符合該電臺的設臺宗旨，例如：將「老外在臺北」交給設有外事警察人員，並負責外籍人士戶籍登記有關的警察廣播電臺，可能比在其他電臺播出，更有其可行性。「英語俱樂部」在教育電臺，「那魯灣」、「原野的呼喚」及「福爾摩沙」在世界新聞傳播學院附設的世新電臺播出，感覺上適得其所，非常符合其設臺之宗旨。

二、節目宗旨

節目宗旨就是製作此一節目的目的。在撰寫節目企劃書的時候，宜十分明確標明，並將原先節目之構想，與製播此節目宗旨的因果關係，即具體的想法，作一明確的說明，才會吸引電臺節目的審查人員共鳴。

（一）「老外在臺北」節目宗旨

本節目針對因求學、工作……等關係，長期在臺灣居留之外籍人士，提供其日常生活所需之資訊，如法令解釋、消費資訊……等，一方面介紹本地風俗民情與人文地理，以便其適應臺灣本地生活，另一方面介紹本地

其原籍地，如歐美、東南亞……等地的風俗習慣，以達到文化交流的目的。最重要的，乃透過本節目的製播，使身為服務與輔導管理外籍人士之警政單位，能有適當的宣傳管道，尤其是警察廣播電臺，與外籍人士有互相溝通之機會，藉以建立警政單位具有前瞻性與警察電臺服務社會的良好形象。

（二）「英語俱樂部」節目宗旨

儘管臺灣地區民眾學習英語的意願很高，另外，學習英語的環境也不錯，但一般英語教學比較嚴肅，而且並未針對如何收聽與收看英語新聞而教學，故本節目希望能以輕鬆、活潑的方式，來指導聽眾如何聽懂ICRT電臺播報的國內外英語新聞。

（三）「娜魯灣」節目宗旨

1. 第一年：1993年

本節目宗旨在促進原住民族社會與漢族社會之間的瞭解，以便使族群之間的和諧關係更臻於美好，並期望原住民族能將其傳統文化繼續保留下去，而避免淪於亡族的危機。

2. 第二年：1994年

‧泰雅族人口有8萬人，為臺灣原住民族群中人口第二多者，分布範圍幾乎包含整個北部地區。在漫長的歷史變遷下，族人因多種外來文化因素，而逐漸失去傳統文化的舞臺。

‧本節目之製作，除有系統地繼承泰雅族的傳統優美歷史與文化，讓在外族人能繼承祖先所傳襲之口傳歷史之外，也能和社會大眾相互交流，來更仔細地瞭解泰雅族的特色、所在位置、每一個部落的變遷史……等等。

3. 第三年：1995年

‧臺灣原住民族人口約35萬人，在臺灣社會裡，算是一個很小的族群，但他們遷居都市的人口卻不小。初步統計，在臺北設籍的原住民族約5千多人，未設籍的大概也有1萬5千人之多，臺北縣則更甚，約3、4萬人之譜。面對這麼高比例的外流人口，我們卻很少

正視他們的存在和需求，經年累月下來，他們是沒有聲音的一群人，被遺忘在人群、社會的背後。

‧ 本節目的製作，主要是希望能夠在廣播節目中，增加一個和都市中的原住民族朋友交流的空間，藉著空中的交會，不僅提供原住民族說話、聯絡感情、獲取社會資源與服務的機會，同時也讓廣大社會中的其他族群，瞭解這些可能就在你我身邊的朋友。總之，族群尊重應該從謙卑的瞭解和接納開始。

🌀 第二節　節目收聽對象和節目內容

一、節目收聽對象

當完成節目構想、節目宗旨之後，便要考慮另外一項重要的原因，及節目的訴求對象為何？廣播的趨勢，有從過去擔任大眾化媒體的角色，轉而成為小眾媒體的趨勢，換言之，過去的「廣播」，現在可能要改稱為「窄播」了。其原因有二，一是強勢的電視媒體，已取代過去廣播製播「綜合性節目」的地位，平均民眾花在收看電視節目的時間，已較廣播為多，其二，根據市場區隔理論，廣播聽眾愈來愈以特定的對象製播為主。尤其，廣播收聽的目標受眾，與民營的電臺業務，關係十分密切，以廣告收入為主的商業性電臺，必須提供廣告主有關收聽自己或別家電臺有什麼時段的聽眾特徵，如教育程度、收入別、性別……等等有關的資料，才有機會爭取到有助於其產品促銷的廣告機會。就算站在節目製播的觀點，一位製作人也希望自己企劃的節目，能夠正中所設定聽眾胸口的紅心，牢牢地抓住聽眾群。

（一）「老愛在臺北」節目收聽對象

　　1. 以旅居臺灣的外籍人士為主。

　　2. 對國際文化交流有興趣的本國人士。

（二）「英語俱樂部」節目收聽對象

1..對學習英語有興趣人士。

2. 年齡層在18至45歲，包括大專院校學生、社會人士，甚至是家庭主婦。

（三）「娜魯灣」節目收聽對象

1. 第一年：1993年

以一般社會大眾及原住民族為主。

2. 第二年：1994年

以廣大的社會大眾為主。同時也對原住民族，尤其泰雅族本身自我教育的再加強。

3. 第三年：1995年

以都市原住民族為主。

二、節目內容

節目內容可能決定所企劃與製作的節目是否受到目標受眾的歡迎。其次，節目內容也是前述節目構想與宗旨具體化的表現。因此，要企劃與製作一個叫好又叫座的廣播節目，有以下四個原則可供參考：

1. 隨著時間長短富有變化

一般廣播節目，短者30分鐘，長者達2個小時，期間宜有變化，如同故事情節，引人入勝，才會使人有興趣繼續收聽。

2.節目開頭3分鐘最重要

一般廣播節目，多在整點開始播出，除了片頭與節目名稱之外，節目開始的前3分鐘，常是一般聽眾，尤其是喜遊走各節目的聽眾決定是否收聽本節目的重要關鍵時刻。

3. 適當分配單元

前者節目要有變化，則須利用適當單元來呈現，通常一個30分鐘的節目，至少可分為三個單元。就是音樂性節目，也應將音樂按種類、時間先後或主唱人……等等不同分類來安排單元，如此內容才會豐富。

4. 娛樂與知識平衡

除非完完全全是娛樂性或報導性（新聞、實況轉播）節目，否則廣播節目仍是以輕鬆、休閒為重點，而知識或資訊單元的設計，需以聽眾能夠接受為原則，故娛樂性與知識性的比重需加以平衡。

（一）「老外在臺北」（Foreigner in Taipei）節目內容

1. 我的好朋友（My Good Friend）：人物篇

本單元專訪一位「老外」，談他在臺北生活、工作或求學等經歷，具有人情趣味，不但可吸引國內聽眾的好奇心理，更可引起「老外」的共鳴。

2. 國際風情畫（Show Your Best）：才藝篇

邀請具有各種才藝的外籍人士，展現他的絕活。主要介紹該國的文化、藝術方面的特質，藉以讓國內或外籍人士認識與瞭解。

3. 佳偶天成（My Love）：家庭篇

針對旅居在臺的外籍人士，有娶或嫁本國人者，可訪問其另一半，談談異國婚姻之甘苦談，此必有很多人願意瞭解，尤其對那些尚未結婚但已有親密外籍友人的本國人士而言，必會注意收聽本節目。

4. 每日一句（Daily Chinese）：語言篇

每次教導一句日常生活常用的中文，以中、英對照方式播出，使外籍人士獲得學習中文之機會。

5. 生活信箱（Information Center）：資訊篇

專闢此信箱，供外籍人士就其生活所遇到的一些疑難問題，提供詢問，由本節目轉請有關人士或主管機關答覆。

（二）「英語俱樂部」（English Club）節目內容

1. 時事知多少（Weekly News Review）

有鑑於一般收聽北國界社區廣播電臺（ICRT）或收看衛星國際新聞之學生，均感其英語新聞播報速度太快，故本單元乃擷取前數週國內外新聞精華或重大並有延續性之新聞，共六至八篇，詳細講解其關鍵性之字彙、專有名詞及片語，並分別以慢速及快速及正常速度重複播報，以加強

聽力。

2. 藝文充電站（Culture Roundtable）

針對學生感興趣的熱門話題，如文學、藝術、電影、音樂……文化、藝術領域，每週選定一個主題，先請參加之學生或來賓預作準備，再於節目中舉行座談，交換意見。

3. 談天說地（Speaking of Personal Experience）

針對個人的興趣、嗜好，以聊天方式，談談個人日常生活的一些經驗，例如飼養寵物、交外國朋友……等比較瑣碎但有人情趣味的事情。

4. 繞口令比賽（Tongue Twister Contest）

每週選出一篇英文繞口令之短文，在節目中預告，並邀請各校安排代表參加比賽，經評審獲勝者，由電臺酌發獎品以資鼓勵。

5. 英文單字拼盤（5 Words of a Day）

為期使聽眾熟悉英文字彙之運用，節目中將選出重要與常用單字，講解其意義及用法，以便有助於學生參加托福考試之準備，或其他英文閱讀之需要。

（三）「娜魯灣」節目內容

1. 第一年：1993年

每週選定一族（各族介紹依序為：雅美族、排灣族、布農族、阿美族、泰雅族、魯凱族、卑南族、賽夏族、鄒族與卲族），共十一族，第十二集則小總結，依次輪迴。

‧風俗篇——12分鐘：每週選定一族，介紹該族民情、風俗及食、衣、住、行，並結合各族祭典，在節目中穿插做特別報導播出，使本節目更顯得生動活潑。

‧生活篇——8分鐘：以廣播短劇方式，依各族母語演出，另配以中文旁白說明。

2. 第二年：1994年

‧部落文化介紹——舞蹈40分鐘：每週選定一個泰雅族居住的鄉村為主題，並任選該鄉之部落變遷史、文化歌謠、每個部落社會體制

因天時地利而產生之不同點、笑話、老人兒時的生活狀況，以及兒歌……等不同題材，加以介紹。一年度節目中，每四週選定一個「鄉」或「部落」爲主題，包括：南澳、大同鄉（宜蘭縣），烏來鄉（臺北縣），復興鄉（桃園縣），尖石、五峰鄉（新竹縣），南庄、泰安鄉（苗栗縣），和平鄉（臺中縣），以及仁愛鄉（南投縣）。每個鄉包括若干部落，例如宜蘭南澳鄉包括：南澳、澳花、金羊、碧侯、武塔及東岳村。

- 原住民近代記事表——2分鐘：以新聞報導之方式，報導原住民族在臺灣近代歷史變遷之時間過程。

- 原住民藝文訊息——4分鐘：透過原住民族原有之傳播媒體，以及當地（包括臺北市政府）政府機構，有關原住民族文化、藝文訊息，來告知社會大眾，尤其在臺北都會地區之原住民族。

- 3分鐘節目回顧——3分鐘：以新聞方式處理，來回顧這一個小時節目內容之重點。

3. 第三年：1995年

- 鷹架上的獵人（主題社區或人物介紹）——20至30分鐘：每次將選定一個社區，此社區主要爲部落遷移到都市後，聚集在同一社區裡，而且有固定的教會禮拜及社區活動，另外，有大批流動人口，主要從事建築、鐵工、版模……等勞力工作。而此單元就是針對這些社區及個人之生活狀況、工作情形、人際關係、生活經驗、趣聞……等做一介紹。另一方面，希望瞭解遷來都市的親人的期許與懷念。

- 說山上的話（母語教學）——8分鐘：生活在都市的原住民族心中最大的遺憾，就是失去了母語的環境與機會，而且，在都市中的娛樂，不是打電動玩具，就是看電視，離開大自然及祖父、父親輩口中常談的陌生記憶。況且在沒有母語的環境下，文化的傳承是有問題的，所以本單元想藉著節目的母語教學，讓小孩能夠多學一點簡單的詞彙及會話。

· 保障自己的權益（法律常識）——10分鐘：族人來到都市，主要以工作謀生爲主，但原住民族受到不平等待遇、歧視，受騙卻是常有的事，而且原住民對於漢人這套遊戲規則是陌生且不解，除非累積到某個程度的經驗，才會學會保護自己的權益，故本節目特與大學法律服務社團合作，針對日常生活中該有的法律常識或是個案，來做特別處理，希望藉此讓都市中的族人有一個諮詢的地方。

· 生活短波——4分鐘：將社會媒體中有關原住民的各種資訊蒐集、剪輯，幫助族人及關心原住民族的人們，有一個很好的參考管道。

· 唱部落的歌——6分鐘：藉此單元，將原住民族的傳統、現代及創作歌曲，一一介紹給聽眾朋友，以供友人回味與懷念一下似曾相識的音樂。

· 2分鐘回顧——2分鐘：主要是回顧一個小時的節目重點。

第三節　節目名稱、類型、播出方式、長度及每週播出次數

一、節目名稱

　　介紹至此，整個節目從其構想、宗旨、收聽對象以迄至節目內容與單元，都已經安排妥當，因此也到了爲節目取個名稱的時候，其原則計有以下三項：

（一）節目名稱需與節目內容相符合，例如：「老外在臺北」，便很容易瞭解節目內容是與外國人有關。

（二）節目名稱要叫起來響亮讓人易懂易記，例如「原野的呼喚」，這是原住民節目，由原先的「那魯灣」改過來，其實就後者而言，曾是一首原住民很好聽的歌，如果收聽此節目2年後，再繼續收聽前者「原野的呼喚」，自然便可隨時朗朗上口了。其

實，最早取名「那魯灣」者，乃由於第一年的主持人，係世界新聞傳播學院一個原住民學生社團——那魯灣社的社長，故節目名稱亦取同名也！最後，如果節目名稱要叫起來響亮，則一般認為，宜再其間加上動詞，這與演講題目有異曲同工之妙，周聯華牧師曾舉例說，如果演講題目曲「上帝的愛」或「神愛世人」，一般人以後者的感覺較為響亮些。

（三）節目名稱有時候要跟上現代潮流，多想一些較有創意的名稱，否則電臺一多，打開節目表，很多節目名稱都雷同。像電視節目有個叫「來電五十」的，聽起來好像不錯，又與節目宗旨——介紹年輕男女認識，看彼此來不「來電」相切題呢！根據前述原則，順便簡述以下節目取名的經驗：

二、節目名稱

（一）老外在臺北

由於本節目主要介紹外籍人士在臺北的種種生活經歷，因此，顧名思義，讓聽眾來直接並清楚瞭解節目的內容。特別是在製作節目片頭時，請ICRT電臺新聞部主播泰威廉（Bill Thissen）扮演在臺北街頭問路的一位「老外」，由於不懂國語，故被問的本地「老中」，搞了半天才弄明白他要問的街名，兼具趣味性在內。此外，也在中文節目名稱之後，加了一個英文節目名稱：Foreigner in Taipei，感覺味道就不一樣，有別於一般的國語或臺語節目。

（二）英語俱樂部

本節目旨在教導聽眾如何學習新聞英語，為避免太過嚴肅的節目名稱，使聽眾一下子不敢接近，故將節目取名為「英語俱樂部」，同時，不能免俗地，也隨之取了一個英文名字：English Club。

（三）娜魯灣

一般人聽到了「娜魯灣」，便立即知道與「原住民族」有關，因為它是原住民族語「你好嗎」的問候語。事實上，當本書作者在製作本節目之

初，乃請當時尚在世新大學前身——世界新聞傳播學院五專部廣播電視科就讀的孫平輝同學擔任主持人，就在企劃節目時，他本人同時在學校擔任校內唯一原住民民族社團的社長職務，因此，我們就以該社團名稱「娜魯灣」做為節目的名稱。

三、節目類型

根據廣播電視法過去的規定，可分為大眾娛樂、公共服務、教育文化和新聞及政令宣導四大類的節目。後來，新聞局有鑑於公共服務、教育文化之間的界線難以分別，故簡化為大眾娛樂與公共服務兩大類。另外，各電臺也根據節目播出內容與型態，區分為兒童、婦女、歌唱綜藝、新聞氣象、教學、時事評論……等等。

（一）**老外在臺北**

屬公共服務及教育文化類型。

（二）**英語俱樂部**

屬教學類節目。

（三）**娜魯灣**

屬文化性節目。

四、播出方式

一般而言，所謂的播出方式，也就是指節目的型態而言，有的節目採預錄，有的則以現場播出，後者有以在電臺播音室主持，或在電臺以外的地方主持，例如ICRT電臺於1994至1995年間，每週六上午8點至10點，即將播音室搬到室外——臺北凱悅大飯店一樓的凱菲屋作現場的播音。當然，若轉播節日慶典活動或球類比賽，也是現場播出的一種。此外，像教育文化類型節目，最忌諱太過教條式播出，宜穿插訪問、戲劇、報導……等方式，交叉使用，力求節目富有變化，才容易被聽眾接受，而達到預期的收聽效果。

（一）**老外在臺北**

以錄音爲主，視節目需要做訪問或舉行座談會，方式不拘。

（二）**英語俱樂部**

屬於教學性節目，儘量做到能固定訪問來賓。

（三）**娜魯灣**

以錄音報導爲主。

五、節目長度及每週播出次數

一般電臺以一季3個月爲單元，如果每個星期播出一次，則約爲13集。每集節目播出的長度，根據節目的內容與性質，有30分鐘、60分鐘，甚至120分鐘不等，均應在節目企劃書中標明。

（一）**老外在臺北**

・節目長度：30分鐘。

・播出次數：每星期播出一次。

（二）**英語俱樂部**

・節目長度：60分鐘。

・播出次數：每星期播出一次。

（三）**娜魯灣**

・節目長度：60分鐘。

・播出次數：每星期播出一次。

第四節　節目播出時間、頻率、語言、預期效果及預算

一、播出時間

節目是否有人收聽，除了節目內容之外，節目播出時間，占了很重要的因素。一般而言，若以廣播不同時段，便有不同的收聽對象，例如上、

下班交通尖峰時間，及早上6點至9點，下午5點到7點，主要是汽車駕駛人在收聽。早上10點至12點，則以婦女為主，間有上班族。晚上7點、8點開始，廣播便是學生的天下了，一直要到12點，他們可以一邊看書或作功課，一邊收聽廣播，並作call-in。兒童節目則多在下午4點至5點之間。教學節目大多安排在早上7點左右、下午1點至2點，或晚上6點至9點間。因此，節目必須配合不同的年齡、性別、教育程度、職業別，以及友臺的競爭情形，有無在同一時段播出同類型的節目。不過，有時企劃書所建議的播出時間，往往電臺有許多考量，而作調整。

（一）老外在臺北

週日中午12時至12時30分播出。

（二）英語俱樂部

週日下午3時30分至4時30分播出。

（三）娜魯灣

週日中午12時至下午1時播出。

二、播出頻率

一般節目企劃書的呈遞，與所擬播出電臺之宗旨與屬性有關。像本書前面所介紹的節目，後來在教育電臺、警察電臺交通網臺北臺、世新電臺以及華聲電臺先後播出，涵蓋了公營（教育、警察）、民營（華聲）及學生實習（世新）等不同設立宗旨與性質的電臺，有的是基於電臺本身的需求，例如教育電臺需要製播英語實用性教學節目，華聲電臺需要製播教育文化性質節目；有的則是接受政府機構委託，例如「老外在臺北」等節目，即由行政院勞工委員會、文化建設委員會及新聞局，委託臺北市傳播發展協會及世新廣播電視臺企劃與製播。

（一）老外在臺北

警察廣播電臺交通網臺北臺，調頻94.3兆赫。

（二）英語俱樂部

教育廣播電臺，調頻101.7兆赫。

（三）**娜魯灣**

世新廣播電臺，調幅729千赫。

華聲廣播電臺，調幅1152千赫。

三、播出語言

語言在廣播中，最為重要，過去廣播電視法對廣播語言有嚴格的規定，一般電臺，尤其電視臺大多以國語為主，惟廣播電臺，特別是民營的地方性電臺，語言的比例稍微放寬，可播較多時間的方言，不過，以外製外包賣藥為主的方言節目，多以臺灣話播出，造成外界「錯誤」的印象，以為臺灣話的廣播節目較「低俗」。其實，語言與節目品質高低無關。語言只是溝通的工具。尤其臺灣自從解嚴以後，已進入民主與多元的社會，因此，過去藉語言（國語）推行政令的現象，可能要改以不同的語言，針對不同的族群，作為彼此瞭解的溝通橋梁。以本書作者在前述所製作節目的特色之一，便是「雙語」節目，計有：英語—國語、國語—臺語，以及國語—原住民語，其目的在增進不同族群之間的瞭解跟和諧。

（一）**老外在臺北**

以國語為主，英語為輔。

（二）**英語俱樂部**

以國語為主，英語為輔。

（三）**娜魯灣**

國語、原住民族語雙語播出。

四、預期效果

節目播出後，必須預估聽眾可能的反應，而這些反應又常是與當初製播此一節目的宗旨或目標有關，即節目的目標，是純娛樂或以社教為主？如屬純教學節目，又如何能測得觀眾的學習效果呢？

（一）**老外在臺北**

1. 對外籍聽眾而言，可因本節目而瞭解國內法令條文、生活習慣、

文化背景，以便早日適應本地生活。

2. 對本國聽眾而言，則希望透過本節目進一步瞭解外籍人士的種種情形，以達到中、外（西）文化交流之目的。

（二）英語俱樂部

希望透過本節目的收聽，增進對英語新聞廣播的聽力及寫作等能力。

（三）娜魯灣

第一年：1993年

· 社會變遷，使許多原住民族已漸漸淡忘屬於自己的文化、風俗……等等，藉此節目，經由大眾媒體，讓原住民族本身重新瞭解、體認，重視自己所擁有獨特的文化體系，也藉此讓非原住民族，主要是以漢人為主的社會人士，也能聽聽、互相瞭解，甚至欣賞這一片異於中原（中華）文化，為臺灣所獨有的資產，尤其是原住民族的音樂、工藝與相關文化。

· 廣泛蒐集來自原住民族方面的訊息，並提出原住民族目前所面臨的問題，以求解決之道。

· 將相關訊息傳達給社會大眾，並將有關原住民族的各項權益、大環境的種種進步與變遷，傳達給原住民族，讓原住民族本身能夠瞭解時代的變遷，從而能調整自己，以適應時勢，使每個人能夠活得更有意義。

第二年：1994年

· 由部落經驗充足的製作人及主持人來主導節目，在資料的掌握上將更加的精確與充實，可免除朋友對現有資料「模稜兩可」的學習心態。

· 使旅遊在外的族人，藉著各地的「凝聚中心」──教會，也讓他們的下一代不至遠離「族人的呼喚」。

第三年：1995年

· 透過節目訪談過程，瞭解都市原住民族的生活面貌，提供適合其需求的資訊，包括各項權益、社會變遷等資料，也藉此凝聚族人間因

離鄉而疏遠的感情。

· 與臺灣立報合作，將都市原住民族的各種現象、族人的聲音，透過文字呈現在讀者面前，希望更深入族人的內心世界，同時探討全面的現實問題。

· 希望在作各個單元時，透過節目尋找資源，能與各媒體、相關單位及學校服務性社團配合，讓族人的聲音有一個回應的空間。

五、預算

俗語說：「巧婦難爲無米之炊」，有充足的預算，才能對節目作精心、精細的企劃與製作，如果預算過少，當然會影響節目的品質。其次，事前精確地估計預算，比事後追加爲好。一般廣播節目的預算，如一集60分鐘、每週一次的「娜魯灣」節目，新聞局補助（1995年）約爲新臺幣8千元左右，經費分配項目計有時間費、主持費、製作費（含策劃、編審、導播……等費用）、車馬費（含受訪來賓車馬費、採訪十車油費、計程車費及其他車費）、行政材料費（含書籍費、音樂費、空白錄音帶、影印費、沖印費、郵寄費、受訪者禮物費、文書用具費、購買器材費以及電話、雜支……等費用）、錄音費（含電臺錄音器材使用費）。

第五節 **節目策劃指導群、諮詢團體、製作人及主持人策劃指導群與諮詢團體**

一、策劃指導群、諮詢團體

（一）策劃指導群

以「那魯灣」這個播出長達3年的原住民節目爲例，單以製作人或主持人想做好此一節目是不夠的，故許多資料、歷史背景及文化資產……等等，均需請教有關學者及專家：

1. 1994年策劃指導群

・瓦歷尤幹：國小老師，自由寫作家，泰雅族，田野調查實際工作者。

・將若漢：財訊記者，泰雅族，業餘文化工作者。

・吳廷宏：泰雅文化藝術團團長。

2. 1995年策劃指導群

・孫大川：卑南族，東吳大學講師，山海文化雜誌主編。

・司秋美：布農族，原權會幹事。

・高德美：排灣族，政大政研所博士班候選人。

・鍾啓福：雅美族，臺北醫學院學生，曾任1993年「那魯灣」節目母語篇之負責人。

・曾作振：泰雅族，文化工作者，作家。

・江顯道：阿美族，「原舞者」舞者。

・瞿海良：漢族，山海文化雜誌社編輯指導，前漢聲雜誌主編。

（二）諮詢團體

其實，欲作好一個廣播節目，事前及製作時需要做好資料蒐集與研究……等工作，故相關諮詢團體亦非常的重要，以1995年製播的「那魯灣」節目為例，其諮詢團體便多達28個，包括：

1. 各政府機關及原住民團體、社會關懷團體

臺灣原住民權利促進會、臺灣基督長老教會總會—原住民宣導委員會、臺北市民政局山地行政科、臺北縣原住民生活輔導中心、臺北山地服務中心、臺灣世界展望會、臺灣勞工陣線、臺北市國民就業輔導中心、臺北市勞工局職訓中心、臺灣勞工運動支援會、彩虹婦女事工中心、臺北市原住民歌舞藝術文化服務團、原舞者、山海雜誌、臺灣原住民文化發展協會、臺北山地大專中心、導航基金會、勵馨文教基金會。

2. 原住民學生社團

（三）製作人簡介

所謂「製作人」，應是一位藝術家，除須具備廣播所需表演、語言、

文學、戲劇、音樂與舞臺……等等基本知識之外，並需具有觀察、判斷、創作及鑑賞等之能力。其次，在科學方面，除對廣播各種原料與器材設備，有深刻的認識和經驗之外，並對成音、音效的機件特性與操作，要能熟練使用，進而熟能生巧。最後，在行政管理方面，要具備領導才能，善用人力、物力與各項資源，再憑藉堅強的執行毅力，克服各種困難，才會獲得成功的果實。

前述五個節目的製作人（本書作者），當時在節目企劃書上的簡介如下：莊克仁，1950年9月1日出生，臺灣新竹人。世界新聞專科學校廣播電視科畢業、臺大社會系畢業、美國史丹福大學傳播研究所碩士、美國南加州大學傳播事業管理研究所碩士、新聞行政人員高考及格。曾任臺北電臺副臺長、臺北市政府新聞處科長、世界新聞傳播學院講師，現任ICRT電臺公關部經理。

二、主持人

（一）節目主持人的條件

1. 一個廣播節目，在經過製作人的構思、策劃成形之後，便送交電臺企劃與製作會議審核，一經通過，便開始進行節目的錄製，這時節目主持人的工作，便要配合製作人，開始確定節目所計畫的主題，蒐集與該主題相關的資料，如果是談話性節目，也要開始擬定談話內容大綱，如果是音樂或綜藝性節目的話，則必須尋找與主題有關或配合的歌曲音樂。

2. 至於節目主持人應具備的條件，過去電臺招考播音員或支持人，必須要求國語字正腔圓，最好能說上一口標準的京片子，但是，隨著時代潮流的演進，以目前廣播電臺日益競爭的情況，節目主持人未必個個字正腔圓，同時，以臺灣廣播正科班的學生，由於環境的影響，大多屬南方的「北京話」。有些去過中國大陸，尤其是北京的人，才知道真正的「京片子」，也不易在大陸其他省分普及，更何況是在臺灣被人所聽到。但是，儘管如此，

一位合格的節目主持人，必須要口齒清晰，切忌咬字不清楚，含含糊糊，不易讓人瞭解他到底在講些什麼，其次，要具備敬業的精神，及熱愛本身的工作。加上須具備豐富的嘗試，才能在面對問題時，應對自如。尤其在訪問來賓時，除了須具備敏銳的觀察力之外，還要反應靈敏，思緒縝密，這樣才能在節目進行之際，掌握全局，使節目順暢。有的節目主持人更因具有親和力，讓聽眾深深感受到主持人所散發的熱力與親切感。自然而然聽眾便對主持人有好感。最後，節目主持人要時時刻刻記住，掌握住聽眾的興趣，因為節目是作給聽眾聽的，同時，也要兼顧到社會的需要，因為電臺是社會的公器，不能因個人的私利而製播不符合社會需要或公益的節目。

3. 前述五個節目主持人具有共同點，就是各個節目均屬「雙語」，例如國、臺語、英語與國語、國語與原住民語，因此節目主持人除前述條件外，還要具備「雙語」的能力。

（二）主持人簡介

1. 娜魯灣

・孫平輝：魯凱族，1971年10月10日生，世新大學前身──世界新聞傳播學院畢業（專科五年制），主修「廣播電視」，曾任世新娜魯灣社「活動」、「社長」等職。當時於世新電臺主持「娜魯灣節目」及「原報」（原住民雜誌）之實習編輯、記者。曾獲廣電基金之「廣播節目優良創作新聞類」。

・陳貞伶：阿美族，1972年5月30日生。世新大學前身──世界新聞傳播學院（專科五年制）畢業，主修「廣播電視」，曾任世新娜魯灣社「美宣」、「總務」等職務。

・李漢文：排灣族，1973年10月20日生，畢業世新大學前身──世界新聞傳播學院（專科五年制），主修「廣播電視」，曾任世新娜魯灣社「活動」、「聯絡」等職務，也曾主持世新電臺「飛揚的音符」。

本節目自1994年起，由於原節目主持人服兵役等問題，改由其節目之兩位助理擔任，其簡歷如下：

- 封雅君（哈娜）：1970年5月31日生，漢族（湖南省衡陽縣人），國立臺灣大學中文系畢業，曾任1990年國家劇院「原住民樂舞系列」布農族義工，1991年國家劇院「原住民樂舞系列」卑南族義工，1992年國家劇院「原住民業舞系列」鄒族義工，山海文號雜誌義工，臺大慈幼山地親善服務文宣、文教組長、團長，臺北縣立文化中心「1993年國際原住民藝術部」策劃助理、專刊執行編輯，世新電臺「娜魯灣」節目部落採訪。
- 陳淑娟（米佑）：1970年2月16日生，漢族（臺灣省南投縣人）。國立臺灣大學中文系畢業，曾任1990年國家劇院「原住民樂舞系列」布農族義工，1991年國家劇院「原住民樂舞系列」卑南族義工，1993年國家劇院「原住民樂舞系列」鄒族義工，山海文化雜誌義工，臺大慈幼社山地親善服務團活動組長、團長，內政部委託計畫「臺灣原住民族群與分布之研究」專任助理，世新電臺娜魯灣節目部落採訪。

2. 老外在臺北

- 熊家珍：世新大學前身——世界新聞專科學校廣播電視科（五年制）畢業，曾任ICRT電臺業務員，教育電臺「英語俱樂部」節目主持人。
- 馮文清：1967年9月20日生，江西遂川人，世新大學前身——世界新聞專科學校廣播電視科（五年制）畢業，曾任世新電臺「青年座談」、「古典音樂」、「甜蜜小屋」節目製作主持，臺北電臺「早安臺北」節目單元365行採訪主持，警察廣播電臺交通網臺北臺「老外在臺北」節目主持人，現任世新電臺「天涯若比鄰」節目製作主持。

3. 英語俱樂部美籍主持人

- 泰威廉（Bill Thissen，美國籍）

學歷：美國明尼蘇達州

St. Johnes University

College Ville, Minnesota

‧白健文（Timothy Berge，美國籍）

學歷：美國明尼蘇達州，

Macalester College BA

Eastern Asia Studies

第｜七｜章
思考與練習題

一、創意思考有哪幾種？其對節目構想有何重要性？

二、請以兩個不同節目類型，比較兩者的節目構想有何不同？

三、節目構想階段應把握哪些原則？

四、不同音樂節目，是否有不同的收聽對象？請舉例說明。

五、要製作一個叫好又叫座的廣播節目，有哪些原則可供參考？

六、要想取一個理想的節目名稱，有何應注意事項？

七、節目播出時間與主要受眾（target audience）的關係為何？

八、如何評估一個節目的播出效果？

第 8 章 ▶▶▶

廣播新聞及新聞性節目製作

本章學習目標

①瞭解廣播新聞的重要性
②瞭解廣播新聞的撰寫與編播
③瞭解談話性節目的企劃與製作
④瞭解實況轉播節目的企劃

✺ 第一節　廣播新聞的重要性

　　廣播的特性，除了方便收聽以及不受教育程度的限制之外，迅速——傳播迅速快、具有立即性，是廣播在電視出現之後，仍然存在，受到大眾歡迎的主要原因。由於廣播劇有立即性傳播的特性，故廣播新聞，相對地也受到電臺經營者與聽眾的重視。

　　一般而言，廣播新聞性節目，包括新聞報導及氣象報告、新聞分析、新聞評論、專題報導、時人專訪、時事座談及實況轉播……等等型態。

　　在電視尚未普及的時代，廣播新聞及新聞性的節目，曾

受到廣大的聽眾的歡迎。時至於今，許多國內、外重大消息，也是先由廣播報導受到注意，再經由電視、雜誌與報紙的後續追蹤、查訪，然後達到全民均知的地步。由於民眾對於周遭環境，包括天災、人禍、戰爭，甚至股票行情……等等，均有高度瞭解的興趣，而廣播媒體剛好能24小時全天候提供新聞、氣象……等等訊息的功能，因此，遇之最新外界的動態，一般民眾當然會隨時打開收音機，找尋資訊來源，以消除對環境的不確定感。尤其在臺灣，每逢颱風季節來臨，到了深夜又遇停電時，收音機便成為民眾度過風雨交加之夜最佳的良伴了。

在國內外一般的廣播電臺，只要是廠規模夠大，加上電臺經營者本身具有服務社會的理念，都會成立新聞部門，或附屬節目部之下，或單獨設立，來製播新聞報導及氣象報告，以及新聞性節目，以服務本地的聽眾，在國內電臺，以中國廣播公司的新聞記者陣容最為龐大，達百餘人，遍及臺灣地區各主要的城市。而以英文發音的臺北國際社區廣播電臺（ICRT）來說，其新聞部整個編制，亦將近20人，單任國內新聞採訪的記者，也維持在5至6人左右，這在國內民營電臺來說，算是不少，一般中功率廣播電臺，因屬地區性，人員從2至4人不等，雖很多屬於新設立的廣播電臺，但為提供地方性新聞，以盡社會責任，故不惜投下成本，其精神與作法，誠令人敬佩。

一、新聞部門的編制與任務

由於廣播電臺編制，不比電視臺，更無法與報社相比，故新聞部門人員，除了新聞主管之外，至多設置編輯一人以及記者二、三人。在這種情況之下，新聞部部門的工作，便人少事多了，一名記者要跑很多新聞路線，同時，新聞部門主管也要兼跑新聞或參與編輯或播報的任務。

其實，新聞部主管最重要的任務，在於擬定電臺的新聞政策、編排新聞時段、督導新聞性節目的品質，以及調派所屬記者，負責當天的新聞採訪工作等等。

就新聞政策而言，新聞部主管除依其電臺屬性或成立的宗旨，直屬政

府經營電臺，必以宣導政令爲主。如屬勞工取向電臺，必以與勞工有關新聞的重點爲主，依此類推。但是，不管電臺的屬性如何，其新聞取向之取捨，必須具有時宜性、接近性、顯著性、影響性及人情趣味性等含有新聞價值的內容，否則所播出的內容，必定違反新聞價值之原則。

其次，就新聞時段的編排而言，絕大多數電臺乃以整點播出，安排5至10分鐘長度不等的新聞時段，少數電臺，如警察廣播電臺，係安排在每個鐘頭的整點，及30分播出，此亦算獨樹一格，總之，以聽眾方便收聽爲原則。另外，像ICRT電臺，更在周一至周五早晨與下午交通尖峰時段，及早上7點至8點、下午6點至7點，安排長達一小時的新聞時段，在這一小時的新聞時段，安排播出國內外的新聞、財經、體育新聞、路況報導、空氣品質報導……等等消息，以便讓聽眾對整個國內外環境的各種狀況，有一種具體的瞭解。

第三，在督導新聞性節目的品質方面，新聞部主管除了必須把握對足以引起群眾興趣的觀念，做公平而正確的新聞報導之外，對於新聞性的節目，易應要求具備迅速、正確、客觀、公正、新鮮、大眾需求與可聽性等之水準與條件。尤其廣播只有聲音沒有畫面輔助，更應重視新聞節目的可聽性，包括片頭設計、話題的選擇、撰稿的簡潔性、播報及主持人口語化、親切度、權威感、甚至訪問帶的剪輯、段落安排、音效製作與節奏的明快……等等，都是在製作時所必須加以注意與要求的重點。

最後是新聞部記者的日常採訪，以及編輯編播時的例行工作，新聞部主管每日都要召開採訪會報，決定當天採訪的路線與重點，若新聞內容有所不足，需另行採訪或補足背景資料時，則需指派編輯以電話追蹤或邀訪相關新聞來源，若有遇疑點，則需求證或要求正反兩面觀點，以求新聞的公正與客觀，否則寧可不予播出，以免產生新聞不實的後遺症。

二、廣播新聞的來源

廣播新聞的來源，可分爲國內以及國外兩大部分。國內部分主要靠記者的採訪，依路線可分爲中央部會、市政府、市議會，又可分爲國防、軍

事、外交、環保、交通、教育、文藝、衛生、警政、醫藥……等等，以及政府機關或學校社團發布的統一稿。國外新聞來源，則有賴各大通訊社，如美聯社（AP）、國際合眾社（UPI）、路透社（UERTER）……等等或新聞資料供應社的稿件提供。比較特殊的是ICRT電臺，因需要的國際新聞稿量很大，故有令駐國外各大城市的特約記者，按稿計酬，提供最新最快的資訊。

通常，由電臺本身記者採訪得來的新聞比較可靠，為了必要時的考察，凡是採訪記者撰寫的新聞稿，都須簽名，以示負責。至於通訊社的新聞稿，如果是代表官方的，較為可靠，但是也不一定，1995年底，中央通訊社便曾為所發出的稿件，一再的更正。再來就是特約記者，則要視其專業性及平時表現來研判了。

對於新聞來源的正確性與真實性，可以從新聞一開頭去得知，如果是有標明出處者，例如總統府發言人說、行政院院會通過、或某部長表示，此均屬於可靠的新聞。反之，新聞出處模糊，以「聽說」、「根據消息靈通人士表示」、「根據瞭解」……這類的新聞，大半多問題。為了電臺本身的聲譽，凡新聞來源未經證實或混淆不清者均不宜播出。

其次，很多新設立的電臺，因屬於民營商業電臺，也要為了新聞的公正性和客觀性，宜避免商業利益的影響，為商家做宣傳，或將廣告以新聞的方式播出，這都是不適當的作法。

第三，新聞報導或新聞性的節目，應尊重他人的隱私權，雖然公眾人物有加以追蹤報導的權利，但是仍應尊重新聞中有關人士的名譽與地位，否則將會觸犯毀謗法。

第四，新聞重在時效性，尤其廣播分秒必爭，故新聞愈新愈好，但要注意的，依事實與情勢的發展，隨時改寫，補充最新資料。然而，有些關係到高級官員訪問友邦，甚至沒有邦交的國家，或是重要人事命令發布，都應在適當的時候才發表，以免造成錯誤或帶來麻煩，尤其是對消息提供人士申明之「請勿發表」、「暫緩發表」或「勿發表新聞消息來源」等之約定，則最好應予遵守，以贏得對方的信任，並重職業道德。

第五，凡有害國家基本政策、社會和諧和安全，或有傷風化的一切言論及新聞，不宜播出，尤其目前各電臺流行「叩應」（call-in）節目，可謂百家齊鳴，共享言論自由之機會，惟電臺乃屬社會之公器，站在電臺的立場，肩負有社會之責任，故談話節目或公共論壇性質之節目，應慎選主持人，討論議題及各方之言論，以符合公共利益及需要為取捨的標準，最起碼，節目的進行應遵守公正立場，對事情正反意見予以公平表達的機會，使真理愈辯愈明，而有助於真相之瞭解與事情之澄清。

第二節　廣播新聞的撰寫與編播

一般廣播電臺，由於人員有限，尤其新聞部門，人少事多，故已有一些電臺採取新聞編播合一的制度，所謂新聞「編播合一」，就是摒除傳統「編歸編」、「播歸播」的作法，也就是以前「編的人，不是播」的人，現在則編新聞的人，也要負責播報，這種制度最大的好處，除了可以提升人力的運用之外，更能促進新聞的專業化。

過去播報新聞的人，大多隸屬節目部門的執班播音員，其任務在播放已錄好的各個時段的節目帶，插播政令宣導、整點報時、報臺呼以及播報新聞部門已編好的稿子。

在正常的情況下，值班播音員可以將這些編好的新聞及擬播放的錄音帶，依序在規定時間內播報完畢，但也有在新聞看不清楚（太潦草）、標示不清（錄音帶屬哪位記者所寫的稿）、或緊急送來（離截稿時間太近）……等等狀況發生時，新聞與節目兩部的人員，為了責任歸屬問題，常常鬧意見，所以編播合一，便可消除前述所產生的問題。

一、新聞稿寫作

廣播新聞與報紙新聞，一樣要講究導言、主體，以及六合和倒金字塔式的寫作格式，只是廣播是念給人聽，稍縱即逝，而報紙是用眼睛看的，

並且可以一看再看，此爲兩者最大的差別，其他注意要點尙有：

1. 內容要簡單明瞭。廣播新聞一節頂多5至10分鐘，卻要報導完整的國內、國外新聞，故一則新聞，最好不要超過1分鐘，而其字數頂多200個字，以臺北國際社區廣播電臺（ICRT）而言，一則新聞平均要在30秒內，大約不到100個字就要報導一篇新聞。

2. 要口語話。廣播新聞寫作，不是比賽有沒有學問，切忌用文言文，所以，寫完新聞稿，最好先念一遍，是否以平常講話爲標準，如果是肯定的，則一般普通人都聽得懂，這樣才能達到口頭傳播的效果。

3. 爲了達到「聽」的效果，故在用詞遣字時，尤其是數字、專有名詞的播報時，要注意避免一字之差，謬以千萬，現在大家都用電腦寫作，但是應注意字逗的正確，標點宜分明，才不會引起不必要的誤會。

4. 葉論珍在其「廣播新聞寫作」一文（廣播實務，1983年3月，中華民國廣播電視事業協會出版）指出，凡是用重齒者、喉音、腔音發音的字，如絲次、希盧、鳴里等總事少用叫好，應選用聲音響亮的字，像是「憂慮」不發「發愁」、「立時」不如「馬上」、「立著」不如「站著」、「始終」不如「早晚」、「注意」不如「留心」、「於是」不如「然後」……等等。

二、新聞編輯

廣播新聞編輯除應顧慮廣播的時效性，將國內、外最新發生的重大新聞，很適當的呈現給聽眾之外，並且也要扮演好「守門人」的角色，報導要深入，內容要正確，並且要解釋必須詳盡，才能取信於公眾。

廣播電臺處理新聞，可以隨到隨播，故要爭取報導的先機，但是爲了求正確性，故在審稿時，必須根據新聞來源，查證其是否正確無誤，並且應以客觀的立場，不能滲入私人的感情或政治立場，更要注意新聞的前後變化，隨時補充新的資料。

廣播新聞的頭條，至為重要，通常編輯選用強而有力的新聞，或特別顯著重要的，如空難、地震、大罷工、戰爭衝突……等等，如果沒有重大的新聞可以做成頭條，幾條次要的新聞，也可經過組合之後，變成頭條。

廣播編輯除了將新聞分類合併之外，將各類新聞按前後順序排列之外，在新聞取捨及各新聞所占的比重，也要有適度的搭配，如國內、國外新聞、經濟、體育……等等類別的新聞。至於重複、時效過的新聞，應予以剔除，或予以改寫，或增添補新的資料，總之，一則新聞需合乎新、速、實、簡的完整性才算恰到好處。

三、新聞播報

廣播電臺一般以節目，尤其娛樂性的節目，占播出時間的絕大比例。新聞播報即時性節目較少，電臺在社會上所享受的聲望及新聞的權威性而言，則充分顯示，社會大眾對大眾傳播媒體刊播的新聞，都予以相信，這種情況下，廣播新聞的播報，最重要的，就是聽起來讓人可信，換句話說，新聞本身播報要深具權威感，要達到前述目的，須注意以下的原則：

1. 要事先讀稿，以咬出正確的字句，先讀一遍稿，才能確實瞭解消息內容，輕讀出聲，讓自己聽到，才能咬出正確的字句，掌握抑揚頓挫，辨別字音與字義，進而掌握重點。

2. 咬字要清晰，讀音需正確。

3. 注意播報速度，不疾不徐，不強不弱，同時，抑揚頓挫要拿穩，句逗要分明，才能使語意明暢，新聞本身具有權威感。

4. 利用句與句之間的斷句，以及件與件之間的間隔，讓聽眾分辨其本句或本件新聞已報告完畢。

5. 新手吃螺絲固難以避免，但咳嗽噴嚏，可先關閉麥克風俟清喉嚨後，再向聽眾表示歉意，總比直接噴出為好。

6. 凡揭頁、翻紙，或呼吸等聲音，應予避免。

7. 有錄音帶配合播出時，應按順序播出。

總之，新聞播報員應事先讀稿，完全融會貫通之後，再以熟練誠懇又

莊嚴的語氣，像觀眾有條不紊的道來，一來可顯示自己對新聞有信心，再來就是可以使聽眾有如身歷其境，故信而不疑，電臺新聞的權威性，於是就建立起來！

四、談話性節目的企劃與製作

儘管在廣播電臺中，音樂節目，包括各類流行歌曲播放的時間，較語言或談話性節目為多，但是，就像一家沒有新聞部門廣播電臺，就社會服務及說服大眾的功能而言，語言或談話性節目所占的分量，絕不是音樂節目所能取代的。將談話性節目放在新聞及新聞性節目的範圍來談，乃因為在國外，談話性節目又稱脫口秀（talk show），它包括以新聞專題、地方事物或以名人為主的座談及訪問，通常，這一類型的節目，是交由新聞部門的人來製作的。

談話性節目一般經常出現的方式有以下幾種：（一）一人直述方式，（二）兩人對話方式，（三）圓桌座談方式，（四）聽眾參與方式，此又分為人在播音室現場、人在家裡、車上或電臺以外的地方「叩應」（call-in）打電話進來的方式，以及錄音訪問方式。茲分述如下：

（一）一人直述方式的談話性節目

這是由電臺內部，如新聞部人員，以單方面的直陳方式製作而成的節目，像是新聞評論、一週時事漫談，或是新聞專題報告……等等。

通常，這類節目有一定的時間長度，而且由於是一個人在講，較為單調，故節目長度時間不會太長，短者2至3分鐘，最長5分鐘，有時候則變成一個節目的單元。

由於這類節目都有固定的主題，而且稿子內容都由電臺新聞部有關人員自己撰寫，自己播報，所以在製作的過程中，處理起來比較容易，只要把握寫稿時，要言之有物，注意口語化及可聽性……等原則，以及在播報講稿時，讀音需正確、速度宜適當、講話方式要吸引人……等等，大致上就可以完成，至於麥克風使用及錄音室機器設備的操作，有的是自控自播，有的則是有控機人員幫忙，只要按照操作程序進行，便沒有太大的問

題。

如果這位人士是電臺以外的人員，譬如是某名人、要人或專家、學者，甚至每次來的人都不一樣，則前面所講的訪問時間安排、麥克風及錄音設備操作……等等，就需另外處理了。

擔任新聞或時事評論員，應在各該領域，如外交國防、經濟、社會、教育、交通、環保……等等，具有豐富的學識和廣泛的知識，其次，除需具有正確的判斷力與歸納能力之外，在其領域之內的事務，還要能有提出前瞻性的見解，最後，如果其本人還要負責錄音播講時，需口齒清晰，最好聲音能具權威感或說服力。

在擔任評論播講時，語氣應有抑揚頓挫，段落宜分明，遇有重點之處，可以適當的重複，甚至加重語氣，但是語調卻不宜過分激動，最後再做總結時，要簡潔有力，發人深省，讓人留下深刻的印象，使聽眾下一次又會準時收聽。

（二）兩人對話方式的談話性節目

在一般電臺節目中，一對一的訪問方式，也是非常普遍的，節目中會有一位主持人以及一位或多位來賓，就一個預定的主題進行討論，以ICRT電臺最受歡迎的節目之一「青春夜線」（The Youth Nightline）為例，主持人王再得（David Wang）便是在節目前半段（周一至週五晚上11點5分至30分），先就一個固定主題，訪問某一位來賓。像這種兩人對話的談話性節目，由於有兩個人彼此互相交談或聞達，聽起來比單一個人的直述方式，要活潑些。

但是，儘管如此，如果這類的節目因為事前題材選擇不當，應邀來賓知名度或專業性不夠、主持人主持節目的技巧不純熟或準備工作不周全……等等因素，往往會造成節目令聽眾不感興趣、節目內容單調……等等弊病，就會使這個節目失去聽眾的支持，而走上關門的惡運，因此，在企劃與製作兩人對話式的談話性節目，有以下原則需要注意：

1. 選擇適當題材

談話節目的題材，一般人都知道要選大家關心的問題，像ICRT電臺

王再得，他每天要讀好幾份報紙、雜誌，來尋找一般聽眾所共同關心的問題，但是，單純的關心議題並不夠，還要具有所謂的爭議性最好，因爲唯有比較負責的題材，才能讓所謂正反兩面呈現在公眾面前檢視一番，因此，這個題材若能經過雙方辯論，反覆檢討，而讓聽眾瞭解其中眞相者，便屬一個適當的話題了。

2. 選擇適當對象

根據所選定的對象，來尋求一個適當的訪問對象，其應具備的解答或說明問題的權威性，並具某一方面、某一地區、某一環節發言的代表性。若問題本身較具複雜性或爭議性，則若能尋找對於此事件具有特殊關係的人物來接受採訪，那麼所得到的效果會更好。

3. 事前準備工作要周全

（1）充分瞭解受訪者的背景，包括學經歷、著作、創作或發明……等等。

（2）蒐集並準備與訪問談話有關的資料，包括受訪者本身的一些新聞簡報或著作……等等。

（3）交換訪問談話內容的主題，若對方接受則不必修改。

（4）敲定受訪者接受訪問的時間、地點及其他雙方協議的事項，包括交通工具，如是否負責接送等等問題。

（5）瞭解對方語言表達能力如何。

4. 訪問的技巧

（1）先從受訪者本身或專長做介紹，開始誘導發言。

（2）再引導受訪者進入正題。

（3）親切溝通，偶爾穿插一些趣味性的東西，使節目進行時的氣氛能夠自然、輕鬆，或許有助於主題的發展。

（4）切忌插話、搶話，或主觀態度，同時避免生澀問題，或涉及個人的隱私。

（5）遇有受訪者情緒激動時，應想辦法讓其穩定下來。

（6）時間的控制，至爲重要，尤其當對方偏離主題時，如何適當、

有禮貌的拉回主題，就要靠主持人的反應與智慧。

（三）圓桌座談方式的談話節目

前面所討論的，乃以參加節目人數來區分為一人直述或兩人對話，其目的除了瞭解新聞事件本身或其背景，探討社區公共事物之外，一般聽眾也對受訪者本人的觀念、談吐、背景……等等，非常感興趣，尤其具有魅力的公眾人物，從政治領袖、電影明星到運動健將……等等。

當一個國家或社會進入民主政治階段，代表不同族群、團體，及地區的聲音，就會慢慢的出現，為了探討某一問題，邀請兩人以上，坐在一起，來發表個人意見，提出見解或方案，以解決大眾所關心的問題，並藉由廣播電波力量，傳送給成千上萬的聽眾的節目，便是圓桌座談（round table）方式的節目。

圓桌座談的節目企劃案，除了先前所說的，要選擇談論主題及慎選受訪者之外，由於廣播沒有畫面，故應邀來賓至多不超過四個人為宜，以免聽眾混淆不清，此外，在節目製作的過程中，亦應注意以下幾點事項：

1. 準備適當的開場白，在座談會開始之前，主持人必須向聽眾及參加座談會人員說明舉辦這次座談會的目的與宗旨，並且宣布主題。
2. 將參加座談會的人士，適宜的介紹給聽眾。
3. 注意座談會進行的程序，並適時穿針引線，補充疑難或不明確的術語，並給予正反兩方相等的表達機會，使節目進行順暢。
4. 維持節目輕鬆愉快的氣氛，遇有爭執不下的情況，能用簡單有效的插話化解，故主持人的機智與幽默感同樣重要。
5. 控制時間，掌握重點，座談會結束時，能清楚的宣布結論，使座談會圓滿的結束。

（四）聽眾參與方式的談話性節目

前面所提到的，不論是新聞評論、時人訪問，或者是有關公共事物的座談會，所邀請來的來賓或受訪者，均是與所探討的內容有關的學者、專家或相關人員，當然，隨著民主政治的發展，一般民眾也非常有興趣參加

這些屬於大家的節目。

這種由聽眾參與方式的談話性節目，依其參與時的場所，可分為聽眾在播音室現場親自參與，以及不是在現場，而是在家裡、辦公室、公車上……等等地方，藉電話參與這兩種型態。

1. 聽眾在現場的談話性節目

這類的節目，由於參加製作的聽眾都是外來人員，故在製作時要能妥善事前的準備，才能控制好整個節目的進行，例如是否對於主題或題目已清楚的瞭解、發言時是否偏離主題、若遇有找主持人或來賓麻煩時如何應付……等等一些問題，不過，事先採用公開的方式，經過一定程序，來邀請聽眾上電臺的節目，是有必要的，否則會讓人誤會電臺黑箱作業，尤其是節目設有有獎徵答或獎品贈送時，更應要注意。

2. 聽眾電話參與的「叩應」（call-in）節目

目前臺灣地區流行用一塊錢銅板，就能當節目主持人的風潮，故幾乎每個電臺都會有叩應的節目，談話的話題五花八門，叩應進來的聽眾，各式各樣的人都有，因此，節目製作水準高，受到社會大眾歡迎的有之，因為話題設計不當、聽眾良莠不齊、主持人不具專業性……等等弊病，導致節目水平不高，甚至引起不同的意見團體「對立」、「衝突」的情形，亦時有所聞。

一般而言，電臺製作單位或節目主持人，事先都會宣布讓觀眾叩應討論的主題。不過，儘管如此，聽眾也會隨心所欲地打電話進來發表意見。以美國先進國家的經驗來看，為了防止無聊或「有心」人士來鬧場，故經常使用延緩播送的系統，將這些搗蛋分子排除掉。

在國內，大多數的電臺在叩應節目都會安排一位或一位以上的助理，幫忙接聽聽眾打來的電話，事先問清楚對方一些簡單的背景資料，如住在哪裡？從事什麼職業？……等，然後詢問一下他對問題的一些看法，就在這一問一答下，便可間接過濾掉一些覺得有問題或怪怪的聽眾。

當然，前面所談的四種類型的談話性節目，也可以互相搭配混合，例如1994年前後，ICRT電臺當紅的「青春夜線」（The Youth Nightline）

節目，便是固定在節目前半段邀請一位來賓，先由當時的主持人王再得（David Wang）進行訪問，讓聽眾瞭解被訪問者的一些個人背景和相關的問題之後，留下半小時開放現場給收音機旁的聽眾叩應進來訪問這位來賓。

根據王在得的主持節目經驗，要維持節目進行的順暢與活潑，他認為：

1. 題目的選擇很重要，要引起大家的興趣，必須是目前社會關注的焦點，因此，他每天要瀏覽數十種報章雜誌，努力尋找適當的主題，從總統選舉、外星人，到影歌星動態……等等。

2. 受訪來賓人選也很重要，除前面提及的權威性與代表性以外，言語表達能力也應要注意，不是針對上ICRT英語一定要流利，而是受訪者是否口齒清晰與反應表達能力是否有一定的水準，可能是決定節目是否具可聽性的一個很大的因素。

3. 王在得主持節目受歡迎，除了他能講一口流利的英語之外，同時他還可以適時用國語、臺語來表達，更讓聽眾驚訝，因為一般人以為他是「老外」或「ABC」，廣播的想像空間，在這個時候，發揮極大的效果。

4. 主持節目的技巧，是靠日積月累、慢慢磨練出來的，這包括時間的掌握、對問題的提出是否能針對問題的核心？轉場接下一個問題是否適當、處理聽眾的問題遇有過分冗長的要如何帶過？遇有言不及義的時候要如何代為發問？這些都要經驗累積，才能從容應付。

5. 王在得認為聽眾應對受訪來賓保持應有的禮貌，以示尊重，尤其遇有雙方意見不同時，更要保持君子風度。他便在節目中「教育」聽眾，在民主社會中應有尊重不同觀點的風度，更會在適當的時候，「保護」受訪來賓，以免被聽眾「欺侮」，他更認為這是主持人應有的職責，否則以後沒人敢上他的節目。

❋ 第三節　實況轉播節目的企劃與製作

實況轉播爲電子媒體所專有，兼具時效性與現場性，故爲最吸引人的一種新聞報導方式，一般較有規模的電臺，只要人力、物力能夠配合，莫不樂於從事實況轉播，以發揮廣播的特性。

最常見的實況轉播內容，包括籃球、棒球、甚至足球的體育競賽；立委、總統、副總統、縣市長選舉的政治新聞實況轉播；上、下班交通尖峰時刻的路況報導；證券行情報導；天災，如颱風、地震、火山爆發……等等災變報導；音樂演奏、戲劇表演之藝術活動實況轉播；總統就職、國慶閱兵、蔣故總統追思會、日本皇太子結婚……等等慶典或喪禮轉播；宗教性活動，如布道會；慈善性活動，如勸募義賣等等；也都可以成爲實況轉播的內容。

一、實況轉播實施之考慮原則

實況轉播就電臺而言，不像主持人在節目中播放一首歌，或請一位來賓揭受訪問那麼簡單。因此，在實施前應就內容主題、成本效益及工程技術等方面，加以考量。

（一）內容主題

內容之選定，應考慮是否與電臺屬性或設立的宗旨相結合？是否爲一般大眾所關心？是否就社教意義而言，有其轉播的價值？

（二）成本效益

電臺經營，甚爲不易，故應分析財務上的支付有多少？在效益或利潤上合不合算？是否有廣告支持？如果影響別的節目正常播出，是否划得來？對電臺聲譽或知名度有無幫助？因爲許多實況轉播，乃爲社會服務所做，可不計成本，但仍應計算其是否對電臺無形的聲譽有無直接獲益。

（三）工程技術

廣播的轉播，固然比電視來得簡便，但仍然要考慮電源有無問題、現

場麥克風架設與電話線路是否密切而無間隙。

以臺北國際社區廣播電臺（ICRT）爲例，曾在1993至1994年間，每週六上午8時至10時，在臺北凱悅飯店作實況轉播，由美籍DJ汪瑞奇（Riche Walker）主持，頗受歡迎，並首開當時國內廣播電臺將播音室移向戶外之創舉，當時在工程技術上要克服的有兩大要項。第一，要如何讓凱悅現場的聲音，透過電話線，與陽明山電臺播出立體聲效果互相配合，第二，如何讓節目進行中的訪談與播放音樂或歌曲之間的銜接順暢，不會中斷。

二、實況轉播的作業程序

在政策上解決前述內容的主題、成本效益與工程技術三大考量原則之後，接下來便是向主辦單位取得轉播權、召集內部計畫作業會議、主持人及工程人員現場勘查、工作執行與轉播播出等過程。

（一）轉播權的取得

視實況轉播的內容，電臺需事前向主辦單位取得轉播權，有的是屬於政府機關，例如地方、中央公職人員選舉，統由中央選舉委員會授權，有的則屬於民間，如國際奧委會，將廣播、電視採訪及轉播權直接出售給國內電視臺……等等。如果未經主辦單位的同意或授權，則任何實況轉播，根本無法進行。

（二）內部計畫作業會議的召集

1. 活動性質事先瞭解

由什麼單位主辦？過去曾經舉辦過沒有？主席是誰？有沒有其他重要的人物出席？活動程序爲何？有無座位表？場地布置情況爲何？有無安全措施？各國出席人物或單位的背景資料或講稿可否事先蒐集？有無適當的來賓可供訪問？有無空檔出現？如何補足空檔時間？機器設置、轉播人員的位置爲何？需不需要出入證件？交通管制時間爲何？機器何時可安裝？車輛可否進出？聯絡電話線路有幾條？可否自行負責安裝或由主辦單位統一裝置？何時測試機器？何時可進行彩排？遇有停電、機器臨時故障、現

場秩序失控或意外事件發生時要如何應變？

2. 工作人員的分配

包括電臺內部行政、工程、節目、新聞、業務……等等人員，如何做後勤支援與事前宣傳？現場轉播人員、主持人、記者、編輯、製作人、導播、工程師、技術員，以及控機人員等等之工作分配項目，包括直的指揮和橫的聯繫，均要面面俱到，考慮周詳，最好能印發轉播人員作業程序圖表，使大家都知道彼此的工作範圍，按表實施，有條不紊，才不會臨時手忙腳亂，無所適從，因此，事先協調、瞭解作業程序及整個細節，至為重要。

3. 轉播現場的勘測

除了要事前書面作業程序的計畫與各有關的工作人員的協調之外，現場的勘測亦非常的重要，甚至會影響轉播的成功與否，赴轉播現場實地勘測，主要在瞭解地形位置、環境，以及轉播技術和工程上可能遇到的種種問題，包括電力來源、轉播器材擺設位置、記者所站的位置、演出場面、現場安全措施等等。

（三）工作執行

除工程及其他後勤支援人員之外，實況轉播的靈魂人物，便是轉播人員，它們必須隨時注意現場的人物與動態，掌握機會，做適當的描述，故必須具備清楚的表達能力，並能運用豐富的辭彙，向收音機前的聽眾，做詳盡與生動的描述及說明，使聽眾如同身歷其境一樣，尤其如何帶領聽眾的情緒，進入現場的氣氛，是轉播人員重要的課題，但切忌自己的情緒失控，而忘了自己擔任轉播工作應有的身分與立場。

轉播是一件高難度的工作，因此主持人或轉播人員，除了事前對轉播內容應做充分的準備，蒐集相關資料，以備需要時加以運用之外，也應該使現場節目保持連貫和緊湊，或許可以在冗長的轉播過程中，讓聽眾緊張的心情，得以調劑一下。

第 | 八 | 章
思考與練習題

一、即便科技進步到今日的數位時代，但一般調幅和調頻廣播新聞愈顯重要，原因何在？

二、廣播新聞的主要來源有哪些？

三、廣播新聞稿寫作應注意哪些原則？

四、請根據報紙所登的一則新聞加以改寫成廣播新聞。

五、請參考氣象局發布的某一超級颱風的進展，隨時寫成廣播新聞稿，並比較前後內容有何不同。

六、請就同一事件，比較不同媒體發表的新聞稿有何不同？若您是某一電臺新聞主管，會如何處理？

七、試述廣播新聞播報的技巧。

八、製作二人對話的談話性節目，應注意哪些原則？

九、請收聽並評論現有某一聽眾參與方式的廣播談話性節目。

十、廣播實況轉播節目，現似不多見，原因何在？實施有何困難？

第 9 章▶▶▶
廣播各類節目的企劃與製作

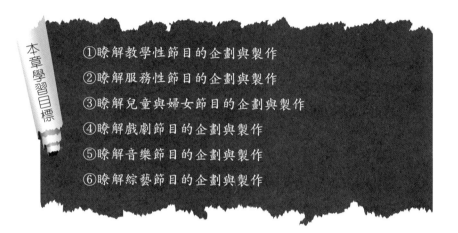

　　前一章，我們先就廣播新聞的撰寫與編寫作業情形，做一說明，接著就與新聞性節目有關的談話性節目與實況轉播節目的製作，分別加以說明。

※ 第一節　教學性節目的企劃與製作

　　由於我國現行廣播電視法規定，廣播電臺必須製作一定比例的教育文化節目，就廣義而言，教學節目可包含教學節目，而文化節目則包羅萬象，它可包括音樂、戲劇、小說、詩歌、故事、民間藝術，甚至衣、食、住、行、育、樂，均

可被涵蓋在教育文化類的節目裡面，本節將範圍縮小，只限於介紹學校教育文化節目與語言教學節目。

學校教育節目，在我國設有教育廣播電臺，一方面配合中、小學的學校部分教學進度與內容，施以空中廣播學校，又例如配合空中專長學校與空中大學，為其學生設計一套專屬的教學課程，再配合其函授與定期面授，構成教育廣播電臺空中學校教學制度。

目前教育部推廣空中教學，以修法允許各縣市政府及相關教學學校與社團，從事廣播教學，以擴大成人教育的成效。

由於廣播教學節目可以解決教育荒和教員荒，且不受時空限制，對於成人而言，是最方便的補習教育，隨時可以進修，並事先將內容錄音下來，再反覆收聽練習，但未聽懂之處，無法立即發問與回答，故在製作教學節目時，應注意以下各點：

1. 首先，應確立教學的目標。以作者在教育廣播電臺每週日播出一次的「英語俱樂部」而言，其教學目標，即希望聽眾能學習新聞英語，聽得懂ICRT、CNN等新聞之播報內容。

2. 課程單元要有完整性。以「英語俱樂部」施教的英語新聞內容，大致上為最近發生的國內、外新聞，自從播出以來，兩、三年來均保持其完整性與一貫性。

3. 教學方式由淺入深，由簡入繁。為了顧及大多數聽眾的程度，「英語俱樂部」的收聽對象，多在大專程度，惟收聽愈久，程度自然會隨之提升。

4. 教材應符合學生實際要求。國內一般教導英語新聞社會的教材不多，惟自從衛星電視新聞與有線電視結合之後，一般社會人士均希望聽得懂外國播報員所播報的英語內容，固有其實際需求。

5. 教材經過印製以便於聽眾收聽與練習之用。「英語俱樂部」播出之內容，為五篇國內、外英語新聞稿，並經加註單字、片語與中文翻譯後，由教育電臺寄交聽眾，便於收聽與練習。

6. 擔任教學之教師能勝任工作。以「英語俱樂部」為例，擔任教學

之外籍老師，即為ICRT電臺新聞之主播，故能正確、清晰表達課文的內容，包括發音讀稿，更分一般正常速度與較慢之速度，供學生聽眾參考練習。

7. 提醒聽眾教材的供應與索取的方法，並可供聽眾來函詢問問題。

8. 撥出時間應適合學生學習，內容亦然。以「英語俱樂部」為例，前者為週日下午3時30分至4時30分。就後者而言，因屬語言教學，故兩者皆宜。

9. 宜聘請學者專家擔任顧問群，使教學效果更能增進。

10.配合教學需要，節目中酌以有獎徵答方式，促進節目的趣味性，並激勵學生收聽與發問，達到雙向溝通的效果。

☀ 第二節 服務性節目的企劃與製作

我國廣播電視法規定，電臺公共服務節目時間不得少於10%。這種節目最常見的內容，是報時、氣象報告、空氣品質、醫藥常識、防火防盜、停水停電插播……等。

服務性節目的表現方式，大致上和新聞性節目相似，有用播報式，有用座談式，有用訪問式，也有用問答式，另外，有以固定時段、節目名稱播出，有的則是在節目中插播，或以短劇方式播出，以求生動、活潑。

服務性節目的企劃與製作，應注意以下幾點：

一、報導需具專業

以ICRT電臺為例，其每天插播之「空氣品質指數報告」，資料來源即由環保署提供，儘管節目經費由廠商贊助，但亦應求公正客觀。

二、符合大眾需求

包括節目內容，除符合大眾需求外，播出時間亦安排在以大多數聽眾

方便收聽爲原則，尤其是早上對時，民眾要上班，兒童青少年要上課，故對時次數宜多於平常時間，夏天常有「西北雨」一陣雨，故氣象報告也要準確及適時。

三、主持人態度要誠懇親切

聽眾喜愛收聽警廣早上由周寧播報路況的原因，據瞭解是周寧以誠懇的親切態度與語氣做播報，唯恐聽眾未能事前收到訊息而被堵在路上進退不得。

最後，根據新聞局修正通過的「廣播節目規範」中規定公共服務節目的製作，必須：

1. 詮釋法令、規章及解答大眾所提之疑難問題，均應請專家指導。
2. 公共服務節目均不得涉及任何商業行爲。

第三節　兒童與婦女節目的企劃與製作

一、兒童節目的企劃與製作

在國內，由於電視是屬於強勢媒體，吸引許多兒童的觀看，因此，只有少數公營廣播電臺願意長期製作兒童節目，而對於商業性民營廣播電臺而言，製作兒童節目，根本無利可圖，故大多不願浪費人力與物力在此類節目上面，反而是設有廣播、電視科系的大專傳播有關院校學生，在學校修習有關廣播節目製作或實習時，兒童節目卻是許多同學喜歡企劃、製作的節目類型。在進行兒童節目設計之前，首先根據兒童心理學家的相關研究，瞭解兒童的共同性向。

（一）兒童的共同性向

1. 好奇心

兒童的好奇心重、幻想力強。由於好奇心重，故對活動、具變化的東西感興趣，由於幻想力強，不受世間法則的約束，可全憑空想馳騁，故生活多采多姿，永不寂寞。

2. 易受暗示

由於兒童來到世界不久，對於一切事物均感新鮮與好奇，並且毫無疑慮的予以接受，因此，幾乎所接觸的人、事、物均為其學習、模仿的對象，同時，也易於受到暗示，其所憑藉者，乃是一種直覺的感知。

3. 感受偏於具體形象

兒童對於抽象意念與複雜的事物，不易接受，因為並非智力所及，倒是對於形象與色彩的辨別，較容易訓練。

4. 耐性有限

兒童喜歡多變化與動態的東西，對於單調枯燥、長時間的說教內容與高度分析和複雜思維，都會顯現出不耐煩的態度，故要兒童乖乖坐上半小時，可是一件難事。

5. 和婦女一樣有精神緊張的趨勢

因憑直覺與感性，來反映具壓迫性與刺激性的事物，故在電影、電視遇有突發事件及恐怖鏡頭，及具有爆炸性的情節，都會令兒童及婦女緊張興奮，久久不能控制。

（二）兒童節目製作規範

基於兒童純潔、簡單、直覺的心靈與無時無刻不模仿學習的共同性向，世界各國對於兒童廣播或電視節目，都訂有詳細的管理規範，以保證道德責任的具體履行。就以我國新聞局於民國84年修訂公布的「廣播節目製作規範」，便對兒童節目做出如下的規定：

1. 兒童節目，皆應含教育意義，並應注意兒童身心之健康及人格之發展，對於是非、善惡、成敗，均應有明顯之教育導向。

2. 兒童節目，應重視啟發智慧，培養合群性、公德心、守法觀念、

對人對事之責任感，以及衛生健保、美化人生等題材，以導引正確的人生觀。

3. 兒童節目，應愼重處理社會所發生之醜態、怪異、卑劣、驚駭或反常之情事。

4. 凡不適於兒童之廣告或節目預告，不得安排於兒童節目中播放。

（三）兒童節目設計要點

1. 題材選擇方面要簡單、易學、淺顯而有趣，最重要的事須具教育意義。

2. 內容配合方面最好能配合學校課業進度及時令、季節、輔導教育，以收相輔相成之效。

3. 單元設計方面針對男童、女童與低、高年級等之不同，依其興趣，設計多元與變化的節目單元，才能掌握其注意力。

4. 主持人方面
   ・最好由兒童主持，或安排兒童共同主持。
   ・若是成年人，亦須對兒童心理與行爲，做一番研究，知道如何應付。
   ・須態度誠懇，和藹可親，並有耐心。
   ・須具備多方面才能，除了會講故事、會唱兒童歌謠之外，還會彈奏各種樂器、做各種遊戲及活動……等。

5. 節目參與方向
   應請兒童餐與節目的進行，以增加節目的眞實感及對兒童的吸引力與向心力。

6. 音響效果方向
   以柔美、活潑爲主，除非必要，否則應儘量避免恐怖、沉悶或太過激烈的音樂、音響。其次，講兒童故事時，最好配上音響效果，以便加強氣氛，加深印象。惟在運用音效時，要能與兒童生活經驗相接近，諸如汽車、電話、飛機以及貓、狗等，並以能促進兒童之想向力爲佳。

二、婦女節目企劃與製作

家庭婦女在臺灣廣播收聽群裡，是除了學生之外，非常重要、並占多數人的一個對象。尤其是在上午及下午時段，可利用休閒與做家事時收聽廣播，甚至參加「叩應」節目。

（一）婦女的共同性向

1. 具有唯美、浪漫的偏向

對美，最爲敏感，當然情感也因而豐富。

2. 易受廣告暗示的偏向

感性加上浪漫，及不常用理性，是婦女的通性，故自然成爲廣告訴求的理想對象。

3. 追求時髦的偏向

愛美既是婦女天性，對瘦身美容、髮式服飾等廣告，最爲注意並競相消費，是婦女追求時髦的具體表現。

4. 貪小便宜的偏向

這種現象似乎也甚於男性，尤以在購物時較常「斤斤計較」。

（二）婦女節目的設計要點

1. 瞭解婦女作息時間與需求，須賴準確、周延的聽眾調查，加以瞭解。

2. 內容需要除了傳統的感情，包括交友、婚姻、婆媳之間、夫妻之間的關係探討之外，有關家庭生活經驗，包括育嬰常識、子女教育、家庭處理、理財知識、社交常識等，對於日常消費品的資訊，婦女們也會感到興趣。尤其，目前女性自主意識抬頭，甚至有人提倡性觀念的開放，比影歌星動態更有興趣，更是社會新聞的焦點，如何拿捏得恰到好處，值得研究。

3. 由於女性較具感性，迴避理性思考，故節目中宜避免冗長的說教與枯燥的哲學性談話。

4. 鼓勵婦女參與社會服務，例如可與婦女有關團體合作，報導其參

與社區活動之消息，並可邀請其接受訪問，發表心得。

5. 過分恐怖、激情、悲傷、疑慮的內容與音響效果，雖可吸引婦女聽眾於一時，但終究會有損婦女身心之虞，故宜避免之。

6. 節目應以輕鬆、活潑、富有變化的方式進行，以期寓教於樂，相信對婦女本人的生活，定有助益。

❋ 第四節　戲劇節目的企劃製作

早年的廣播劇，以美國為例，在1930年代是由肥皂商人所提供的「肥皂劇」，即用戲劇的形式，每天在同一時間演播，由於方式稀鬆平常，嬉笑怒罵，通俗有趣，故受到婦女聽眾歡迎，後來發展為話劇，將舞臺原封不動，經由麥克風播放出去。

我國最初的廣播劇，根據中國廣播公司資深前輩楊仲揆先生的考證，民國24年發表並在中央廣播電臺播出的「苦兒流浪記」，是我國廣播史上第一齣廣播劇。自此之後，電臺主管人員發現廣播話劇頗受聽眾歡迎，乃經常播出此類節目。一直到民國40到55年的15年期間，中國廣播公司為廣播劇締造了輝煌成就，是我國廣播劇的黃金時代。

一、廣播劇的特性

由於廣播劇完全憑聽覺來接受，故具備以下的特色：

（一）演員人數有限

僅須3至5位人物登場，便可演出半小時的廣播劇。

（二）舞臺空間無限廣播劇

廣播劇的舞臺，在聽眾腦海裡，藉著音響效果，自由塑造其想像中的舞臺，從天上到地上，隨劇情發展，到達任何地方。

（三）分幕換場自由

可用音樂、音響、演員對白、報幕員旁白解說、短暫沉默或前述的運

用，自由的分幕或換場。

（四）成本效益經濟

廣播劇不需要太多人力、物力，照樣可以達到寓教於樂的效果，對聽眾而言，可一面工作，甚至在洗澡、駕車……時仍可收聽廣播劇，可謂經濟又方便。

二、廣播劇企劃與製作過程

（一）廣播劇本策劃與選擇

1. 確定主題意識，主題須明確，如倫理、科學、愛情、打鬥，意識須正確，因為廣播肩負社會責任。

2. 劇中人物不能過多，以免角色混淆，主要角色以不超過5至7人為宜。

3. 決定廣播劇形式的大小，是幾分鐘？每天播還是每週播一次？

4. 注意版權和著作權的問題，內容避免侵犯他人權益。

5. 注意歷史、地理、法律、風俗、科學、宗教……等方面的考據及其正確性，避免錯誤情事發生。

6. 劇情的發展必須合理，不宜過分複雜。

7. 題材是否健康寫實？結構是否嚴謹？情節是否恰當？分場分鏡是否合理？角色的個性是否明顯、突出？對白是否口語化、合理化？音效是否運用適當？

（二）劇本的修飾

除文句是否通暢外，最主要的是加註各種在工作進行時所需要的記號，使所有演員及工作人員都能清楚整個流程。

（三）演員的選擇

1. 各演員間的音色，不可太過接近或類似。

2. 以透過麥克風的聲音來選擇角色，但要具有獨特之處。

3. 演員音色必須與劇中角色的性格符合。

4. 避免一人分飾好幾個角色，主要角色尤應禁絕兼聲。

（四）派任人員

電臺將劇本印妥後，開始派任配合導播、錄配音人員，並決定錄劇的時間及場所。

（五）正式排演

1. 劇本演練

好的劇本，不經排演，或排演不好，終歸失敗，故演員須就劇本中情節的發展，加以演練，並經由導播或專人指導。

2. 聲音設計

根據劇情情節發展，並發揮聲音表情，使其效果更爲逼眞。

3. 音樂選擇

最重要的是必須適合劇情，其次，能類別一致，除非以音樂爲主，否則如鋼琴、風琴及交響樂等演奏混爲一團，可能令人有嘈雜之感。第三，應避免使用熟悉之音樂，因爲其易使聽眾之注意力轉移到音樂本身而脫離劇情，同時，也常容易使聽眾滋生其他幻想而逾越劇情之外。第四，音樂避免過長，以免沖淡劇情。

最後，選擇音樂要注重原創作時的情緒，並加以妥善運用，藉以昇華到最高點。

4. 音效設計

利用音效，可增加戲劇氣氛、臨場感，並引發聽眾的想像力，音效的配合應與劇情發展的時間配合十分密切，尤其表示行動的音效，必須絕對準時，以免牛頭不對馬嘴，而造成突兀之感，故音效人員除需參加彩排之外，更應在錄完之後，再行檢聽一次，以求完美。

（六）錄製

過去錄製廣播劇，均須全員到齊，並須注意麥克風、演員及其他工作人員的位置，妥當分布，避免互相干擾，同時將音樂與音效一起錄妥。現在，可先錄對白，再配上音樂、音效，一可節省大家的時間，二可避免由於配音而影響演員情緒。

最後，要提醒製作人，在製作戲劇節目時，根據新聞局修正通過「節

目製作規範」，對戲劇節目的規定有三：

1. 戲劇節目應注意主題意識健康。
2. 戲劇節目中，涉及歷史性或專業性如法律、醫療等情節，宜請專家指導。
3. 對邀請兒童演出其角色之安排，應特別慎重。

第五節　音樂節目的企劃與製作

聽覺是人類與生俱來的功能之一，即透過耳朵，將物體震動、撞擊空氣而產生的音波，經過聽覺神經的反應，轉入大腦，產生聽覺，故而聽得到聲音。根據其自然特色，聲音有高、低、強、弱之分。就其性質而言：依大小究其音量；依音色辨其音質；依停留長久訂其音時。

人類耳朵除了能自動收聽各種聲音，並透過其距離方向外，最重要的，是能辨認前述之音調、音量、音質與音時。更能隨聲音起伏變化，產生欣賞與理解的能力，進而各憑想像，將感情沉浸在不同領域的想像空間，這也是廣播至今仍受大眾歡迎的原因之一。

一、音樂在廣播節目製作的用途

廣播在十九世紀試驗階段，便是以音樂做為試驗的素材，換句話說，廣播在發明之初，便是播放音樂給大眾欣賞，當作娛樂消遣。

音樂在廣播節目製作的用途，還包括：

（一）作標示、主題的音樂

廣播節目的片頭、片尾，固定選一段音樂之後，天天播放，容易使人記住。

（二）作橋段或間隔的音樂

廣播劇中用來換場、換景或一般節目每個單元之間的間隔，使節目能有變化。

（三）作情緒的陪襯

在說話節目或廣播劇中，用一種音樂來襯底，以製造一種氣氛，來配合演員情緒或朗誦主題的要求。

（四）做節目結束的補充之用

10分鐘的評論節目，不可能將稿子寫滿10分鐘而1秒不差，故遇有結束前的空檔，可以用音樂來補充之，以免像報紙一樣開天窗。

（五）作表現時空關係

如旅遊節目赴日本或俄羅斯，則可播放當地民謠，將當地風俗民情表露無遺，故又稱現場音樂。其次，可用音樂表示不同的年代，如抗戰時期運用熱血、中國一定強等歌曲，就能使聽眾如置身於那個年代。

（六）作烘托節目熱鬧氣氛之用

廣播現場，不管有無觀眾參與，可以掌聲與笑聲來烘托節目熱鬧之氣氛，例如ICRT電臺，在進行與聽眾空中猜謎時，對於答對者常以掌聲、喝采聲等製造熱鬧氣氛，並可帶動整個節目的氣氛，使聽眾感覺熱鬧又輕鬆。

二、音樂節目的企劃與製作原則

目前在國內許多區域性電臺，紛紛奉准設立，為滿足聽眾對國語及西洋歌曲的喜愛，各電臺均開闢節目，將每週新發行的唱片專輯，作有系統的介紹。

由於流行歌曲較受年輕朋友喜歡，故以18至35歲年齡層聽眾為訴求對象，其播出時段，可依職業別為區隔，如上午為家庭主婦，下午為上班族，晚上則為學生。

以上是根據較受一般聽眾喜愛的流行歌曲來區分，但也可以包括閩南語、客家語、國語、西洋歌曲（英語）來分類。如果將範圍擴大成音樂性節目，包括古典音樂、交響曲等藝術歌曲在內，則對此一般音樂節目的企劃與製作原則，逐項分述如下：

1. 設定節目藝術價值與企業價值，找出兩者的平衡點，以求節目能

長久經營，特別對民營商業性電臺，格外重要。

2. 設計節目特色，到底是以青春氣息取勝，或是以移風易俗為號召，總要發揮節目特色，才有可能吸引聽眾。

3. 研究目標聽眾的背景、興趣及其嗜好。

4. 瞭解同時段或不同時段、同一性質節目的播出情況，所為知己知彼，百戰百勝。

5. 特別瞭解電臺音樂音響的硬體設備，是否有把握播出高水準的節目品質。

6. 掌握最新音樂有聲與文字資料，才能建立節目的權威性。

7. 安排CD唱片或專輯介紹，同一首歌曲應避免重複與密集的播出，以避免「打歌」之嫌。

8. 歌曲選播，宜有調節和變化，避免一成不變，過於單調，可參考生理時鐘狀態安排節奏快慢的歌曲。

9. 音樂演奏會中交響樂或大合唱之類的團體表演，必須事先做充分準備，包括舉辦宗旨、播出方式、現場觀眾與座位安排、秩序維持，及記者會的舉辦⋯⋯等。

10. 根據音樂演奏會方式各有不同，來決定麥克風與樂器的放置與安排，還有擴音設備，是否連最後一排觀眾都能收聽良好。然後，經過預排、試錄⋯⋯等程序，確保演奏進行之正常與完美。

三、類型電臺音樂的選擇

前面所談的是電臺單一音樂節目企劃與製作的一般原則。隨著市場日益競爭，以及電臺朝向小眾化或分眾發展，從1950年代開始，美國就出現以音樂為主的類型電臺，受到聽眾的歡迎與喜愛。

根據O'Donnel（1989）、Lull（1985）等學者專家的說法，音樂的選擇，如同節目類型一樣，必須首先考量人口統計學上的變項，以及生活方式、經濟、社會及市場需求各層的特質，故音樂的選擇在整體節目策略中，占了十分重要的地位。

以臺北國際社區廣播電臺（ICRT）爲例，等於熱門音樂的專業電臺，其實它自認爲屬於音樂類型電臺中的「成人當代」（Adult Contemporary），後來又以國際流行音樂爲標榜，該電臺的音樂與歌曲編排，由以下四個步驟來完成：

（一）電臺的分級

類型電臺音樂的編排，著重在有專業而清楚的音樂分級，在過去，ICRT爲了使主持人易於辨識，故在CD及唱片上貼黃（50年代）、紅（60年代）、綠（70年代）三種標籤，並將1980至1987年及流行歌曲交由節目主持人自由運用。現在，則一切由電腦代勞，包括音樂的選擇在內，將播出表每天由音樂總監交由值班DJ去執行。

（二）循環率的控制

前述將歌曲及音樂分級，最主要的目的，便是控制歌曲的重複性。爲了使聽眾對節目保持新鮮感，並提高聽眾對頻道的忠誠度，ICRT電臺以具體的科學方法來控制循環率，至少榜歌爲每4小時，流行歌曲爲每10小時，以避免主持人淪爲打歌工具的弊病。

（三）歌曲編排

ICRT電臺音樂總監依歌曲節奏快慢、歌曲曲風、演奏樂器之不同，加上時段的特質，作爲音樂歌曲編排的考量因素，並且用時鐘編排法，來繪出播出表，由值班DJ執行。（見圖9-1）

和大多數電臺一樣，目前ICRT電臺的歌曲已經電腦化，配合自動播出系統，該臺音樂總監負責事前將相關歌曲，按照成人當代音樂類型（adult contemporary format）選擇好各個年代的排行榜，錄進電腦，配合值班DJ播出。但其原則與作法，卻是根據當時（還沒有電腦化）設定好的時鐘圖來進行的。

1. 所有二十世紀50年代、60年代及70年代的光碟上面，貼上有顏色及數字的圓點貼紙：

    50'S — yellow（50年代—黃色標籤）

    60'S — red（60年代—紅色標籤）

70'S — green（70年代—綠色標籤）

這種作法便於視覺辨識。

2. 有關主持人選擇（DJ choice）：在第41分鐘老歌插播時段（：41 STOP SET）之後，主持人還可以播放另外一首該時期的老歌，以維持音樂的流動。通常播出的老歌，長度不超過3分鐘。

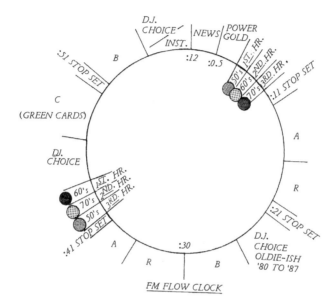

NEWS — 新聞。
POWER GOLD — 強力金曲
50'S 1ST HR. — 第一小時播出的50年代歌曲
60'S 2ND HR. — 第二小時播出的60年代歌曲
70'S 3RD HR. — 第三小時播出的70年代歌曲
：11 STOP SET — 第11分鐘老歌插播時段
：21 STOP SET — 第21分鐘老歌插播時段
：41 STOP SET — 第41分鐘老歌插播時段
：51 STOP SET — 第51分鐘老歌插播時段
各時段排行榜榜歌資料來源代號A, B, C, R：
A —America's Music Charts — 美國音樂排行榜（成人當代音樂，Adult Contemporary）
B —Billboard — 美國告示牌音樂排行榜（熱門成人當代歌曲專輯銷量，Hot Adult Contemporary Tracks）
C —Cash Box — 美國錢櫃雜誌音樂排行榜（輕音樂單曲，Easy Listening Singles）
R —RateTheMusic.com — 音樂分等網站（成人當代歌曲前十名，Adult Contemporary Top 10）

圖9-1　ICRT電臺節目時鐘編排法

資料來源：ICRT公關部。

（四）播出後評估

　　1. 定期由音樂總監及節目部相關人員共同作播出後評估。

　　2. 利用現場節目技巧，對聽眾進行收聽滿意度調查，以做爲參考。

第六節　綜藝節目的企劃與製作

　　綜藝節目，以前叫綜合節目，就是綜合藝術節目，是由特選播音員或演員在一個特定時間內，爲聽、觀眾播出的一種多采多姿的節目群。節目群就是綜合各小節目單元而構成。它類似美國的Variety Show，但又具有Advice Show的性質，可以說是Variety Show and Advice的綜合體。過去有人稱此類節目爲綜合節目，因爲早期廣播節目相當貧乏，節目只是根據其性質，加以分類爲：新聞、評論、歌曲和戲劇……等。由於無專人主持節目，又無單一節目名稱及段落與固定聽眾群，頂多播放由唱片公司提供的唱片有聲資料，一直到後來，由美國人發展出一種固定人員在固定的時間內，主持一個特定節目群的方式，並固定其節目名稱，而內容有多采多姿的固定單元，而稱之爲Variety Show，曾於1955年（民國44年）在美國國家廣播公司首創播出。

　　我國有廣播綜藝節目，乃創始於曾任中國廣播公司節目部主任的邱楠先生，在1957年10月31日，該公司推出五個綜藝節目，至今仍爲年長的聽眾所熟悉，如「早晨的公園」、「空中音樂廳」、「猜謎晚會」……等。

一、綜藝節目的特性

　　除前述有固定節目名稱、播出時間、主持人、節目長度及單元之外，尚有：

（一）以主持人而言

　　因主持人的播音特色、才華與個性，加上聽眾能與主持人面對面懇

談，備感親切，故主持人的行象易於突顯，節目自然受到聽眾熱愛。

（二）以聽眾成分而言

綜藝節目的聽眾，多屬中下階層中等知識的民眾，大部分為農民、工人、司機、家庭主婦、學生及店員……等。這個階層的民眾，占臺灣總人口的90%以上，因此綜藝節目的聽眾最多，也是最具影響力的節目。

（三）以節目內容而言

節目群內容各單元可以聽眾喜好及環境需要而加以靈活運用，甚至可做服務性工作，例如路況報導、公益活動插播、報時、報氣象、社區服務……等，既受歡迎又實惠。

（四）以製作方式而言

主持人背後，常有一組製作群進行企劃、資料蒐集、講稿撰寫、錄音訪問、音樂歌曲選播等工作，這些絕非主持人個人力量所能單獨完成。

（五）以社會流行而言

綜藝節目主持人，常領先社會潮流，極易引起聽眾的崇拜，乃至於其言行舉止，常成為社會大眾模仿的對象，極易產生廣播明星。

二、綜藝節目企劃與製作要點

1. 製作人與主持人條件。製作人除需具備一般節目製作人的條件之外，特別須具備有豐富的社會知識、節目製作經驗、多種才藝的鑑賞能力、良好的組織能力、創造力，以及擁有控制預算的操守。

   至於主持人則須具有優美的音色、豐富的播音經驗，並予人平易、親近之感，故亦須具有幽默感和輕鬆和諧。其次，須會使用語言表情，並瞭解多種才藝。第三，要能掌握時間。最後，也是最重要的，要有高度的社會責任感。

2. 瞭解設計節目的目的、聽眾需求及所期望達到的效果。

3. 針對聽眾的性別、嗜好、年齡、職業、需求及收聽廣播的習慣和生活型態等，先做具體調查，以便設計。

4. 廣泛蒐集目前社會流行的資訊與趨勢,加以掌握。

5. 依設計方向,尋找志同道合的工作夥伴,組成製作群,並依其所長,分派工作。

6. 節目內容安排,力求新穎並富變化,最好能有創意,以呈現不同風貌。

7. 慎選節目主持人,以提高節目收聽率。

8. 片頭設計要有特色,尤應選擇適當音樂,以便對節目產生推波助瀾的效果,另外,片尾音樂也不容忽視,應讓人有回味無窮、下次準時收聽的效果。

9. 片頭完,節目開始初,宜將節目大要及精彩片段向聽眾預告,以期吸引聽眾收聽。

10. 節目名稱以雅俗共賞為原則,重要在得人心、受歡迎;節目單元安排,輕重緩急,皆須注意,節目型態亦需事先多加研究,妥為設計。

11. 節目過程,宜有高潮,或所謂招牌單元,以號召聽眾並抓住聽眾口味。結尾能與開始時,互相呼應,應預告下次節目內容。

12. 節目預算編列。包括製作人、主持人、演藝人員的報酬、稿費、顧問專家車馬費、資料購置費、獎品費、郵電交通費及有關之雜支費。

13. 播出時注意事項。除需準備播出,並注意時間的控制之外,主持人的臨場應變、生花妙語、個人魅力均非常重要,但不可插科打諢或談人隱私,更應注意社會道德與政府法令。

總之,綜藝節目乃是將各類節目融為一爐的廣播節目。內容貴能靈活、多變,才會受到聽眾的喜愛。

第|九|章
思考與練習題

一、試擬一個成語教學的簡單企劃書。

二、請比較我國兩家公營電臺服務性節目之內容。

三、請比較兩家電臺（公民營均可）兒童節目之內容。

四、很多婦女都有收聽廣播，請說明製作時應注意的原則。

五、試述廣播劇的特色。

六、請試擬一齣五分鐘的迷你廣播劇劇本。

七、試述音樂節目企劃與製作的原則。

八、請收聽一家全音樂電臺，並說明其音樂節目的製作取向。

九、請試擬一個音樂節目的企劃書，並請說明為何選擇此一類型的音樂及其製作方針。

十、請舉例說明任何一家電臺綜藝節目的特色。

第九章　廣播各類節目的企劃與製作 ─

187

10

第 10 章 ▶▶▶
無線電廣播概論

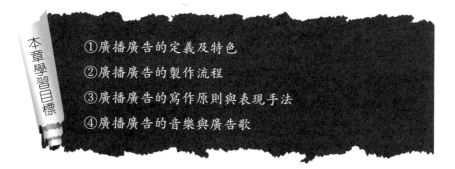

　　故前美國總統羅斯福（Franklin D. Roosevelt）曾經說過：「如果不是廣告傳播高水準的生活知識，在過去半世紀中，不可能使人們的生活水準普遍增進到高度現代化。」

　　時至今日，不僅證明廣告是美國人生活和工作的一部分，廣告事業在資本主義的歐、美、日本、臺灣蓬勃發展，甚至在實施共產主義的俄羅斯、中歐、中國大陸也亦步亦趨，隨著經濟成長而日益壯大，惟如何提升廣告水準，避免不良與不實廣告所產生的惡劣影響，是今後廣告業者及大眾傳播媒體共同的責任與未來努力的方向。

　　本章將就廣播廣告的定義、特色、功能、製作流程、寫作原則與表現手法，以及有關廣播廣告的音樂和廣告歌，分別加以說明。

🌸 第一節　廣播廣告的定義與特色

一、廣播廣告的定義

　　現行廣播電視法第2條第9款，對於廣告的涵義，做成以下的規定：「稱廣告者，指廣播、電視或播放錄影內容為推廣宣傳商品、觀念或服務者。」這與過去舊的廣播電視法所稱的廣告，只單純為推廣宣傳商品或服務，而收取報酬者的涵義，更為擴大。原因是目前已有很多所謂形象、公益廣告，不僅不是推廣宣傳產品或服務，有時候甚至大多數是不收取報酬的。

　　對於廣告，尤其商業性廣告，各國（包括我國）都有播出時間的限制，例如我國廣播電視法第31條就規定：「電臺播送廣告，不得超過總時間百分之十五。」另外，1995年修訂之「廣播節目製作規範」中，亦希望電臺所播送的廣告，應與節目明顯分開，否則會被視為是欺騙聽眾的一種行為。

　　根據前面廣告的定義，已從狹義的為廠商推廣宣傳產品，擴大為可為政治、宗教、社會福利……等團體從事觀念上的推廣。

　　對工商業界而言，無論是由於推廣產品、增加利潤，或獲得產品知名度，廣告對消費者亦可增加對新產品的認識，進而使其生活豐富與方便，對電臺而言，因廣告的播出可收取費用，故成為賴以生存的主要財源，而政府則可藉此而有稅收，因此，廣告在整體上對消費者、廠商、電臺與政府均有其貢獻。

　　廣告的產生，是因為社會大眾有需求，而廣告的製作，卻是針對人類的各種心理而設計的，例如：人類為求生存，有畏懼殘、老、病、死及天災人禍……等心理；有從眾的盲從心理；有對不明未知事物的好奇心理；有愛美、好名、好利的心理；有求知求變的心理及慈愛護幼的心理。

二、廣播廣告的特性

（一）創意為尚

廣播廣告與節目製作一樣，強調創意，尤其廣播沒有畫面，只憑聲音，包括講話、音樂與音效的組合，在短短幾十秒之內，要讓聽眾認識商品，瞭解特性，進而購買，沒有極高度的寫作、說服與音樂、音效的巧妙安排，便難以發揮它的功效，因此廣播廣告的創意，至為重要。

（二）感性訴求

聲音表達，千變萬化，它能將人類喜、怒、哀、樂等錯綜複雜的情緒，藉聲音的高、低、起、伏、強、弱等變化，適當表現出來。再配以感人的音樂、逼真的音效，常令人留下深刻的印象。這當中包括前述人類的各種心理，正中要害，無往而不利矣！

（三）重複播出

一般廣播節目，除非特殊情況，否則很少重播，但是，廣播廣告則常常反覆不停重複播出，主要乃希望藉密集的宣傳方式，加深消費者的印象，但有時弄巧成拙，變成連珠砲式的疲勞轟炸，反而造成反效果。

（四）對象特定

廣播廣告常有特定對象，例如：賢明的太太請注意，一來明白指出身分，二來表示親切之感。

（五）時間短促

廣播廣告以秒為單位計算，故其寫作方式、錄製技巧及表現型態，有別於一般廣播節目及印刷媒體。

三、廣播廣告的功能

（一）資訊性功能

消費者可藉由廣告輕易獲取產品名稱、廠牌、性能、交易處場所及價格等有關資訊，作為消費時有利於己的參考決定。

（二）勸服性功能

可激起消費者的購買慾望，甚至改變消費者原欲購買商品而改用該廣告商品的功能。

（三）生產性功能

可創造產品或服務，對消費者產生心理效用，如驕傲、安全等心理價值，從而獲得更大的滿足。

（四）藝術性與娛樂性功能

由於經過精心設計，除了期望對消費者產生勸誘作用之外，廣告本身往往也是一種藝術，而帶給大眾娛樂或戲謔的效果。

（五）教育性功能

對新開發產品而言，可藉由廣告使消費者增進該方面的知識，從而提升對該產品相關知識的瞭解。

四、廣播廣告的種類

1. 一般商品廣告：以促銷商品為目的。
2. 企業形象廣告：以提高企業聲譽為目的。
3. 社會公益廣告：以與社會大眾建立良好關係為目的。
4. 政府政令宣導：以告知民眾有關政府施政措施為目的。

五、廣播廣告的效果型態

1. 直接說明購買使用產品後的直接效果，如牙痛請服用某止痛藥，馬上見效，消除病痛。
2. 間接或暗示傳遞訊息，不談商品直接效果，如ICRT路況報導，最後DJ會提到○○汽車公司祝您行車安全……。

第二節　廣播廣告的製作流程

　　一般廣播廣告的製作流程，可分爲三大階段，即製作前階段、製作階段與後製作階段。

　　在製作前階段又可分爲創意分析、撰寫文案、廣告腳本及製作前會議四個步驟。

　　其次，所謂製作階段，則以錄音爲主。

　　最後，在後製作階段，則包括剪輯、混音、客戶認可及拷貝錄音帶四個部分。

　　從前述的製作流程，吾人可以得知，一個完美無缺的廣播廣告，絕非企業人員自己獨自閉門造車可以完成，而是需要由AE、創意、製作、文案、市場營運、媒體以及促銷宣傳等人員，共同集體創作，才能竟其功的！

一、製作前階段

（一）創意分析

　　通常，有效的創意來自良好的策略，因此，在進入文案撰寫時之前，必須要有周延的創意策略分析，其內容包括以下五個步驟：1.市場分析；2.產品分析；3.競爭者分析；4.消費者分析；及5.廣告策略。

1. 市場分析

市場分析的內容包括兩大項，即：外在環境分析與市場結構分析。

（1）外在環境分析：主要探討外在大環境的現況或趨勢，對於本產品的影響，例如民國84年底到民國85年初，中共對我國施以文攻武嚇，舉行一連串飛彈軍事演習，對正值臺灣第一次舉行總統選舉的政治、經濟及社會造成若干程度的影響，股市低迷便是一例，其次，有關流行現象的最新動態和未來發展，均在探討分析之列。

（2）市場結構分析：凡是和市場結構相關的現象，包括產業的歷史沿革、規模、生命週期與占有率的分配情況……等，皆可在此逐一條列。

2. 產品分析

產品分析的內容，則包括三大項，即：產品基本資料、產品行銷組合，以及產品推廣組合。

（1）產品基本資料：舉凡產品的成分、包裝、容量、價格、顏色、容器材質……等，均屬之。

（2）產品行銷組合：分析該產品過去採行的4P（Product, Promotion, Price, Place）策略。

（3）產品推廣組合：瞭解本產品曾使用4P中哪一種推廣工具，並針對其知名度、偏好度、理解度……等之成效，加以評估。

3. 競爭者分析

找出主要競爭對手，根據自己確定好的標準，依照產品分析的步驟，就其基本資料、行銷組合與推廣組合等，逐項加以分析。

4. 消費者分析

除對產品現有或潛在消費者作出正確區隔外，並針對商品價值何在？購買計畫以及購買之情形如何？消費者嗜好情形如何？以何種階層為訴求對象？對同類產品認知、態度改變、學習與記憶過程為何？來加以分析。

5. 廣告策略

廣播廣告的廣告策略，著重在：目標市場、廣告目標、產品定位、承諾與支持點，以及創意策略。

（1）目標市場：列舉項目包括目標消費者的基本特性、媒體接觸習慣和較易接受的廣告訴求方式。

（2）廣告目標：至少應包括以下三個元素，提供給代理商與客戶之間的溝通、策略擬定的依據及日後評估的標準：①時間的限制；②具體可評估的指標；③有關銷售、消費行為改變或傳播溝通的問題等。

（3）產品定位：根據前四項對於市場、產品、競爭對手及消費者的分析之後，便可找出本產品最主要的特性與利益，然後用一句話將它描述出來，就是所謂的產品定位，有了定位，產品才具備競爭力和市場存活的利基。

（4）承諾與支持點：廣告的目的，在告訴消費者產品的價值何在，消費此一產品有何好處，它的關鍵，是將產品定位轉換成消費者的語言，作出前述的語言描述。而支持點則是列舉足以支持廣告承諾商品特性和功能。

（5）創意策略：如何將創意表現，正確地傳達廣告的目的，有賴創意策略的擬定。

（二）撰寫文案

有效的傳播，第一要引起注意，尤其廣播廣告，往往在短短的5秒或8秒之內，便要讓聽眾注意收聽這個廣告，或決定是否繼續收聽下去。因此，寫作技巧至為重要（下一節詳述）。其次，廣告腳本的字數，也要配合廣告的時間，例如：

- ‧10秒：20至50個字。
- ‧20秒：40至45個字。
- ‧30秒：60至70個字。
- ‧60秒：125至140個字。

（三）廣告腳本

廣播廣告的缺點，是只有聲音，沒有畫面，故對於產品的具體形態表現較為困難，但也由於這個缺點，反而可以給與聽眾無限的想像空間，任由聽眾自己建立個人心目中的影像世界，其效果有時還比視覺媒體效果更好。

在廣告腳本的表現手法中，最常見的有以下幾類（詳細內容於下一節另述）：直述式、問答或對話式、歌唱音樂式、分析式、感性式、意識流及音響效果式等。

（四）製作前會議

前述三個步驟，包括創意分析（含調查結果）、撰寫文案與廣告腳本，交付製作會議，由會中各部門代表，根據其中的廣告目標、廣告主題、表現方式及技術等，加以檢討，若無違背既定的作業方向時，然後才可以開始正式製作。

二、製作階段

本階段以錄音為主，即根據前面以撰寫好的文案及廣告腳本，交由屬於節目部或製作部之工程配音人員，按照文稿或腳本所需的對白或音樂及音效部分，分門別類，尋找適當表演人員、音樂CD卡帶或音效唱片，依其需要，在規定的時間內，一一在錄音室錄妥。

三、後製作階段

此階段的主要工作，包括剪輯、混音、客戶認可及拷貝錄音帶四個部分。

（一）剪輯

所謂剪輯是指廣播錄音帶的一個處理過程，由素材選擇、增刪、編排、過帶，使聲音播放完美。

基本上，一個廣播廣告，也如同節目般，將音樂、聲音以及音效混合在一起，透過並利用混音盤的控制，將前述的訊號加以編輯，進而組成一個完成品的一個過程。

例如：由於廣告腳本的修改，其背景音樂由原來的俱樂部，改為咖啡廳，整個氣氛為之改變。故需要利用錄音帶剪接鋁板來剪接需要更動之音樂或效果帶的起訖點，及其前後的引導帶。其剪接方式，根據國內音效專家唐林表示，將需剪接的兩段音樂或效果之引導帶（指第一段音樂或效果的後端引導帶與第二段音樂或效果的前端引導帶），重疊在剪接鋁板之90度的直線小裂口上，以不會產生磁場的刀片，順著裂口將錄音帶切斷，再以專業膠帶貼於接合處，使之密合。倘若膠帶與錄音帶寬度不同時，則需

順著錄音帶兩邊的邊緣修剪，始告完成。

　　假如需要在兩段同一盤式錄音帶剪接聲音，傳統的方式是在兩段音樂或效果重疊剪接時，不用剪接鋁板，直接在手指上銜接面帶，並貼上膠帶，惟此一方法需要技術熟練者，才能勝任。

　　一般較正式的作法是：先在放音頭上反覆挪動錄音帶找出音節尾音，並以黃色或白色蠟筆，作上記號後切開，然後讓帶子走動到欲銜接音節的第一個音，緊接著在放音頭上反覆挪動，確定第一個音之位置，並於其前作上記號。最後，將盤式錄音帶上前後兩個記號，疊在45度或60度的斜線小缺口（以斜線剪接，聲音較爲平順），切開後，再以膠帶密合，剪接即告完成，此過程如圖10-1所示。

　　剪接的功用，除前述可插入記錄性眞實音效及黏貼導帶外，並可將磁帶上的錯誤消除，也可修補破損的磁帶，並可將長鬆的節目或廣告修得緊湊。

　　另外，在剪輯的過程中，也需要以過錄的方式，替代剪接，其好處是可以使操作簡便，同時還可以將兩種以上的音源混在一起，但是由於過錄次數多就與拷貝的情形一樣，會減低原來的效果，因此，盡可能得在一次

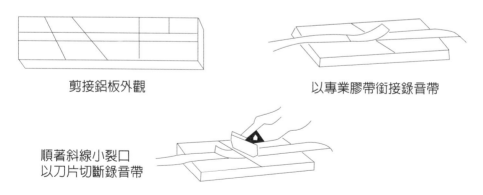

剪接鋁板外觀　　　　　　　　以專業膠帶銜接錄音帶

順著斜線小裂口
以刀片切斷錄音帶

圖10-1　廣播錄音帶剪輯法

資料來源：唐林編著，電視音效與實務，1992年增訂版，臺北，中視文化事業股份
　　　　　有限公司。頁172-173。（另參考TV Sound Operation-Glyn Alkin-Focal
　　　　　Press, pp.130-131）

過錄中，完成多項工作，例如：一次過錄就把所有的襯底音樂完成。

（二）混音

所謂混音，即利用多軌道的錄音設備，將預先錄製完妥的三條聲帶（演員對白、音樂及音效），同步合聲於一條軌道之上。

多頻道錄音一般的型式有4軌、8軌、16軌、26軌和32軌。其中以16軌屬高品質錄音中所常用的。

多軌錄音的好處，在錄製例如樂器合奏時，可獨立錄在一軌，在混音時，它的音量卻可做高低的調節，故可提供配音人員較大的彈性與控制力。

當合聲完成妥當之後，廣播廣告的處理算是大功告成了！

（三）客戶認可

由電臺廣告、製作及宣傳部門與廣告主，根據文案及廣告腳本中的文稿對白、演員、音樂、表現細節，與錄妥的成品帶核對，包括商品名稱、價格、估價單等，有否不符合之處，若一切符合，則由廣告客戶簽收認可，便可依照安排檔次播出。

（四）拷貝錄音帶

由廣告（業務）部門監督協調，交由工程部（或製作部）執行，以確保其時效與品質。

圖10-2便是廣播廣告製作的流程圖。

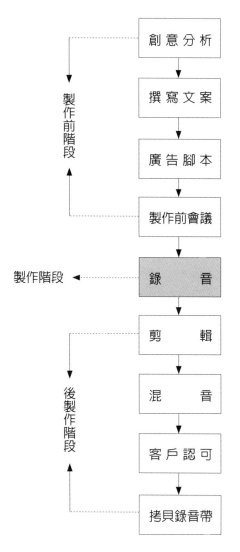

圖10-2　廣播廣告製作的流程圖

第三節　廣播廣告的寫作原則與表現手法

一、廣播廣告的寫作原則

（一）突出主題

所謂主題，就是一個中心觀念，廣播廣告的時間雖短，但彼此都很競爭，爲了要讓聽眾留下深刻的印象，必須讓廣告主題十分地突出。

（二）集中目標

一個商品，最好只將力量集中在一個焦點，由於目標顯著，才不會分散聽眾的注意力。

（三）把握目的

廣告爲求效果，必須設有目的，若是無的放矢，必然一無所獲。

（四）針對個人

廣播雖爲大眾媒體，但文案寫作的語氣，卻要對個人講話，例如用「您」，永遠比用「您們」來的親切。

（五）忠實描述

根據消費者心理，將使用產品後的心得，忠實的加以描述，若一昧運用美麗辭藻堆砌的言語，並不實惠。

（六）輕鬆幽默

輕鬆貴能自然，幽默中有親切，如此才能吸引聽眾的興趣與喜愛。

（七）提示商標

商標是廣告中重要的一環，如何讓聽眾牢牢記住商標，進而消費或付諸行動，可採在廣告播出一開始或最後結束前播報出來，一般而言，在中段報出商標的情形不多。

（八）適當重複

爲加深聽眾印象，可用重複技巧，但不宜在一分鐘內有三次的重複，如此會干擾聽眾，而招致反效果。

（九）注意音韻

由於廣播是說給人聽的，所以對於廣告文案中的字句和音韻，都要講究。例如：

1. 字句必須簡短有力。
2. 多用習慣用語，或所謂的歇後語，如臺語之「一兼二顧，摸蛤兼洗褲」，就很傳神，又親切。

（十）巧用間歇

適當讓聽眾的間歇有所變化，可讓聽眾的印象加深，例如在這沉悶的間歇中，可以暗示增加緊張的氣氛和效果。

二、廣播廣告的表現手法

（一）直述式

由播音員直接將廣告內容念出來。

（例）

某家補習班廣告（兩家連鎖）：

○○ ●● 師資超強，享譽全國，

○○ ●● 耗資千萬，設備現代化。

○○ ●● 金字招牌，值得信賴！

（二）問答或對話式

運用一問一答，將商品名稱帶出，或互相對話，表現廣告訴求重點。

（例）

某唱片公司發型流行四十五第六輯廣告：

對白

甲：一、二、一、二……。

乙：咦，你在幹什麼？

甲：我在聽新的流行四十五。

乙：啊？又來啦？

甲：喲、嘿、哈……。

乙：咦，比以前更像了。

甲：太誇張囉！

乙：還是用數位錄音喲！

甲、乙：哎呀！好過癮喔……。

旁白

流行四十五第六輯，○○ 唱片發行

甲、乙：又來啦！

（三）歌唱、音樂式

　　將廣告內容編成押韻好記的歌詞，或套用現在流行的歌曲、大家都知道的民謠，或重新配曲，而成所謂的廣告歌曲。例如民國84年底、85年初，某汽車公司推出諧音你愛他款型轎車，便套用並改寫張學友所主唱的一首流行歌曲「擁有」，頓時在廣電媒體流行，而人們也能朗朗上口。

（四）分析式

　　用邏輯推理式，分項介紹或解說商品的特色或優點，以增強聽眾印象。

（例）

1988年間，有一家以地理為標榜的雜誌問世，其廣告詞如下：

中國的國家地理雜誌—○○誕生了！

因為○○，我踏遍萬里長城，

我橫越西伯利亞，

我深入非洲草原，

○○地理雜誌，帶你走入

更深刻的中國，更廣闊的世界。

試閱電話：○○○，○○○○。

（五）感性式

有些化妝品，強調美感，再配上優美的音樂，就很容易打動消費者的心。

（例）

香是無聲的問候語，

香是看不見的美，

當您與別人靠近時，微微清香，

更是一種禮貌。

○○○清新花露，比香水淡雅，

比古龍水清爽。○○○清新花露，散發淡淡的自然清香，

恰如其分的襯托出您的爽朗、清新。

○○○清新花露，fresh Kolon。

（六）意識流

強調感覺，一種對產品發出的親膩感覺，故廣告本身刻意營造一種神祕且浪漫的境界和氣氛，讓消費者只憑一時感覺就去購買。這就是某一廠牌口香糖產品○○○所創造的意識型態廣告。

（例）

旁白

與你的潛意識密談，

橘色○○○，

夢的解析家。

（七）音響效果式

利用各種不同高科技所創造出來的音響，經過混合變化，也能設計出效果不錯又有創意的廣告。

（例）

多年以前，某廠牌雷射音響問世，便以交響樂澎湃的氣勢來表現雷射音響的音質完好。加上廣告旁白，給人一種臨場的震撼感。

旁白

超越時空，視聽新感受，

○○○○Hi Fi雷射音響。

○○○家電，獨創視聽多重組合，現代新貴。

○○○原裝進口，○○○Hi Fi雷射音響組合。

不管廣播廣告的製作技巧有多麼純熟，音樂選曲多麼優美恰當，音響效果做得多麼逼真，任何廣告都必須遵守以下五個原則：

1. 廣告內容必須真實而且合理，如此播出結果，才能得到大家的信賴。

2. 播出結果得到大家的信賴。

3. 比較性廣告，必須有具體事物做為依據，否則不得對其他產品做出不公正的貶抑。

4. 廣告的重點，需予以有效表達，令人對商品、服務或觀念，有明確且難忘的理解。

5. 商品的品質或優點，必須盡力使得受廣告所影響的對象認為重要。

當然，國內仍有少數廣告，被主管機關國家通訊傳播委員會或公平交易委員會，認為誇大、不實者，特別是一些強調「療效」的所謂「健康食品」，常不按照衛生單位審查通過的廣告文稿播出，不是擅自更改內容，就是擴大解釋詞義，其目的就是想要達到「廣告效果」，但卻經常被舉發為誇大不實的廣告。相信隨著法令之周全、商業道德之提升，以及社會大眾教育水準之普及，會逐漸改善前述不正常的現象。

✵ 第四節 廣播廣告的音樂與廣告歌

廣告為吸引聽眾，達到宣傳的目的，不僅在文案寫作上，要能打動人心，使人印象深刻，更必須要用活生生的、悅耳的聲音，因此所找來配音

人員的音質、語調，也要千挑萬選，而且就是音樂的配合，也要在節奏和旋律的製作上，除期能激發收聽者的想像力之外，更重要的，是能夠達到明朗、愉快的訴求效果。

一、廣告音樂

（一）廣告音樂的功能

音樂有助於廣告基本氣氛的建立及其環境的說明。例如：以懷舊為訴求重點的廣告，則可以選用老歌來搭配。在這種情況之下，音樂是傳遞訊息的捷徑，因為利用音樂來交代時代背景，要比只是單單播報廣告詞，效果來得大。

音樂雖對基調的建立及訊息的增強十分有效，但千萬不能濫用，因為過度的強調音樂，有時會喧賓奪主，搶走訊息的地位，就如同電視廣告，以美女促銷汽車，結果觀眾只注意美女，卻忽略主要產品——汽車的廣告訊息。

（二）廣告音樂的來源

另外，廣告中使用的音樂，通常有三個來源：

1. 向音樂版權的所有者，購買曲調的使用。
2. 音樂圖書館。這些唱片或錄音帶是專為廣播及播放背景音樂而錄製的，由於它們分類很清楚，故取用曲子相當方便。
3. 自行作曲。由廣告商或製作人聘請作曲家寫一首原創曲。

二、廣告歌

製作廣告歌時，要注意以下五個原則：

1. 應使聽眾容易記憶。
2. 旋律與歌詞應使人有強烈印象，並引起共鳴。
3. 應能讓聽眾聽得清楚。
4. 須有獨特的個性。
5. 因訴求對象不同，應選擇適當的歌曲表現歌唱者。

因此，在譜曲時要講究通俗，通俗才能普遍化。其次，要有創意，有創意才能使廣告有個性，才能令聽眾留下深刻的印象。

最後，在填詞時，應簡明淺顯，最好是口語化，但淺顯並不是通俗，應是詞句優雅，並且是屬於目標受眾的生活語言。

以下是幾首比較流行的廣告歌，從這些廣告歌裡，可以看出它為什麼易於流行，為什麼能歷久不衰。

（範例）

綠油精

綠油精，綠油精，爸爸愛用綠油精，

哥哥姐姐妹妹都愛綠油精，氣味清香綠油精。

大同公司

大同大同國貨好，大同電視最可靠，

大同冰箱式樣新，電扇電鍋洗衣機，

家家歡喜，人人愛，品質優秀最老牌，

大同大同服務好，大同冰箱最可靠。

安賜百樂

滴答滴答滴答滴　時鐘敲

滴答滴答滴答滴　春天到

小鳥兒吱喳吱喳　歌聲響亮

朵朵的美麗花蕾爭開放

充沛活力請用　ASPALA

安賜百樂　安賜百樂　ASPALA

平安健康是　ASPALA　喔

第 | 十 | 章
思考與練習題

一、試述廣播廣告的定義及其特色。

二、試舉三種不同種類的廣播廣告，並說明其播出效果。

三、廣告創意如何發想？如何進行設計？

四、如何擬定一個完善的廣播廣告策略？應注意哪些事項？

五、廣播稿告的寫作原則為何？

六、試擬一個二十秒的問答或對話式廣播廣告腳本。

七、試述廣告音樂的功能。

八、試舉一個能朗朗上口的廣告歌例子。

第 11 章 ▶▶▶

廣播節目與廣告製作法規

本章學習目標

①瞭解廣播節目製作相關法規

②瞭解廣播廣告製作相關法規

　　談到廣播媒體要受到政府有關法令的限制，以傳播事業的先進國家——美國爲例，儘管美國憲法第一修正法案明訂在任何情況之下，政府都不得制訂法律對言論自由加以限制，以及聯邦傳播法案第326條規定，嚴禁節目檢察制度。但是，美國最高法院卻在1978年對「MGLD—FM」電臺（美國聯播傳播委員會對太平洋基金會）的判例中，對播出「不雅」對白加以制裁，並界定所謂的「七個髒字」。

　　本案緣起於1973年10月30日下午2時，美國太平洋基金會旗下的MGLD調頻電臺，播放節目主持人喬治・卡林在夜總會節目中取笑常見不雅及粗俗用字的錄音帶，聯邦傳播委員會認爲他們有權宣告這種節目內容涉及猥褻，同時違反其相關規定。最高法院對聯邦傳播委員會的意見予以認可，對該電臺處以2千美金的罰款。

　　美國最高法院所持的理由是，憲法第一修正法案絕對禁

止不雅言論的公開播出，而喬治・卡林的獨白確屬不雅，因為他違反了當前社會的道德標準。第二，比起其他的傳播媒體，廣播與電視深入民眾的日常生活之中，而內容卻無法事先被家庭加以防範，尤其是對那些尚不識字的兒童們影響更大。該節目播出的時段又是兒童在家的下午，該節目的播出顯然不適合兒童收聽。

其次，由於工商業發達，社會更趨進步，經濟組織型態也日趨複雜，因此，企業廠商乃藉大眾傳播媒體，以最經濟的方法，將生產者的商品有關訊息，傳達到最多數的消費者身上，故廣告的效用因而顯著的發生，另一方面，廣告遂成為傳播媒體的主要收入來源。

廣告具有資料性、勸服性、生產性、藝術性與娛樂性等功能，對人類社會貢獻頗大，但是，廣告──尤其虛偽不時的廣告，不但對社會來說是不道德的，損害消費者利益，亦影響到社會公平正義法則，故就廣告之倫理，不但須以法律加以規範，新聞業者亦訂有廣告規約，做為判斷廣告取捨的標準。

🌀 第一節　節目製作部分

基本上，廣播節目是一種藝術創作，利用聲音的特性，呈現談話、音樂及音效之美，提供聽眾知性與感性的需求。從節目上所需的題材與素材，經過主持人、製作人的精心組合之後，就製作出受人歡迎的節目與新聞資訊。

但是，節目製作的靈感或構想，儘管可以海闊天空，變幻莫測，但是，也不能任憑你喜歡做什麼就做什麼、高興講什麼就講什麼的，所謂新新人類時下的流行語：「只要我喜歡，有什麼不可以？」在廣播節目製作上，便不是如此了！因為廣播是大眾媒體，影響社會民心、社會善良風俗至鉅，故國家的政策、社會的傳統、大眾的喜愛，以及道德的標準，或多或少，都形成一種外在的約束，這也就是節目製作的規範，也是廣播善盡

社會責任的一種表現。以下謹就政府的法令、同業共守的規定，以及電臺本身所訂立的自律標準等，來做一概略說明。

一、政府法令

我國政府對於廣播電視節目加以防範的法令有三，其一為1976年（民國65年）1月8日頒布、並於100年6月修正的「廣播電視法」，其二為行政院新聞局於1976年12月30日發布、並於2010年8月16日由國家通訊傳播委員會最後修正的「廣播電視法施行細則」，其三為行政院新聞局於1977年9月20日發布、並於1995年修正的「廣播電視節目規範」。前兩者都是原則性的規定，後者則屬細節性的規定。

（一）廣播電視法

廣播電視法中的第三章「節目管理」，從第16到第29條，都是有關節目管理的規定。

1. 第16條規定，廣播電視節目分為新聞及政令宣導、教育文化、公共服務與大眾娛樂等四類節目。

2. 第17條規定，前三類節目之播放時間所占每週總時間，廣播電臺不得少於45%。

3. 第19條規定，電臺自製節目不得少於70%。

4. 第20條原定，電臺對國內廣播語言應以國語為主，方言應逐年減少；其所應占比率，由新聞局視實際需要訂之。惟國內自解嚴以後，政府認為已無必要對方言節目予以限制，故予刪除。

5. 第21條列舉節目內容不得違反的六項禁忌，應由各電臺節目製作及主持人等所遵守：

　（1）損害國家利益或民族尊嚴。

　（2）違背反共復國國策或政府法令。

　（3）煽惑他人犯罪或違背法令。

　（4）傷害兒童身心健康。

　（5）妨害公共秩序或善良風俗。

（6）散布謠言、邪說或混淆視聽。

6. 第24條規定，廣播評論社及他人或機關、團體，致損害其權益時，被評論者，如要求給予相等之答辯機會，不得拒絕。

7. 第25條規定，電臺播送節目除新聞外，主管機關均得審查。

8. 第28及29條規定，節目輸入輸出均應經主管機關許可。

以上規定，若有違反，則依該法中罰則之條文，處分電臺。

（二）廣播電視法施行細則

至於廣播電視法施行細則中與節目有關的條文為：

1. 第22至第29條，而與節目製作關係最密切者，則為第13至第16條有關新聞、教育文化、公共服務、大眾娛樂節目的定義與標準，可供製作人及主持人之參考。

2. 第23條針對該法第16條第1款所謂「新聞節目」所訂的標準為「包括新聞之報導、分析及實況轉播；所稱政令宣導節目，係指有關政府措施與成果之介紹事項。前項節目內容均應客觀、公正、確實、完整，並不得具有廣告性質。」

3. 第23條針對該法第16條第2款的規定所稱之「教育文化節目」定標準如下：

（1）配合社會需要增進國民知識。

（2）闡揚科學新知，指導各種職業技能。

（3）介紹有關生活素養、公共道德、體育、衛生及家事知識，宣導法令觀念和禮讓精神，以協助生活教育及倫理教育。

（4）充實史地知識，闡揚固有文化，激發民族精神及國家意識。

（5）評介文學、音樂、美術、戲劇與舞蹈等節目，以陶冶國民性情，提高鑑賞能力。

（6）依教育法令之規定，製作空中教學或輔助教學。

4. 第24條針對該法第16條第3款規定所稱之「公共服務性節目」訂定標準如下：

（1）以義務播送原則，並對涉及公益之重大問題，予以圓滿答覆。

（2）在播送時間內，每4小時至少報告氣象、時刻一次，電視電臺並應於每一整點報時一次，，均以主管機關所提供之資料為準。

（3）遇有天然災害、緊急事故時，應隨時插播，並報導必要之應變措施。

5. 第25條則針對該法第16條第4款規定所稱之「大眾娛樂節目」，係指前述三類以外之節目，包括唱歌、音樂、戲劇、小說、故事、笑話、猜謎、舞蹈、技藝、綜藝及其他以娛樂為內容的表演。

6. 第28條規定，具有特種任務或為專業性之電臺所播送特種或專業節目之時間；應占60%以上，其他各類節目時間之比率，由電臺自行訂定後，附具詳細理由及施行期限，送請本會核定後實施。

7. 第29條對於節目審查的規定。

（三）**廣播節目製作規範**

廣播節目製作規範（行政院新聞局民國84年2月14日修定）裡面的每一條規定，都與廣播節目的製作有密切的關係，必須為製作人所特別注意。

第一章節目製作的一般原則，茲說明如下：

1. 主題與內容

（1）不違背國策，不觸犯法令。

（2）不傳播危害國家安全或社會安定之內容。

（3）不影響民心士氣或國內外同胞之團結。

（4）不煽動群眾從事非法活動。

（5）不強調種族歧視、性別歧視、宗教歧視、地域觀念、貧富對立。

（6）不妨害公序良俗，不渲染社會黑暗面。

（7）對各種犯罪過程不做細節描述

（8）對人格職業之尊嚴應給予尊重，不可故意戲弄、歧視或汙衊。

（9）不故意貶抑或嘲笑殘障者或精神病患。

（10）不侵犯無關社會公益之個人隱私。

（11）涉及性關係之情結，應避免低俗誨淫。

（12）節目內容涉及眞實事件應確實查證，以避免誤導。

（13）模仿播送新聞或號外內容，應避免引起讀者誤會或虛驚。

2. 節目與廣告

（1）電臺所播送的廣告，應與節目明顯分開。

（2）節目名稱及主持人姓名（藝名），不得與提供廣告之廠商名稱、產品名稱或廠商負責人姓名有任何連帶關係。

3. 贈獎方式與獎品

節目主持人宣布贈獎的方式或獎品時，不強調其特性功能及價格。

第二章關於節目製作的特定原則，針對教育文化、公共服務、醫療衛生、兒童、戲劇、綜藝、競賽與智益，以及現場電話直播節目等等八種，茲引述其中三種爭議性較大的節目，加以說明：

1. 醫療衛生節目

過去，國內一般民營電臺最引人詬病的，即是在節目中播送大量的醫藥廣告，甚至有「節目廣告化」的現象，其方式為主持人常以服務電話送藥的方式，為廠商宣傳藥物廣告，並爲達到宣傳效果，常在節目進行當中，不知不覺扯到廣告的內容，致使節目與廣告未能明顯分開。因此本規範規定：

（1）節目涉及醫療衛生者，應以普及國民醫療衛生常識爲主導，其內容應有醫學根據。

（2）節目中述及醫療衛生者，其主講人應具有相關醫事人員資格，並不得提示用藥之具體建議及處方。

（3）節目內容中不得販賣藥品。

（4）節目進行中述及醫療衛生者，不得依聽眾來信、電話等等方式直接進行診斷治療。

2. 競賽、益智節目

節目中之競賽遊戲不得以投機取巧的方式處理，以免養成聽眾不勞而獲的僥倖心理，因此贈獎之對象為：

（1）遊戲獲勝者。

（2）猜謎答中者。

（3）問答答對者。

（4）比賽優勝者。

其次，藥品、菸酒不得做為贈品或獎品

3. 現場電話直播節目

此類節目為國內近年廣播頻道開放後新興熱門節目，尤其每逢選舉期間，因討論政治性議題，而曾產生鼓動群眾，主持人與打電話進來之聽眾吵架……等等之情形，本規範規定：

（1）對於消息來源應確實查證，以避免誤導或鼓動群眾。

（2）節目中應避免造成毀謗、人身攻擊及侵害個人隱私權。

（3）節目中不得口出穢言。

（4）節目中不得有性暗示用語，應避免造成性騷擾。

（四）《刑法》的規定

除了廣播電視法及其施行細則與廣播電視節目製作規範之外，如前述有關毀謗之規定，在廣播電視法雖無明文規定，但是刑法第310條、311條及312條卻有相關之規定。

我國與情色資訊管制有關的法律相當多，其中最受矚目的莫過於《刑法》第235條。

《刑法》第235條規定：「散布、播送或販賣猥褻之文字、圖畫、聲音、影像或其他物品，或公然陳列，或以他法供人觀賞、聽閱者，處二年以下有期徒刑、拘役或科或併科三萬元以下罰金。

意圖散播、播送、販賣而製造、持有前項文字、圖畫、聲音、影像及其附著物或其他物品者，亦同。

前二項之文字、圖畫、聲音或影像之附著物及物品，不問屬於犯人與

否，沒收之。」

《刑法》第235條曾經引發法律侵害了憲法言論自由與出版自由條款的違憲訴訟。司法院大法官會議在釋字第407號解釋文指出：「威脅出版品，乃指一切在客觀上，足以刺激或滿足性慾，並引起普通一般人羞恥或厭惡而侵害性的道德感情，有礙於社會風化之出版品而言。猥褻出版品與藝術性、醫學性、教育性等出版品之區別，應就出版品整體之特性及其目的而為觀察，並依當時之社會一般觀念定之。又有關風化之觀念，常隨社會發展、風俗變異而有所不同，主管機關所為釋示，自不能一成不變，應基於尊重憲法保障人民言論出版自由之本旨，兼顧善良風俗及青少年身心健康之維護，隨時檢討改進。」

司法院大法官會議在釋字第617號解釋文也認定該法條並未違憲：並且特別指出：「為貫徹憲法第十一條保障人民言論及出版自由之本旨，除為維護社會多數共通之性價值失序所必要而得以法律加以限制者外，仍應對少數性文化族群依其性道德感情與對社會風化之認知而形諸為性言論表現或性資訊流通者，予以保障。」

該解釋文的理由書也指出：「憲法第十一條保障人民之言論及出版自由，旨在確保意見之自由流通，使人民有取得充分資訊及實現自我之機會。性言論之表現與性資訊之流通，不問是否出於營利之目的，亦應受上開憲法對言論及出版自由之保障。惟憲法對言論及出版自由之保障並非絕對，應依其性質而有不同之保護範疇及限制之準則，國家於符合憲法第二十三條規定意旨之範圍內，得以法律明確規定對之予以適當之限制。」

由上可知，我國的大法官會議傾向認為情色資訊可以享有憲法對於表意自由的保障，不過政府仍得以予以適當限制。

（五）《兒童及少年性交易防制條例》的規定

2007年7月4日修正通過之《兒童及少年性交易防制條例》，關於情色資訊的禁止與處分，主要規定在該法第29條與第33條。前者處罰業者，後者則處罰傳播媒體。

第29條：「以廣告物、出版品、廣播、電視、電子訊號、電腦網路

或其他媒體，散布、播送或刊登足以引誘、媒介、暗示或其他促使人爲性交易之訊息者，處五年以下有期徒刑，得併科一百萬元以下罰金。」

《兒童及少年性交易防制條例》針對可能促使性交易的色情資訊，明文禁止其出現在傳播媒體，進而針對未成年的兒童及少年加以保護，這主要體現在該法的第27條與第28條，對於兒童及少年的性交易與猥褻影像與圖片，給予最周延的保護，包括拍攝、製作、散布、買賣、持有未成年人的性交或威脅行爲的影像與圖片，都將遭到處罰，藉此讓兒童及少年不會受到色情的剝削。

在網路盛行的當代，任何人在下載影音資訊都要更加留意，以免不小心下載了前述資料，觸犯法條；如果順手把這些資料轉傳給其他網友，更會招來徒刑與高額罰金；萬一下載後自行剪輯並燒錄成光碟，則刑責更重。

（六）《兒童及少年福利與權益保障法》的規定

立法院2011年11月10日三讀修正通過「兒童及少年福利與權益保障法」，明定媒體不可報導、記載侵權事件當事人及關係人的姓名，違者最高可罰新臺幣30萬元。這項規定是依據《兒童及少年福利法》第41條第1項之規定：「宣傳品、出版品、廣播電視、電腦網路或其他媒體不得報導或記載遭受第三十條或第三十六條第一項各款行爲兒童及少年之姓名或其他足以識別身分之資訊。」因此電視新聞提及具有這些身分的兒童時，要特別留意，除了不可標識其姓名之外，臉部還需要加上馬賽克，說話也需經變音處理，否則即有觸法之虞。

第44條規定，平面媒體不得報導描述（繪）犯罪、施用毒品、自殺行爲、暴力、血腥、色情、猥褻、強制性交細節之文字或圖片之條文，因涉及描述尺度，曾引發激烈討論。最後通過的條文規定，不得過度描述性交、猥褻、自殺、施用毒品、血腥與色情細節，但報導若爲引用司法或行政機關公開文書，而爲適當之處理者，不在此限。

至於「過度」與否，由報業商業同業公會訂定自律規範與機制，公會應於3個月之內作出處置，如不改善最高可罰鍰15萬元。

其次，在製作節目時，亦應注意在音樂、廣播稿與文學作品及新聞報導方面，要避免有關著作權之糾紛。目前已有許多電臺與中華民國著作權人協會簽約，約定電臺每播一首歌曲，應支付該協會新臺幣3.5元，再由協會將所收支款項分配給予各音樂著作之著作權人，另外，尚有其他音樂、歌曲、唱片製作……等等著作權人或團體主張著作權，但目前著作權仲介團體條例尚未完成立法，故各電臺仍在觀望或協商當中。

二、廣播同業間共守的節目規範

以美國為例，早於1929年便曾由廣播人協會定立廣播規範，後幾經修訂，成為現行的規範，其中對於新聞節目、服務節目、教育文化節目、宗教節目、戲劇節目、兒童節目等等，都各列專章，指出在製作時應遵循的標準，另有一般性準則，供各種節目共同遵守。

但是，美國廣播人協會乃屬工會性質，各廣播電臺是否加入，任憑自由決定，不過，即使是該協會會員，也要簽屬志願書才受有關規範的約束。

在我國則以臺北市新聞評議委員會於1974年6月29日通過，及中華民國新聞評議委員會於1974年9月1日修正通過之「中華民國無現電廣播道德規範」，為廣播同業間共守之範本，共有道德信條七項，包括一般準則、新聞節目、教育節目、音樂及戲劇、一般娛樂節目、廣告與公共服務。由於篇幅限制，僅將其一般準則及新聞節目摘錄如下：

（一）一般準則

1. 無線電廣播不僅宜以經營一般企業之精神從事，而且亦應歸之為社會公器，故當以公共利益為前提，不把少數個人或團體之利害當作優先考慮之根據，尤不得以種族、宗教、性別及殘廢者之特殊情況為譏刺嘲笑之對象。

2. 廣播從業員之知識程度及談吐修養宜不斷提高，並鼓勵其繼續研究及進修，俾得真正為聽眾之表率。

3. 廣播內容應在報導、評論、教育及娛樂等方面力求平衡。

4. 凡節目內容涉及法律、醫藥及科技等等專門性知識者，應力求謹慎及正確。

5. 節目之主題應以符合中國倫理道德及鼓勵聽眾奮發向上為鵠的，舉凡悖逆倫常、僥倖投機、反常心理及違背科學精神之意識，均應儘量避免。

（二）**新聞節目**

1. 廣播新聞之報導應力求正確、迅速與翔實，俾充分發揮廣播媒介之特性。

2. 廣播新聞除定時播報之外，並應每日至少以二段較長的時間，將國內大事做背景之分析與完整的報導。

3. 未經證實之消息或危害治安、有傷風化之一切言論及新聞不得播出。

4. 新聞節目係廣播電臺對聽眾無條件服務，不得受廣告客戶之影響，以保持其獨立性。

5. 廣播新聞應避免侵犯個人隱私權及毀謗名譽。

6. 廣播之新聞遇有爭議與正反意見之不同，應做完整與平衡之陳述。

7. 新聞來源應守秘密，為記者之權利，請勿發表或暫緩發表之新聞應守協議。

三、各廣播電臺的節目規範

至於各廣播電臺，有的亦會訂定節目製作規範，作為節目製作人和主持人遵守之依據。

第二節　廣告製作部分

廣播廣告如同節目，均為聽眾所收聽的一部分，好的廣告，聽眾亦樂

於收聽，否則以轉臺或上洗手間待之。

廣播廣告是商業性民營電臺主要的生存來源，惟其不但影響大眾的思想與情緒，甚至購買行為，與聽眾時間和金錢，息息相關，故在製作與處理上，均有受有關法令的適當要求與約束。

一、政府法令

（一）廣播電視法

廣播電視法第四章從第30至第35條，均有關廣告管理的規定，茲分述如下：

1. 第30條規定，民營電臺具有商業性質者，得播送廣告，其餘電臺，非經新聞局許可，不得為之。

2. 第31條規定，電臺播送廣告，不得超過總時間的15%。有關新聞及政令宣導節目，播送的方式及內容不得委託播送廣告的廠商提供，又廣告應於節目前後播出，不得於節目中間插播，但節目時間達半小時者，得插播一次或兩次，廣告播送的方式與每一時段之數量分配，由主管機關定之。

3. 第32條規定，同法第21條及第26條之一第2項有關之節目內容不得違反的規定，也適用於廣告。

4. 第33條規定，電臺播送的廣告，應與節目明顯分開，內容應依規定送請主管機關審查，未經許可的廣告內容與聲音、畫面，不得變更。經許可之廣告，因客觀環境變遷者，主管機關得調回複審。廣告內容審查標準，由主管機關定之。

5. 第34條規定，廣告內容涉及藥品、食品、化妝品、醫療器材、醫療技術及醫療業務者，應先送經衛生主管機關核准，取得證明文件。

6. 第35條規定，廣播、電視事業的負責人或其他從業人員，不得將電臺設備的全部或部分，交由委託播送廣告者直接使用。

（二）廣播電視施行細則

至於《廣播電視法施行細則》有關的規定，爲該法的第四章廣播電視廣告管理，即第34至第36條。

1. 第34條規定，電臺播送廣告方式與每一時段中的分配數量。

2. 第35條規定，依規定須事先送審之廣播電視有關的程序。

3. 第36條規定，廣告的音量不能超過節目正常進行之音量。

（三）廣播廣告製作規範

廣播廣告製作規範（行政院新聞局1996年5月30日修訂）如下：

1. 廣播廣告製作一般準則

除規定不得違反廣播電視法及相關法令之外，並應與節目嚴格劃分，其內容應求眞實、善意、明確、不得誤導或欺騙聽眾，並應符合公眾利益，不得妨害公序良俗，觸犯個人尊嚴，涉及個人隱私或人身攻訐，其他相關規定尚有：

（1）廣告不得以新聞、座談會或銘謝方式介紹商品或服務，混淆聽聞。

（2）廣告之詞句與表現，應注意：用詞文雅，不得粗鄙，發音清晰，速度適中，音量適度，不得故意以尖銳刺耳的聲音或令人情緒不安之音響驚擾聽眾。

（3）除應申請審查而未經審查核准之廣告不得播出外，尚有星、相、巫、卜或其他涉及迷信之內容的行業，涉及賭博、色情或激起僥倖心理者，香菸、檳榔，以及未依廣播廣告製作個別準則規定之播送時段及表現方式播送酒類廣告者……等等有關之廣告均不得播出。

2. 廣播廣告製作個別準則

以下僅列出幾項較重要的規定：

（1）主持人在其主持之節目中播出廣告時，應注意：不得使節目與廣告劃分不清，主持人姓名（藝名）不得與商品或商號相同。

（2）涉及兒童及少年之廣告，不得傷害其身心健康，不得提倡或鼓

勵其從事危險活動，或灌輸不良生活習慣之訊息⋯⋯等等。

（3）廣告內容及商品名稱涉及藥品、食品、化妝品、醫療器材與醫療業務者，均應經衛生主管機關核准，取得證明文件，並完成其他法定手續後，始可播出。

（4）有關酒類廣告，新聞局於1996年5月30日修正後，並公布廣播廣告製作規範，做了如下的規定：

①每日自21時30分起至翌日6時止，始得播放。

②廣告中不得有兒童或青少年參與播音。

③廣告訴求不應以兒童或青少年為對象，並不得於兒童或青少年節目中播出。

④不得提倡、鼓吹飲酒，如描述喝酒為美好之經驗、飲酒能帶來好運氣、或成為受歡迎、有成就之人士。

（四）公平交易法

政府為保護消費者，於1991年2月4日公布《公平交易法》，並於1992年成立公平交易委員會，隨即針對不實廣告展開大力整頓。該法並於2011年11月23日修正，其法律依據及該法第21條：事業不得在商品或其廣告上，或以其他公眾得知之方法，對於商品之價格、數量、品質、內容、製造方法、製造日期、有效期限、使用方法、用途、原產地、製造者、製造地、加工者、加工地等等，為虛偽不實或引人錯誤之表示或表徵。

所謂不實廣告，概可分為：1.因虛偽不實廣告，導致消費者發失錯誤的廣告，此為單純不實的廣告。2.無虛偽不實，但致使消費者發生錯誤的廣告，此即引人錯誤的廣告。

至於不實廣告，基本上，根據美國傳統判例向來的見解，應具備下列三項要件：1.廣告得陳述或表示須有欺罔消費者之傾向或可能；2.廣告的陳述或表示須能欺罔相當數目的消費大眾；3.廣告的陳述或表示須具有實質重要性。

在廣播或其他媒體常犯的不實廣告，為比較性廣告，由於廠商常將競

爭對手的產品與自己的產品，就品質、價格或其他內容，成立於相對性比較的場合，但如係以不實數據加以較，或只提本身產品的優點而對競爭對手產品的優點略而不提，甚至予以竄改，及構成不實隱匿行爲，不但可能成立不實廣告，亦會涉及《公平交易法》第22條商業毀謗的問題，不得不察。

另外，根據《公平交易法》第21條第2項規定，廣告代理業在明知或可得知情況下，仍製作或設計有引人錯誤的廣告，應與廣告主負連帶損害賠償責任。廣告媒體業在明知或可得知其所傳播或刊載之廣告有引人錯誤之虞，仍以傳播或刊載，亦應與廣告主負連帶損害賠償責任。

有鑑於此，凡未經國家通訊傳播委員（NCC）會審查許可擅自播放有違反《公平交易法》第21條規定之情事，或雖經國家通訊傳播委員會審查許可之廣播內容與聲音、畫面、擅自變更而不符合原送審核之廣告，又違反《公平交易法》第21條規定時，除由公平交易會依《公平交易法》處罰廣告主之外，另外，由國家通訊傳播委員依《廣播電視法》處罰廣播事業（電臺）。因此，廣播事業亦應在製播廣告時提高警覺，避免觸犯《公平交易法》及有關法令。

（五）置入式行銷

廣播、電視廣告必須與節目分開，法有明訂：

《廣播電視法》第33條第1項：電臺所播送之廣告，應與節目明顯分開。

《有線廣播電視法》第41條第1項、《衛星廣播電視法》第19條第1項：節目應維持完整性，並與廣告區別。

何謂「置入式行銷」？它是以一種潛移默化的方式，改變閱聽人對於產品的印象，利用一種低涉入的模式，悄悄地將欲推銷的商品、口號或形象，藉由新聞、戲劇或節目呈現出來，造成閱聽人分不清楚廣告與節目、新聞之差別，好讓閱聽人將兩者混在一起，此時，廣告便得到原先設定的目的，達到宣傳效果。然而，由於政府置入式行銷，已肆無忌憚地出現在國內電視新聞。

置入式行銷的策略，遭到各界的批評，學界多認為電波頻率是公有財，不應落入特定廠商手中，並且電視節目製作人也應擔負起社會責任，避免為特定廠商背書。至於，政府利用置入進行政令宣導，構成節目廣告化現象，有違廣播電視相關法令中關於節目與廣告分開原則、節目廣告化或廣告節目化認定原則之虞，理應受到規範與限制。而臺灣記者協會更曾在馬英九2008年競選總統時要求他宣示「反置入性行銷」，馬總統雖予承諾，但因未貫徹執行，而遭到批評。

有鑑於此，2011年1月11日立法院朝野協商，除了認為有必要以立法禁止政府購買新聞，刊播時必須載明「廣告」，並做出下列結論：「基於行政中立、維護新聞自由、及人民權益，政府各機關暨公營事業、政府捐助基金50%以上成立之財團法人、及政府轉投資資本50%以上事業，編列預算辦理政策宣導，應明確標示其為廣告且揭示辦理或贊助機關、單位名稱，並不得以置入性行銷方式進行。」

翌日（1月12日）立法院三讀通過《預算法》增訂第62條之1修正條文，內容如下：「政府各機關暨公營事業、政府捐助成立之法人及政府轉投資事業基於行政中立、維護新聞自由及人民權益，編製及執行政策宣傳預算時，不得以置入性行銷方式為之，亦不得進行含有政治性目的之置入性行銷行為。」

此外，經濟部函轉行政院新聞局函送之「政府機關政策文宣規劃執行注意事項」，並自即日生效。──100年1月17日經秘字第10000507990號。主要內容摘錄如下：「二、政策文宣規劃執行注意事項，其中第（二）政府機關辦理政策宣導不得以下列置入性行銷方式進行：

1. 政府機關採購平面媒體通路不得採購新聞報導、新聞專輯、首長自我宣傳及相關業配新聞等項目。

2. 政府機關採購電子媒體通路不得採購新聞報導、新聞專輯、新聞出機、跑馬訊息、新聞節目配合等項目。

3. 政府機關政策宣傳採購，不得要求業配新聞報導。

4. 其他含有政治目的之置入性行銷。」

（六）其他相關法令

與廣告有關者之其他法令，尚有：商品標示法、食品衛生管理法、藥物藥商管理法、化妝品衛生管理條例、醫療法等等及其施行細則。

二、廣播同業間共守的廣告規範

根據臺北市新聞評議委員會1974年6月29日通過，及中華民國新聞評議委員會1974年9月1日修正通過之中華民國無線電廣播道德規範中，有關廣告的規範有三大點：

1. 廣告必須求真實，如有懷疑，應即查證。誇大虛偽之廣告，尤其是屬於醫藥類廣告者更應拒絕播出。
2. 廣告宜力求聲音及意境之優美，不粗俗，不吵叫，也不違背善良風俗。
3. 廣告播出時間應做合理之安排，節目在半小時以下者不得插播廣告。

三、廣播電臺本身的廣告規範

至於廣播電臺本身所訂的廣告規範，僅列舉於民國1994年10月25日正式開播的IBC正聲臺北生活資訊調頻臺的廣告規範，其中有關製播方式及拒播之規定如下：

1. 本電臺播出之廣告須以音樂化、精緻化及表現多元化方式製播，以提高廣播品質，維持本臺優良之整體風格與形象。
2. 本臺廣播表現應依以下原則設計：
   （1）嚴禁叫賣式廣告，及誇張聳動之廣告詞句。
   （2）為使節目廣告有更好的區隔，並突出廣告的呈現方式，節目主持人應儘量避免自行擔任節目之廣告錄製、播音。
   （3）廣告之策劃、撰稿、製作，應依產品特性及對象特質，採取最適合的表現手法，如音樂式、戲劇式、證言式、旁白式或綜合式等。

3. 本臺拒絕播出不良藥品，及誇大不實之醫藥廣告，並嚴格禁止任何廣告節目化或節目廣告化之行為。

4. 本臺播出之廣告以行政院新聞局訂頒之廣播廣告製作規範為標準，凡有下列之廣告，本臺拒絕播出：

（1）產品不良或公司形象不佳者。

（2）產品功能或特性對聽眾有害或有不良影響者。

（3）產品廣告手法誇大不實或有其他不當暗示者。

（4）產品廣告製作品質低劣，音質不佳者。

四、廣播電視廣告內容審查標準

根據前述各項廣告規範，有關廣播電臺的整個廣告內容審查，可歸納出下列的內容審查標準：

1. 審查事項

廣告審查包括內容、聲音、畫面、文字、旁白與播送時段。

2. 廣告限制

（1）廣告內容有違反《廣播電視法》第21條（損害國家利益或民族尊嚴；違背反共復國國策或國家法令；煽惑他人犯罪或違背法令；傷害兒童身心健康；妨害公共秩序或善良風俗；散布謠言、邪說或混淆視聽）情形之一者，應不予許可。

（2）廣告之聲音、畫面不得有足以傷害公眾聽、視覺之情形。

（3）廣告之文字、旁白應力求淨化，避免粗俗不雅之詞。

3. 廣告許可

廣告之許可，得視其內容，限制播出之時段。

4. 申請複審

播送電臺或廣告製作業者，對審查結果有異議時，得準用《廣播電視法施行細則》第29條第2項規定（電臺對前項審查結果有異議時，得於文到之日起14日內以書面申請重新審查，逾時不予受理。重新審查於必要時得邀請學者專家參加）申請複審。

第 | 十一 | 章
思考與練習題

一、我國廣電節目製作不能違反哪六項禁忌？

二、請根據廣播電視法施行細則，說明廣播「大眾娛樂節目」的內容。

三、以您所知，電臺節目若違反相關法令，大部分以何種情形居多？

四、以您所知，電臺廣告若違反相關法令，大部分以何種情形居多？

五、廣播新聞報導應遵守哪些原則？

六、試述廣播廣告製作的一般原則。

七、何謂不實廣告？根據我國公平交易法，會受到怎樣的處分？

八、政府對於關於情色資訊的禁止與處分，對媒體有何新規定？

九、對於商業電臺經常播出的藥物廣告，政府的相關法令有何規定？

十、何謂置入式行銷？目前政府有何規範？

第 12 章 ▶▶▶

硬體製作設備與操作使用

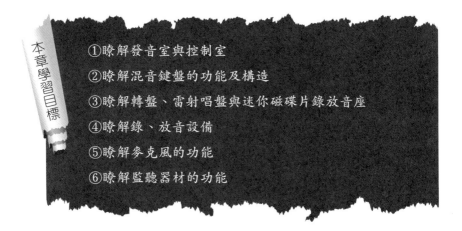

❀ 第一節 發音室與控制室

一、發音室（播音室）

我們平常從收音機聽到的廣播節目，便是經由播音室（studio）製作出來的，因此，它是廣播節目製作唯一場所。播音室的好壞，往往決定節目播出的製作品質，所以它也是保證節目音響達到一定水準的唯一憑藉。

（一）決定播音室良窳的因素

決定播音室良窳的因素有二，一為迴響作用（reverberation），一為隔音作用。所謂迴響，就是由於音波遇到阻礙而

反射所產生的餘韻。餘韻過於活潑或寂滅，對於播音都不適宜，故必須尋求適當的迴響時間（reverberation time），也就是從聲源發出的聲音終止那一瞬間起，到原因的餘韻衰弱消失為止的這段時間。

播音室的迴響時間，要視牆壁、地板和天花板等承受音波的能力而定。不同大小的播音室，要視其長、寬、高來決定其標準迴響時間。

決定播音室好壞的另一因素為隔音作用。播音室的存在，是保證聲音不受外界雜音的滲入，故其地板下、天花板上、牆壁內外、入口的門，都利用各種建材，如鋼絲彈簧、水泥、炭渣塊等隔音設備，其間並隔以雜音滲入。

播音室除隔音效果外，也要配以空調設備與適度燈光，並酌予藝術化的布置，使人身置室內，有舒適之感。

（二）交通部有關電臺播音室的規定

對於播（錄）音室，交通部在1976年6月25日公布實施的「調幅廣播無線電臺工程技術及設備標準規範」第六章及第七章曾有有明文規定，但由於隨著解除戒嚴，政府對廣播電臺決定除節目內容外，連同硬體設備也採取「低度管制」的措施，於是前述法令也被交通部電信總局修併簡化，而改為交通部於1987年7月24日公布實施的「無線廣播電視電臺工程設備技術規範」，其中第二章「調幅無線廣播電臺工程設備技術規範」第10條：調幅廣播電臺播（錄）音室應作建築音響及隔音處理，並得採下列規範辦理：（1）建築音響：空間大小及殘響時間符合曲線圖。（2）隔音：達到NC20標準。此外，有關「錄音室」設備也見諸在2002年1月2日由前新聞局公布實施的「廣播電視法施行細則」第8條第5款所規定，電臺在申請電臺架設許可證，應載明下列事項：……播音室、錄音（影）室、轉播機等設備及地點。

有關播（錄）音室設備，目前在公營電臺的漢聲廣播電臺、警察廣播電臺，以及中國廣播公司、臺北國際社區廣播電臺（ICRT），仍維持當時交通部制訂的工程技術及設備標準規範，而相較之下，解嚴以後才申設的新的調頻電臺，基於空間等因素的限制，就顯得簡要多了，因此，下面

也附錄前述有關交通部對於調幅、調頻廣播電臺設備的相關規定，以供參考：

1. 關於調頻（FM）電臺之播音室

每臺至少有完善之隔音吸音及空氣調節之播音室，並至少有電容型或其他高品質微音器二架（第43條）。

播音室之面積不得少於20平方公尺，並備有安全消防設備。

2. 關於調幅（AM）電臺播音室之規定

至於調幅（AM）電臺，則規定每臺至少有完善之隔音吸音及通風設備播音室一間，每室至少有微音器二架（第31條），另外，播音室的面積不得小於12平方公尺（第32條）。

事實上，一家廣播電臺所需的播音室，得視其業務範圍、播音時數等而定。最小的需要二間（雖然交通部限一間），大的多達二十餘間也不稀奇。

張慈涵先生在其著作《現代廣播電視》（頁89-90）中，將播音室分類為：預習用、試音用、單人用、音樂演奏用之大型與小型播音室。

（三）播音室的規格

至於播音室的規格，根據美國無線電工程手冊，其高、寬、長之比例為：

1. 播音用：1:1.25:1 = 10' X 12.5' X 16'。

2. 一般節目製作用：1:1.60:2.5 = 10' x 16' x 25'。

3. 長方形：1:1.25:3.2 = 10' x 12.5' x 32'。

4. 天花板較低者：1:2.50:3.2 = 10' x 25' x 32'。

（見圖12-1、12-2）

圖12-1　廣播後製錄音室（Axia）

＊洋洋實業有限公司提供。

圖12-2　廣播直播室（DHD）

＊洋洋實業有限公司提供。

二、控制室

過去每當設立一座新的廣播電臺，交通部對控制室的面積及其設備，均有詳細的規定。

控制室（control room）位在播音室的隔壁，中間有雙層厚玻璃窗相隔，故聲音無法進來。裡面有導播或工程人員，用手勢指導節目工作人員，提高降低音調，示意節目的開始或切斷，或者是播放唱片等。因此，控制室是廣播的中樞神經。不過，自從臺北國際社區廣播電臺（ICRT），率先走向播音人員自控、自播與自錄之後，國內廣播電臺為節省人力等諸多理由，好像也就個個仿而效之了。（見圖12-3）

（一）調頻（FM）電臺部分

1. 每臺每播音室至少有控制室一間。如有兩個播音室以上時，除主控制室外，每播音室須備有副控制室一間（第45條）。
2. 控制室之面積不得小於9平方公尺（第46條）。

圖12-3　對控廣播錄音室（Axia）

＊洋洋實業有限公司提供。

3. 控制室應與播音室間有電話或訊號燈設備。控制室中並至少有同期電動立體聲唱盤二套、立體聲節目放大器一套，包括控制、配音、監聽音量指示輸出調節等設備，並備有適當數量之唱片（第47條）。

4. 每臺至少有專業用途品質裝有同期電動機之磁帶錄音機二套，並備有適當之磁帶（第48條）。

5. 每臺須有限制放大器一套，及75微米之預強調配備一套，俾提高音質及調變百分率（第49條）。

6. 每臺得備有現場節目轉播設備一套（第51條）。

（二）調幅（AM）電臺部分

至於調幅（AM）電臺，則必須符合以下規定：

1. 每臺至少有控制室一間供控制節目之用，控制室應與播音室有電話或訊號燈等聯絡設備，室中並至少有電唱盤二套、節目放大器一套（包括控制、配音、監聽音量指示輸出調節等設備）（第33條）。

2. 控制室之面積不得小於9平方公尺（第34條）。

3. 每臺至少有膠帶錄音機二套及適量之磁帶與唱片（第35條）。

4. 每臺須備有轉播設備一套（第37條）。

5. 每臺須有限制放大器一套，俾提高平均調幅百分率（第38條）。

接下來將介紹有關廣播電臺發音室與控制室的成音設備。

第二節　混音鍵盤

　　當進入播音室、錄音間，甚或控制室，迎面而來的便是混音機（mixer）、成音控制器（console），或混音鍵盤（mixing console）了。在廣播節目製作過程中，如果是第一次接觸到混音鍵盤的話，很容易會產生恐懼感。由於它是一個包含不同開關、控制鈕以及儀表板的複雜機器，因此

在混音鍵盤上，可以看到大大小小的旋鈕，不下數十個。然而，熟能生巧，當瞭解混音鍵盤上各種選鈕，及其相關的功能之後，對你來說，操作混音鍵盤，應該不是一個問題。

一、混音鍵盤的功能

混音鍵盤最主要的功能，便是混音功能，換句話說，它可以供應多路音源，包括來自麥克風和各種放音設備。鍵盤上的每一道音路，均可以個別地調整其音色、音質及音量，再將這些聲音混合成為左右兩聲道，再錄進錄音機。除此之外，混音鍵盤還具有各種輸入和輸出聲道，提供連接各種樣式的效果機使用，並將聲音送到監聽喇叭系統。

然而，在自控自播的錄音室，混音鍵盤除前述的功能之外，另有五項額外的功能：

1. 具有麥克風與監聽喇叭自動開關與控制。
2. 具有線型推鈕扭動（fader start）功能，可遙控相關的放音設備。
3. 具有on air指示燈。
4. 每個聲道均有on / off開關。
5. 每個聲道均可監聽，並可從而兼做前置監聽。

二、混音鍵盤的構造

接下來，讓我們來瞭解混音鍵盤的構造。

（一）前級放大器

前級放大器最主要的作用，便是將訊號微弱的音源，增強到可用的水準。試以家裡使用的自來水為例，若要自來水流量變大變小，只要隨意轉動水龍頭即可。若是水壓不足，則需令馬達加壓，打水到屋頂的水塔，因此，混音鍵盤中的前級放大器，有如自來水的馬達，而前級放大器乃藏在混音鍵盤中。（見圖12-4）

圖12-4　IQ混音鍵盤

＊洋洋實業有限公司提供。

（二）電位器

　　在電子工程學中，電位器是指分壓計的意思，然而，對於節目製播及控機人員而言，它只不過是控制音量大小的旋鈕而已，就如同是家用收音機音量大小的控制開關。但是，在專業用的混音鍵盤中，常使用直條的推把樣式，以上下推動的方式，來調變音量的大小。

（三）音量單位指示表

　　音量單位指示表（volume-unit meter）又稱音量表，由於音量大小控制的好壞，關係到整個節目輸出的品質，因此，對於節目製播或控機人員而言，如何熟練音量大小的控制，看似簡單，其實很重要。儘管音量大小的判定，常因人而異，沒有一個標準答案，但藉著測定音量大小的儀表，卻可輕易地掌握聲音，因此，音量單位指示表可將音波視覺化，也就是藉由電錶的偵測，將聲音複雜的波形，轉成可由儀表板上指針所指示的刻度，而顯示其音量的大小。

　　如何看懂音量表？首先，在音量表刻度的上下，我們可以發現各有一排數字。上排的〔0〕是代表標準音量的參考位置。如果指針往右〔＋〕的方向打，進入了紅色標記區時，代表音量過大。需要特別留意的是，如果指針一直停留在紅色標記區，則聲音就可能會失真，因此需要將音量調低一點。

相對地，當指針往左〔-〕的方向打，則表示聲音訊號的強度偏低，這時候可能會有雜音出現，而當訊號太弱，則雜音便會聽得很清楚。如果指針往同一方向滑落，位置停在〔-10〕與〔-20〕之間時，便應驗廣播術語的所謂「掉入泥淖」（in the mud）了。因此，需將音量調大，以避免雜音的出現。

以上說的是音量表刻度上排的情形，接下來談刻度表的下排，其百分比乃代表調變度。所謂調變是指音源轉變成廣播訊號的軌跡，同時調變也是指測量電壓經由混音鍵盤到發射機或錄音機的百分比，其中〔100%〕表示最大可能允許的電壓。

如果您仔細看的話，便會發現〔0〕與〔100%〕刻度的位置相同。不論哪一種刻度，都是代表聲音的理想位置，因此，當您在控制聲音大小時，切記要注意音量表上指針浮動的情形。正常的情況是，盡量讓指針停留在〔0〕與〔100%〕的刻度上，偶爾指針打入紅色標記區，是沒有什麼關係。但是，如果指針浮動不定時，就要注意音源訊號是否有問題。答案如果是肯定時，就要找出問題所在，並且趕快加以解決，以免影響到節目聲音輸出的品質。（見圖12-5）

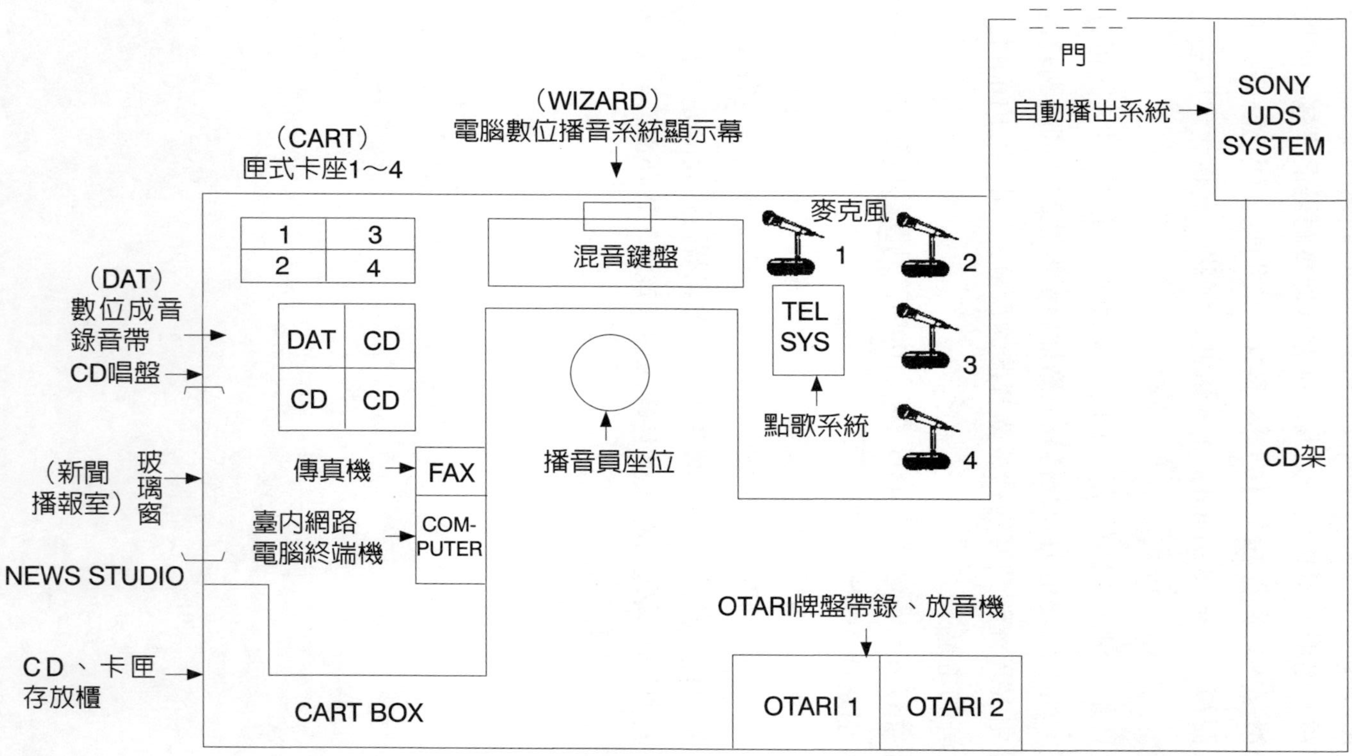

圖12-5 臺北國際社區廣播電臺FM播音室平面圖

（四）監聽器 （monitor）

如果您想收聽到正在廣播中的節目內容，便叫做監聽，它主要是讓副控制室中的工程人員和導播，瞭解節目進行的情況如何。

監聽器是和喇叭相連，並且由混音鍵盤上的電位器——藉直條推桿（把），上下推動，調變音量大小的東西，來加以控制。另外要知道的一點是，監聽器不限於監聽正在錄製的節目，有時也可以監聽其他音軌的聲音。

（五）多重輸入軌道

一架專業用的混音鍵盤，通常都擁有16軌以上的多重輸入軌道（multiple input channel）。包括：立體輸入音軌、單音輸入音軌、電話輸入音軌節目與立體輸入音軌以及輔助輸入音軌等。

在錄製廣播節目時，多重輸入軌道，可以節省單一軌道繁複輸入音源的許多麻煩，您只要將所需的音源訊號打開，立即可將聲音輸入到正在錄製的節目裡面。

（六）檢聽軌道

在混音鍵盤還有另一個重要性的檢聽軌道（cue channel），其作用乃是在節目播出前，準備好節目中所需要的音源訊號，或通稱的「起始點」或「cue點」。舉例說明，當您手上的節目腳本，需要播放周華健的歌曲「愛相隨」CD唱片，這時候，控制室的工程人員或控機人員，便會為人已在錄播音室的您，找出周華健的這張CD唱片，並將CD唱片放入雷射唱盤中，找出「愛相隨」這首歌的起始點，即所謂的「cue點」，同時，他也一定會打開檢聽軌道，聽到這首歌的主唱者與歌名，確定無誤後，即可等候（stand by）至節目真正需要播放這首歌時，再按下播放鍵，同時，將控制音量大小的電位器旋鈕，開到適當的音量位置，到這裡，有關播放歌曲的動作，便告完成。

總而言之，檢聽軌道的功用，乃確定錄製節目前檢查擬將播放的音源訊號是否有錯誤。

（七）擴大器

當您在節目所錄製的音源訊號輸出之前，還要經過擴大器（amplifier）加壓與放大訊號，才能輸出，這是混音鍵盤訊號輸出前的最後一個步驟，其目的是在確保音源訊號的穩定性。

在瞭解前述混音鍵盤的構造之後，您就可以開始操作控機，製作節目。

對於新上任的節目主持人，可能有三個比較重要的操作問題要立即學會的，第一，如何在最短的時間內認識混音鍵盤？

有一種做法，就是在控制機上貼標籤，同時，透過操控的控制機面板圖，讓節目主持人對照學習。其方法為，從輸出音量控制開始，標示正確的開關與推桿位置，最後再依節目主持人播音時使用的麥克風，與來賓訪問時使用的麥克風，來設定音量步序，並予以記錄後，讓節目主持人照表操課即可。

第二是，主持現場節目使用混音鍵盤時，應如何應對call-in或call-out？call-in或call-out必須透過電話介面（telephone hybrid）為之，節目主持人看到介面來電燈閃亮必須先放一首歌關閉麥克風後再接聽電話，確定無誤後用輔助輸出送播出訊號給對方音樂淡出開麥克風呼叫電話來賓後將電話介面的音量控制推上或開啟開關與來賓進行空中對談，call-out為節目主持人在播歌時打給對方。

最後是，如何使用適當成音器材，讓聲音效果適時表達出來？如：像現場來賓鼓掌？

早期我們使用Cart Wall，目前使用聲音檔案，透過播音軟體介面（Winamp等）點播各種音效檔案，控制音量控制推桿或開啟該音軌輸出開關即可。

※ 第三節 轉盤、雷射唱盤與迷你磁碟片錄放音座

在前一節中，我們介紹過控制室裡的混音鍵盤是蒐集各路音源的中樞，而轉盤（turntable）、雷射唱盤（compact disk）與迷你磁碟片錄放音座（mini disk）則是錄製節目的音源之一，茲分述如後。

一、轉盤

轉盤即是平常家用的電唱機，其主要構造有唱盤（plate）、開關（switch）、唱臂（tonearm）、轉速控制（speed control）、驅動裝置（drive machanism）及唱頭（cartridge）。

過去若要操作唱盤，只要選定所要播放的曲子，並將唱頭放在這首曲子的溝槽中，然後將轉速控制器放於中立位置。此時，節目主持人便可以用手輕易地轉動金屬唱盤，而唱針也就會落在唱片的溝槽中。接著，試著滑動轉盤，當一聽到聲音時，便停止轉動，然後回轉到沒有聲音的地方，這就是曲子開頭的cue（起始）點了。

當您找到曲子的cue點之後，需將唱盤反方向回轉四分之一圈到八分之一圈。將唱盤回轉的目的，是由於轉盤啟動時，無法馬上進入正常的轉速，因此，回轉留出足夠的空檔。假如沒有回轉的話，將會聽到像「哇噢」這樣的噪音出現，讓曲子播出的品質大打折扣。

二、雷射唱盤

雷射唱盤的發明，對於廣播節目來說，帶來許多方便之處，以及提升節目品質的功效。

雖然雷射唱盤和傳統式唱盤的功能相同，但是，雷射唱盤的音質，已經逼近原音重現，而且傳真性也比傳統唱盤更好。因此，熟悉雷射唱盤的使用，對於廣播節目製作，有很大的幫助。

（一）CD唱片錄製原理

CD唱片的錄製原理，是將所要錄製樂曲連續的音波，切成許多小段落，再將切細的波形，依照音量的大小，以0或1的數位訊號來記錄，然後，將這些數位訊號，以凹凸坑形記錄在唱片上。因此，雷射唱盤是藉由雷射光讀取CD唱片上的凹凸坑形數位訊號，再轉換成音波播放。

（二）CD唱片的優點

CD唱片的材質，是碳酸酯樹脂塑膠，在成型後再鍍上鋁質反光膜，其目的是用來反射雷射光。由於CD唱片不需與唱針接觸，所以無需顧慮到其有刮傷的可能。同時，CD唱片是用數位方式儲存，可以很快地找到所要播出的曲目。

總而言之，雷射唱盤優於傳統唱盤的地方，就是可以輕鬆容易地選曲，並且可以選定停止和開始的時間，對於廣播節目製作時，播放音樂的時間控制，有很大的幫助。

三、迷你磁碟片錄放音座

迷你磁碟片錄放音座（mini disk, MD）擁有CD雷射唱盤的優點，第一，兩者同樣藉由雷射光讀取唱片之凹凸坑形數位訊號，再轉換成音波播放，故其音質逼近原音。第二，兩者同樣是用數位方式儲存，可以很快找到所要播放的曲目。

然而，MD還有比CD雷射唱盤突出之處，第一，可錄可放，使用方便，第二，其使用的磁碟片，直徑約為6.5公分，只有CD唱片的一半大小，故攜帶方便。第三，具有「防震記憶體」裝置，解決CD震動之缺點。最重要的是，可以和光碟、電腦、電視等聲光系統整合。

第四節　錄、放音設備

自從政府開放廣播頻道之後，臺灣地區的新電臺如雨後春筍般紛紛成

立，而節目內容又以現場製播的「叩應」（call in）節目最爲熱門，從製作成本角度而言，這是一種省錢的節目製作方式。

　　然而，一個廣播電臺似乎不可能全天24小時，一年365天，都是call-in節目。故許多電臺事實上也播放許多預錄的節目。其次，在錄製節目、新聞及廣告時的音樂、音效、對話，甚至臺呼、政令及公共服務插播……等，都需要事先錄製及剪輯，以上種種，均需使用到電臺錄、播音室中的錄、放音設備。

　　所謂錄音便是把聲音記錄（sound recording）下來，根據文獻記載，最早發明錄音的人，是1989年的丹麥人帕爾森（Poulson），把音錄在鋼琴弦上，儘管聲音非常微弱，在當時卻是一項傲人的發明；至於我們生活中常使用的卡式錄音磁帶，則是1963年由荷蘭人菲利浦（Phillips）公司所發明的。

　　到了1980年代初期，則進入音響數位化（digitalized）革命的開始，當時菲利浦與SONY共同推出CD（compact disc）播放系統。

一、錄音磁帶

　　傳統廣播電臺的錄、播放設備當中，包括三種基本錄音磁帶：盤式錄音磁帶（盤式帶）、卡式錄音磁帶（卡式帶）和匣式錄音磁帶（匣式帶）。等到進入數位時代，則大多數電臺已採用使用數位錄音帶（DAT）及數位卡帶（DCC）。但是由於怕萬一電腦當機，影響播音，故在錄播音室，都備有傳統錄音機及磁帶，以防萬一。

　　目前一般使用的錄音磁帶，是以醋酸維素或是聚脂纖維素爲帶基（tape base），而在這種塑膠材質的帶基上，再塗布一層磁性體。

　　其次，在錄音磁帶的表面，一面是光亮的，另一面是晦暗的。在晦暗的那一面，就是因爲上面有一層氧化鐵質。當它曝露在電磁場中，氧化鐵質分子會排列起來，成爲承載磁化訊息的元素。

　　接下來先介紹前述三種傳統的的錄音磁帶，即盤式帶、卡式帶及匣式帶，然後才介紹後兩種數位化的數位錄音帶及數位卡帶：

（一）**盤式帶**（open reel tape）

　　這種磁帶型式多為專業機構所採用，且操作方式較為複雜，但由於帶身寬，磁頭大，所以聲音效果較好，亦便於剪接。在電臺中使用最普遍的是1/4吋寬的帶子，惟不同的使用情況，需要不同的尺寸，最常用的三種盤式帶，是5吋、71/2吋，以及1/2吋。

（二）**卡式帶**（compact cassette tape）

　　這種磁帶是放在一個長方型密閉式的塑膠盒內，裡面有兩個輪軸，此相當於盤式機的供給盤與蒐集盤。由於卡式錄音帶的走動只有17/8吋/秒，這一種速度，使用方便，故深受消費者的歡迎。

（三）**匣式帶**（cartridge tape）

　　這種磁帶雖然也是放在密閉的塑膠盒內，不過裡面只有一個輪軸，且磁帶的頭、尾兩端連在一起，而成為一條不斷循環的磁帶。

（四）**數位錄音帶**（digital audio tape, DAT）

　　採旋轉磁頭，螺旋掃瞄，數位連續錄放音，音質接近完美，有別於類比方式，並具有大量資料儲存能力，及直接選曲、快速搜尋的功能，同時足可播放二小時。我們知道，生產DAT專業錄音座的廠商，清一色幾乎都是日系廠商，如SONY、Tascam（TEAC）、Fostex、Otari等等，但在類比磁帶錄音系統執業界牛耳的瑞士專業錄音公司Studer，在90年代推出第一臺，也是該公司唯一一臺的DAT，編號為D-780。

（五）**數位卡帶**（digital compact cassette）

　　這種卡帶採線性傳動，固定磁頭，可以數位錄放音及類比放音，音質和CD相近。由於改良卡帶設計，減少磁帶被污染的機會，播放時間達90分鐘。

二、錄音機

　　錄音機是錄、播音室中不可或缺的設備，前述的磁帶，便是經由錄音機，以磁帶上磁性的變化，錄下聲音的訊號。等到以後要放音時，再以磁帶上的磁性訊號，放在音頭中，誘發出訊號電壓來。

初學廣播節目製作的人，要對錄音機有所瞭解，則首先要認識錄音機的「三頭」，即：消音頭、錄音頭及放音頭。

（一）三磁頭磁化作用

錄音機的三磁頭，便是利用磁鐵同性相斥、異性相吸的特性，來完成各自的工作。就外表構造來看，這三個磁頭似乎沒有什麼差別，但卻因電流的大小，而產生不同作用的磁化現象。現在，僅就這三個磁頭，依著由左向右的順序，說明其磁化作用。

1. 消音頭（erase head）

經過磁化作用，將原本存留在磁帶的聲音記號消除，故又可稱之為「擦」聲音，即將原來磁帶中的聲音記號擦去之意，成為完全乾淨或空白，以便利下個錄音頭的工作。

2. 錄音頭（recording head）

經磁化作用將聲音記號記錄在磁帶上，故又可稱之為「印」聲音，即將聲音記號「印」在磁帶上之意。

3. 放音頭（play head）

經磁化作用將聲音記號表示出聲音來，故又可稱之為「譯」聲音，即翻譯聲波記號之意。

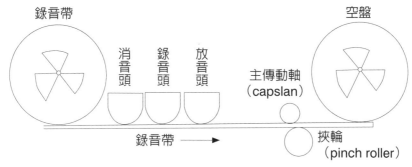

圖12-6　錄音機的基本三頭

資料來源：唐林編著，電視音效與實務，1992年10月增訂版，臺北，中視文化。

（二）錄音機的構造

錄音機的構造，包括以下六個部分：

1. 一個磁帶轉動機

其功能為推動磁帶盤，使磁帶從供給盤經磁頭到蒐集盤上，而磁帶經過磁帶頭時，則靠一對相切的輪子——主傳動軸（capstam），來維持其行徑的一定速度。

2. 一個變速鈕或開關

開關經常可以放在四個不同位置上，即：（1）錄音（record），（2）播放（play），（3）快轉（fast foward），（4）倒退（reverse）。

3. 三個磁帶頭

即前述的消音頭、錄音頭及放音頭。

4. 一個錄音放大器

其最大功用即是將所要錄的聲音電流放大後，送進錄音頭，使磁帶經過錄音頭時，便可把聲音錄上磁帶，形成錄音帶。

5. 一個放音擴大器

即把原來已經錄在磁帶上的聲音，經過放音頭，變成電流並放大後，向控制盤提供。

6. 一個消音振盪器

其作用及即是將振盪流送至消音頭上，當錄音帶經過消音頭時，聲音便立即被消除。

第五節　麥克風

麥克風（microphone）是電臺製作節目時不可或缺的聲音接收器，其作用是接受聲音的音波，使其轉變為電能。麥克風的基本原理即運用聲音，經過耳膜產生空氣的震動，這就是氣壓變壓，而麥克風正是利用此一原理，使各種不同頻率的音波，向麥克風衝擊時，引起麥克風內裝置的一

片金屬薄膜的震動，進而轉成電波的信號。

前述電波衝擊麥克風音量的大小，通常以每一平方公分來計算，單位稱為達因（dyne）。音量若小於1 dyne，麥克風便無法感應，但若高於300 dyne時，麥克風便會失真，聲音就會不清晰。

一、麥克風的種類

（一）依轉換方式分類

麥克風的種類極多，首先依轉換方式來分類，可分為碳精式、動圈式、鋁帶式及電容式、晶體式等五種麥克風。

1. 碳精式麥克風

碳精式麥克風（carbon grain microphone）係最早期的麥克風，其原理與電話相同，雖價錢便宜，但這種麥克風缺點很多，如：雜音大、靈敏度很低、易失真、需要直流電壓供應，故廣播中除製作電話效果外，已不採用。

2. 動圈式麥克風

由於動圈式麥克風（dynamic microphone or moving coil microphone）乃利用電磁感應原理發展成功的麥克風，又稱「電池式麥克風」，當麥克風的磁場通過電流時，會使得內部的線圈振盪器產生振動，電流的強弱受到聲音的大小而改變。其優點為除價格不算貴之外，傳音準確、效果好；無噪音、特性好；構造堅固、有效距離遠，故為最理想的戶外麥克風；但要注意避免接受外來的磁性噪音，以免受干擾。

3. 鋁帶式麥克風

鋁帶式麥克風（ribbon type microphone）又稱為速度式麥克風（velocity microphone）。其原理與動圈式麥克風相同，只是以一帶狀來代替線圈。此種麥克風的收音音質良好，其兩面靈敏度完全一樣，故係屬雙向麥克風，適於音樂演奏及兩人相對談話播音使用；缺點是價錢貴、怕震動、輸出很小、體積很大，且因內部構造精密，所以又怕震動，也怕強風吸入塵埃，所以不適合在室外使用。

4. 電容式麥克風

電容式麥克風（condenser type microphone）是當前使用最普遍的類型。電容性麥克風是把聲波震動電容器，同時震動前面的兩片金屬薄膜電感片，而這兩片金屬電感片因中間已有隔開一些距離，這時聲波的振動，會造成此距離的電容值產生變化，使聲波變成電波，另外，這個電容器的電壓改變之後，也會和進入的聲音成正比，故又稱壓縮式麥克風。電容式麥克風的特性是十分輕便，且因振動膜很薄，因此與聲音變化的振動順從性很高，收取的音質較好，故被一般專業錄音室所使用；但缺點則是在高溫潮濕的地方使用時，容易產生雜音。

5. 晶體式麥克風

晶體式麥克風（crystal microphone）是利用化學晶體酒石酸納鉀做的，由兩面均黏以錫箔的兩片晶片所組成，中間的二錫箔片為一極，外面二錫箔片另成一極，錫箔片受音波振動形成對晶片的壓力，而將音波轉換為電波。由於其晶片脆弱，若其結構有震動，就會使支架震動，晶體受到壓力，便可產生電流。晶體式麥克風常用於乾電池錄音機的麥克風，該型麥克風是一全方向麥克風，適於圓桌或座談會使用。其優點為價錢便宜；但因其容易受潮，故不適合室外與潮濕場合使用，保管亦諸多限制。

（二）依方向特性分類

依其方向特性分類，即固定指向某個方向的麥克風對於各方向的拾音功能並不相同之意。

1. 全方向性麥克風

只要音源與聲音響度和麥克風的距離相等，無論音源來自哪個方向，其聲音的音壓與靈敏度都保持一樣，也就是這型全方向性麥克風（nondirectional or omni-directional microphone）沒有方向性的區別。

2. 雙向性麥克風

雙向性麥克風（bidirectional microphone）這一類型的麥克風靈敏度最佳的範圍是在麥克風的正前方及正後方，因此，不易收錄周圍的聲音，同時，由於其拾音的特性，這種麥克風最適合收錄對話的聲音。

3. 單向性麥克風

單向性麥克風（unidirectional microphone）能收錄麥克風所指特定方向的聲音。它能摒除一些外在的雜音，因此在周圍十分吵雜的環境中，如欲收取同方向的聲音時，就可使用此一類型的麥克風，凡是大型綜藝節目或一般新聞採訪，大部分都使用此型麥克風。

4. 超單向性麥克風

這型麥克風適用於收錄特定方向狹窄範圍的聲音。由於其音源純淨，不易收取環境雜音，故諸如電影外景收音，都使用此型麥克風。

二、使用麥克風的一般原則

在任何節目中，以使用一支麥克風為原則，避免兩支麥克風之間互相干擾。如果兩支麥克風相同的聲音，其中直接和間接的音源會相互抵制或混合的現象。此外，在使用麥克風時，除了要防潮、切忌不可吹氣於麥克風上之外，還必須注意以下幾點：

1. 聲源必須在麥克風的拾音範圍內，如果聲源在麥克風拾音範圍的死角中，那麼再生重現後的音質，便會有聲源很遠或者是在桶子裡面發出的感覺，此種情形稱為遠離麥克風（off-mike）。

2. 相反地，如果聲源距離麥克風太近，便容易產生咋唇音或呼吸喘息的雜音，而距離過遠，則聲音就有如自空曠之處發出，感覺虛軟無力。因此，聲源必須與麥克風調整出適當的距離，以拾取最理想的音質。

3. 一般播音人員與麥克風的距離，如果是播音者為20至30公分，歌唱者為45至90公分，司儀為30至60公分。不過，這僅是概括的平均數，適當使用的距離，仍需視麥克風的性能，與播音人員的各種差異而定。

另外，若是沒有攝影機時，則可以靠近麥克風講話，與麥克風間距離約10至15公分，講話聲音音量不必太大，不但可以長時間作業，音色也比較好控制，而且有咬耳朵與面對面的感覺。

如果因為牙齒參差不齊而產生嚴重齒音（sibilant）時，則必須透過等化器或齒音消除器（de-esser）對策，如果出現噴麥現象必須使用噴音濾網（pop filter）攔截。

✳ 第六節　監聽器材

一般錄音室的監聽器材有兩種，一是監聽揚聲器（monitor speaker），即俗稱的喇叭；另外一種則是耳機（earphone）。

一、監聽揚聲器

錄音室內的監聽揚聲器（喇叭），為我們人耳與播音機器溝通的唯一橋梁，也就是說，音樂必須透過揚聲器，錄音師才能藉耳朵來瞭解實際聲音究竟為何，然後再來控制混音比例、各種樂器的音色，以及排列位置等等。因此，想要瞭解監聽器材，就需先從喇叭的原理開始說起。

（一）喇叭的原理

喇叭的工作原理及其構造上，種類繁多，但使用最廣泛的一種，則為電動型（dynamic type）喇叭。這一類型的喇叭原理，就是當垂直磁場的導體，遇到電流通過時，導體就會垂直在磁場及電流通過的方向上，受引力的作用，所以，電動型喇叭內，設計一個像環狀的磁場空間，在其空間其實乃是一個形成同性又強大的輻射狀磁場，裡面裝有音圈（voice coil）的線圈，這就是前述的導體。此一線圈係固定在振動膜上，當音源訊號通過時，也正是電流在此一線圈上通過的時刻，所以線圈就能感應到電流的流向及大小的運動，於是這時和線圈連在一起的振動膜，也就隨之振動空氣，進而輻射傳播聲音。

（二）揚聲器應具備的特性

瞭解喇叭發聲的原理之後，位於控制室的揚聲器，應具備以下的特性，才會發揮其應有的功能。

1. 頻率響應優於45HZ～18HZ±3dB。

2. 要有高度原音重現的特性。

3. 解析力強，要能分辨細微的音色。

4. 具正確定位感，不僅音向位置相同，而且各頻率音源的位置不變。

5. 具足夠的承受功率，效率要高。

二、耳機

耳機的功用，是在供人錄製節目時，在不干擾正常節目進行播出或錄音時，用來監聽或檢聽其他音源信號之用。

專業用的耳機，是屬於封閉型耳機樣式。它是將耳罩裡裝著小型的揚聲器件，由於耳罩內是密閉的，因此戴上這類耳機時，可以不受周圍聲音的影響。總之，封閉式耳機非常適合用來監聽或檢測聲音效果。

本章介紹以發音室與控制室為主的廣播節目製作的硬體設備，包括混音鍵盤、轉盤、雷射唱盤與迷你磁碟片錄放音座、錄放音設備、麥克風及監聽器材等，除了瞭解其功能外，也希望能瞭解操作原理，進而實際練習，熟能生巧。

第 十二 章
思考與練習題

一、決定播音室好壞的因素為何？

二、試述混音鍵盤（mixing console）的功能。

三、試述在播音室內有哪些數位化設備？

四、請依方向特性，說明麥克風的種類。

五、試述使用麥克風的一般原則。

13

第 13 章 ▶▶▶

節目軟體應用與操作說明

①瞭解RSC（Radio Computing Services）廣播資訊化服務的播音應用

②瞭解Dalet電臺輔播系統的操作情況

③瞭解Audio Vault數位自動播出系統的特點

　　廣播是一種聲音媒體，所有的內容都需透過聲音的訊號來加以傳達，於是如何提高成音、傳送與發射之品質，是廣播媒體最重要的任務。而拜科技之賜，廣播事業也開始利用數位化、自動化概念處理所需要的資料，從歌曲音樂的編排到播出，都可以轉換成數位式的資料，利用電腦取代傳統類比式資料使用的盤機、卡機，而將電臺內所播出的各個節目、插播及廣告儲存在電腦記憶體中，進而利用這種數位自動播出系統來編排節目、錄音、剪輯及做自動播出。

　　傳統廣播節目是以類比系統錄製節目，舉凡剪輯、配音、後製手續皆頗繁瑣，相反地，數位錄音軟體種類繁多，學習容易，且可以CD拷貝，十分簡便。其次，過去節目是以類比方式存取節目，如盤帶、卡帶等利用磁性原理讀取的材料，容易因年久氧化消磁或日照、濕度等影響而損毀，現在

則可分類存檔，儲存在電腦中。

　　尤其爲因應數位時代來臨，廣播電臺數位化科技的發展，使得臺灣各電臺均已採取硬體與軟體之更新，除建立節目及音樂資料庫外，更分別在節目製作與播出予以數位化，例如：「電腦自動播出系統」與「電腦剪輯軟體」，把電臺要播出的節目、新聞，以及廣告，通通收錄並且儲存在電腦內，只要靠手中的滑鼠，做幾個簡單的點選動作，就可以在電腦上直接進行剪輯、編排，甚至設定播出的時間。

　　本章首先介紹臺北愛樂電臺音樂資料庫應用及節目製播過程的實例，再介紹廣播業界最常使用的兩種「自動播出系統」：RCS與Dalet。

　　以定位爲資料音樂庫、全面數位化的臺北愛樂電臺，依其在電臺網站顯示之節目產製流程可知，無論是音樂家生平軼事、樂曲術語、樂派……等文字資料或音樂之有聲資料，均已經由數位儲存，製作人及主持人皆可在電腦上完成節目編輯工作。節目錄音完成後，則可上傳至播出中心，由電腦自動依播出流程，排序播出。聽眾可以收音機、網路同步收聽，或隨選播音等方式收聽節目。現在更有iPod、MP3、Cell Phone、DAB及車用接收機……等各式各樣接收方式。

　　如果聽眾要點選分類中的細項，進行線上查詢，可以發現在愛樂101中，分爲「樂派類」、「宗教音樂類」、「演奏術語類」、「國樂類」、「名曲類」、「唱片與發明類」、「作曲家類」、「管弦樂團與指揮類」……等大項：只要點選作品名稱鏈結，就能查到收錄曲目的版本資料（www.e-classical. com.tw）。

🔆 第一節　RSC（Radio Computing Services）廣播資訊化服務

一、RCS公司簡史

安德魯・艾諾摩斯（Andrew M. Economos）體認到廣播電臺渴求一套專業歌曲編排軟體，因而離開NBC，於1979年創立了Radio Computing Services（廣播資訊化服務）公司，也就是RCS。艾諾摩斯博士推出世上第一套音樂排程軟體，就是第一版Selector®。這套軟體專為那些希望能控管播歌率、講究編排歌單內容的協調性、並想創造歌曲資料庫運用彈性的電臺打造。

1979年，就當RCS全新開幕的創業力作的那年，NBC旗下一家位於舊金山的廣播電臺，成為首位Selector用戶，而Selector所打造的成功基礎，也促使RCS不斷研發更多廣播專業應用軟體，並廣為全世界的電臺客戶採用，確立了他在這個專業領域的領導地位。

更重要的是，RCS看到廣播節目製播人員與業務部門的需求：他們也想編排出順暢的電臺活動宣傳、臺呼、或RCS所慣稱的「links」串場事件，而決定推出姊妹產品LINKER®。1983年，CD及數位成音時代來臨，5年內，RCS再度研發出首套全數位自動化播出系統：Master Control™，從此結合Selector及LINKER，廣播電臺就有了完整的無帶化錄音室製播方案。目前RCS的系列廣播工具共有6個：音樂程式設計軟體（Selector）、數位化自動播出系統（Master Control）、網頁即時同步播出軟體（RCS RadioShow）、監聽與音源測錄軟體（RCS Tracker）、串場事件排程軟體（LINKER）、談話性節目輔助軟體（RCS TalkBack）。

此外，RCS不但研發出「即時音訊辨識」技術，同時也研發了RCS RadioShow數位廣播軟體技術，提供了編排與同步顯現視覺影像的工作介面，讓廣播節目播出同時得以搭配圖片及資料，以在任何影像接收設備上顯示。多年來，RCS持續對旗下全系列軟體，進行版本更新或功能新增，

有時還一年數次，像是Internet Voice Tracking™利用網際網路預錄節目，以及RCS RadioShow™的數位廣播軟體。值的一提的是，iSelector™互動式網路廣播軟體，不僅獲得專利技術獎，更是RCS為客戶研發的跨時代領先技術。

　　RCS是獨步全球的廣播軟體提供商，1993年時，全世界有2千家電臺在用RCS的專業軟體；3年後，Selector已經獲得3千家以上電臺客戶的青睞選用。該公司的產品和服務已經被全球超過9千家的廣播電臺、電視臺、有線頻道、衛星聯播網、及網路音樂電臺所採用。如今，RCS是當今傳播領域中，執專業軟體開發牛耳的領導品牌，廣被全球9千家以上電臺、電視音樂頻道、有線電視、衛星廣播、及網路電臺採用。2007年1月，RCS與Prophet Systems Innovations公司合併，Prophet Systems為RCS帶來業界的標竿產品，例如：NexGen Digital等。

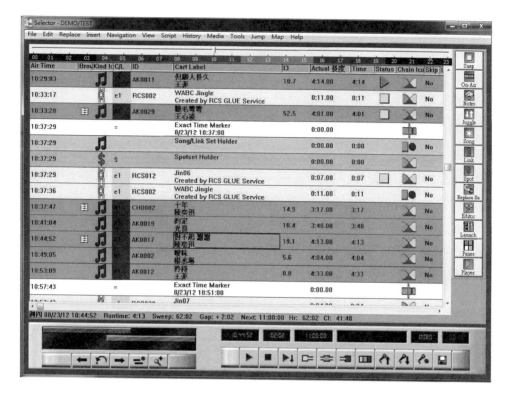

圖13-1　RCS自動化播出系統播出節目表單

資料來源：RCS公司臺北分公司廣豐勝科技公司。

二、RCS播音應用實例

　　一位電臺DJ要做哪些事呢？排歌是DJ最主要的工作，ICRT利用北美RCS播歌系統，從中選出配合DJ主持的節目類型音樂，嘗試歌曲與歌曲之間的銜接度。以標榜「成人當代」（adult contemporary）類型化電臺的臺北國際社區廣播電臺，率先使用RCS數位化自動播出系統，由機器取代主持人選歌，科學地根據樂曲節拍編輯所預備播放的曲目；傳統電臺節目通常都是由主持人選歌，但是在類型化自動播出系統，選歌權交給了RCS播出系統，由一個專業的節目總監負責監督和管理機器的運行。收到新歌後，音樂總監會算出每首歌的節拍，計算每首歌的頭尾，歌曲進庫的同時

輸入這些技術參數，一切按照Clock-run的cue表進行。主持人講話的時間不能被人為調整，一首歌結束，電腦會計算出精確的時間給主持人串詞，什麼時候推廣告，什麼時候呼出臺呼，都不能被打亂。每小時13首歌的播放頻率，逼著主持人必須字斟句酌，以對聽眾負責的態度開口。

對於一位DJ而言，RCS是一個做節目很好的輔助工具，例如它有一種裝置，叫做Instant Personality Processor（IPP），DJ可設定聲音為A1、A2、A3，出來的聲音就會不一樣，也許這位DJ的原本聲音張不太開，經過調整之後，可能會比原來的聲音更為清純，或更為渾厚。

其次，還有一種裝置，叫做Gate Time Control，可以計算廣告，還剩餘多少時間播完。甚至在一個小時當中，有多少則廣告、多少則歌曲，以及電臺ID和音效……等等。

第三，要介紹的則是EQ，通常是黃顏色的條子走到底，以顯示——如果DJ還在講話，還有多少時間就要準備進音樂了。有經驗的DJ一看，例如還有15秒，他／她心中自然會計算出來該講多少話，當時間一到，便很精準地進歌。

最後，在做現場的節目時，若遇有緊急事件（event）時，RCS還有直接插播（interrupt）的功能，也就是改變原有排好的節目表，由自動變成手動方式，臨時插入現在馬上要的資訊，若是計時30秒，播完後，通常在軟體設計上會等到最後，所多出的時間便自動「淡出」（fade-out）。

三、RCS播音應用特色

（一）現場播出介面（sequencer and hotkey）：自動排檔（scheduling）

1. 顯示每首歌的前奏長度：利用顏色（黃色）與進度表，一目了然地顯示一首歌曲的前奏，供主持人掌握說話的長度。

2. 簡易／直覺式操作介面：以顏色及貼切圖形和大型按鈕，呈現主持人在現場播出時所需要的功能。

3. 多元化的尋找資料方式：主持人可依據曲目、歌手、長度、節奏、年代、情境、活力……等，各式各樣的歌曲屬性，快速尋找

出最合適的音樂。

4. 快速預錄介面：RCS利用voice track功能，可以容許一個小時的節目在數分鐘內完成，方便電臺提供夜間有主持人陪伴聽眾的節目。

5. 副歌的標示：說明音樂編輯和節目主持人立即瞭解歌曲內容，節省編排和準備時間。

6. 特效選歌（hotkey）：以圖形介面提供625個特效按鈕，無論是節目特效、襯底音樂……都可以由資料庫或節目單隨性地拖引建檔，讓主持人現場即時運用，增添節目靈活度與可聽性。

（二）節目單部分（log editor）

1. 節目架構（clock）

廣播電臺根據類型（format）取向，自己定位如成人當代（adult contempory）類型電臺。

2. 自動節目生成功能（day scheduler）

根據「審播」原則，以市場為依據，並以電臺一天總播出時間為基準，劃分出若干時段，自動形成不同的節目及音樂內容。

3. 節目單編輯功能

（1）提供圖形化介面，容許操作員手動每一首與下一首歌曲的銜接模式，包含進歌時間點與淡入或淡出的音量。

（2）隨時聽取每首歌的前奏、高潮或者是結尾。

（3）隨時聽取每首歌的播出歷史，讓節目單編輯更能吻合電臺風格。

（4）運用快速鍵，即可根據ID、歌手名稱、曲目、專輯名稱或歌曲長度……等上百種細目，來尋找最適當的歌曲，做為替換條件。

（5）節目單展現模式，可以根據客戶要求做任何調整。

（6）歌曲播出記錄：說明音樂總監瞭解每一首攤在全天候的節目播出的次數，並做有效的控制和管理。這個工作可以避免同一個

歌手，或同一首歌曲在同一時期出現的頻率過高或過低，影響聽眾收聽的權益與習慣。

（三）音樂資料庫

1. 歌曲分類

可依照使用需求，自由訂定歌曲分類夾（category），如有需要，每個資料夾還可再細分爲九層，讓資料庫管理和運用輕鬆又靈活。

2. 歌曲管理

（1）具備歌曲分類自動調整功能，讓歌曲上下檔、播出頻率控制自動化。

（2）具備歌曲特殊播出設定功能，讓指定播歌、節目主題設計播歌輕鬆達成。

3. 歌曲文字描述

（1）就每一首歌曲的歌名、演唱者、歌曲分類、專輯名稱、歌手團體、情境、活力、年代、編詞、編曲、出版公司、唱片公司……等上百項細目，分別輸入文字說明。每一細目都可以連結到統計功能，和音樂規則相結合，運用在節目單編輯上。

（2）系統容許每首歌曲建立無限量與格式（文字、圖片、動畫、超連結）背景資訊（song note），或者歌手背景資料（artist notes），並且在播出時，提供主持人容易查詢介面，以利節目內容的介紹。

（3）歌曲種類由客戶自行決定，並沒有限制數量。

（4）資料庫可以隨性排列，建立不同條件查詢清單，產生各式各樣報表。

（5）可以設定每一首歌曲每日／每週／每月播出次數。

（6）可以靈活設定每一首歌曲適合播出的時段。

（7）可以設定歌曲與非歌曲連接關係，並自動連接成爲節目單的一部分。

4. 自動搜尋功能

可以按照歌名、歌手、專輯名稱……等字母或筆畫排序，做自動搜尋的動作，一次將同一個歌手、專輯的資料叫出來，做調整的工作。

5. 歌曲歷史紀錄

可以在系統任何位置，按一個快速鍵（F7），隨時叫出來，依照歌手、歌曲或專輯的最近三個月的每一次插播歷史。

6. 資料／音訊檔案共用

RCS系統可以容許經由網路系統傳遞歌曲資料與音訊檔案，並自動更新至遠端資料庫。

第二節　Dalet電臺輔播系統操作情況

我國教育電臺及銘傳廣播電臺……等許多電臺都使用Dalet輔助播放系統，其功能包括：音樂資料庫、音樂編輯與自動節目表等，一般錄音需要開啟檔案，其種類很多，但以使用單軌與四軌居多。除非要錄製背景音樂，這時，可先將預錄好的音樂排在第一、二軌，然後將背景音樂放在第三軌。此外，將音源放錄到Dalet中，可以剪貼、fade in/out、剪輯、調音量、快轉及insert等。Dalet輔助播放系統最大的好處是，大量的音源經由統一儲存成網路中的檔案，同時交由電腦進行檔案管理，使得有聲資料變成數位化、系統化，換句話說，數位化提供了一個功能強大的編輯功能，聲音的剪輯、播放順序的編排，都可在一個電腦螢幕上，以剪貼方式將聲音剪輯，然後，只需要輸入檔名，又可完成一個節目的播放順序表，最後構成了非線性剪輯與自動播出系統。總之，舉凡錄音、控音以及播出作業，可藉由此一系統完成。下面有Dalet的八種模組程式操作的介紹及說明。

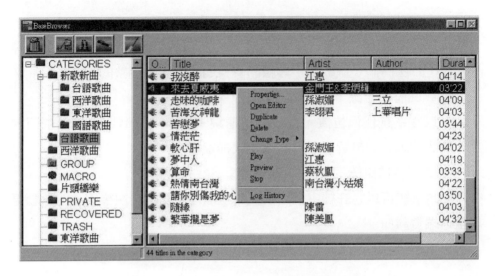

圖13-2　Dalet自動化播出系統BaseBrower

資料來源：怡德視迅公司Dalet自動化播出系統操作手冊-V5.1。

一、BaseBrowser操作說明─一般使用者

功能：以樹狀架構化顯示各項音樂目錄的類別，不僅一目了然而且方便使用者隨時點選及聆聽，並提供線上搜尋音源功能。

1. 呼叫BaseBrowser分類瀏覽區方法，有二，說明如下：

方法一：

（1）由系統的功能選單【Global】【Run Application】，出現所有可使用的模組程式清單。

（2）選擇BB.app後，按下OK鍵即可。

方法二：

（1）由系統的主功能選單【Global】【Application Launcher】

（2）直接以滑鼠左鍵按下快捷列上的BBrowser鈕，即可。

2. 工具列簡介，包括：

（1）刪除音源檔。

（2）更新鍵（Refresh）。

（3）曲目搜尋功能鍵。若是線上尋曲（Adserach.app），其方法則是：①現場節目主持人可隨時使用搜尋曲目功能，並於最短的時間內，將聽眾點歌播出。②搜尋曲目方法有二：第一，直接按下工具列上的搜尋鈕，或第二，由BaseBrowser的功能選單，由【Titles】到【Search】。③使用萬字元＊（星號）來做搜尋。

（4）音源資料編輯鍵，可編輯曲目內容資料，這種編輯曲目資料的情況有三：①當使用者錄製音源檔，並存檔完畢，日後又有需要修改時，可直接由BaseBrowser修改。②修改曲目資料方法有三：第一，直接按下工具列上的編輯鍵。第二，由BaseBrower的功能選單【Titles】到【Edit】：或第三，在欲修改的曲目上，按下滑鼠右鍵，出現快顯功能表候選【Edit】。③曲目資料編輯共分四類：Main、Detail、Attributes、Comments。

（5）顯示切換鍵，可切換音源排列的顯示方式。

（6）刪除超過 Kill Date的音源檔（僅系統管理者）。

3. 系統目錄預設分類（請勿任意變更預設值）

有關預設分類名稱及其功能，說明如下：

（1）Category：此為分類瀏覽區的主目錄或是根目錄。

（2）Group：製作音源群組檔案時，系統統一置放此分類目錄下。

（3）Private：存放各使用者私人分類目錄，可以有所限制時間。

（4）Macro：存放控制外部設備指令。

（5）Trash：一般使用者刪除的音源檔，系統自動存放在此分類目錄下，僅系統管理者有權實際清除音源檔案的權利。

4. 系統基本操作

（1）直接於音樂標題上按下滑鼠右鍵，即可呼叫功能表，不需額外執行其他程式，隨時可編輯曲目資料、直接載入音源至Surfer內、複製音源及曲目資料、刪除音源及曲目資料、變更曲目資料格式、播放／預聽音源／停止播放、查看曲目播出歷程記

錄。

例如：在Categories項下，分類為01國語歌曲，02西洋歌曲，03東洋歌曲，底下又分為：合輯、韓國男歌星、韓國團體、韓國女歌手、日本男歌手、日本團體、日本女歌手，04原聲帶，05特殊歌曲，06演奏歌曲。

（2）提供分類目錄音源統計功能。例如：在Categories項下，分為廣告（Commercial）、音樂（Music）、片頭音樂（Jingles）、新聞（News）等之播出則數，以及節目（Programs）。

（3）列印所選分類目錄下之所有曲目。

（4）確認印表機安裝妥當後，由BaseBrowser功能選單【View】【Print Category Content】，即可。

此外，尚有切換音樂類別的顯示方式、改變音源資料的排序方式，以及變更曲目資料等功能。

二、Recorder 模組程式操作說明

功能：提供完整錄音功能，可設定為 Mono 或 Stereo 二種音源儲存格式。

三、Surfer 模組程式操作說明

功能：提供音源檔案錄音、編輯、剪接功能，可分為Surfer、Surfer4及Surfer8（選項模組）。

1. Surfer：僅單一音軌做音源編輯剪接及淡入淡出的處理。

2. Surfer4：擁有四個音軌可將任意音源置於任一音軌上，並且任一軌都可以錄音及單一或二、三、四軌同時播放，以達到混音效果，主用於廣告後製作及襯樂的製作已得到節目的多變化。

3. Surfer8：比SURFER 4多了四軌可供剪輯使用。

四、Logedit模組程式操作說明

功能：使用LogEdit可預先編製整個完整的節目單，其中包括臺呼、片頭、歌曲、廣告……等等直到整個時段的節目結束，節目排表完成後，可由Autoplay或Navigator在無人操作的情況下自動播出預先排定之節目。

「Log History」之功能介紹：在BaseBrowser中點選任一音源，再在主選單的【Tools】選項→選擇【Log History】，亦即選擇任何一個音源，可以顯示在Logedit排表中，被編排日期及次數，提供參考用。惟此紀錄用於廣告方面較有益處，除了提供廠商的疑問查詢之外，由於此畫面一次只能顯示14天，因此，如果需找下個週期，只需按下左右鍵的箭頭即可更換。

五、Navigator模組程式操作說明

功能：主要用於現場的播出，可A/B雙軌交替使用，也可自動載入由LogEditor預排的節目表以便播出。

六、Mixeditor混音編輯器操作說明

功能：MixEditor為製作音源Fade-in/Fade-out與Cross-Fade效果的程式，並非為一模組程式，它必須經由其他模組程式（LogEdit與Navigator）呼叫使用。

七、Carts模組程式操作說明

功能：匣式音效播放程式，現場輔助播出工具之一，可提供DJ立即播放各項音效及臺呼。

八、Autoplay模組程式操作說明

功能：主要使用於自動播出。Autoplay可依系統時間自動載入使用者於LogEditor所預排的節目單。

總之，RCS和Dalet在世界廣播市場上，幾乎各占一半的態勢，而RCS最大的優點，就是user friendness，以中廣而言，早先是採用RCS，後來因數位廣播（DAB）需要連接圖片，所以才引進Dalet系統來使用，並以自己系統的規格為主幹。

此外，根據實際操作的電臺人員表示，由於RCS是以自動編播起家，不像Dalet是以剪接起家，故公司建議節目人員以D-base軟體，或任何適用軟體，以為因應。

除了前面所述RCS和Dalet兩種自動播出系統外，尚有Audio Vault數位自動播出系統，說明如後。

第三節　Audio Vault數位自動播出系統

為因應廣播數位化新趨勢，世新廣播電臺在1999年採購福茂公司所代理美國BE公司研發的數位自動播出系統（Audio Vault）（以下資料由世新電臺提供），首開大專院校教學電臺引進這項廣播新科技之先鋒，提供學生全方位廣播之學習及實習，使其得有更優越之條件，順利進入廣播職場，並讓教學理論及實務能夠密切配合。

一、Audio Vault的特點

世新廣播電臺所採用的這一套數位自動播出系統（Audio Vault），其特點，包括：

1. 可增加備份系統，資料完全保全。
2. 系統具擴充性，可隨時增加工作站、伺服器及磁碟儲存容量。
3. 資料儲存使用磁碟陣列，容量大，資料能自動偵錯而且音源資料不會因硬碟損壞而流失。
4. 訊號不走網路傳輸，在網路上只走控制訊號，音頻訊號另外走專線，傳輸量大時，也不會有網路塞車的問題。

5. 所有工作站皆可做到自動播出。

系統的運作架構如下（以下圖片均由世新電臺提供，使用版本Vault-Xpress8.42）：

1. 伺服器主機一臺，600GB磁碟陣列（4200小時），7臺工作站及備份伺服器一臺，600GB磁碟陣列（4200小時）。

2. 主要錄音及編排節目表單應用模組AVRPS

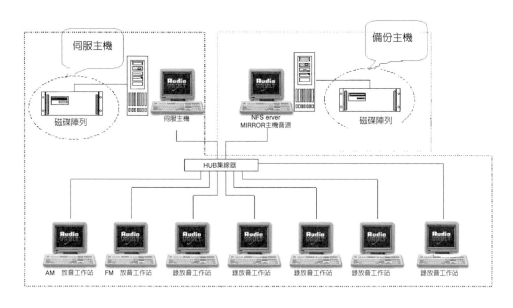

圖13-3　Audio Vaul系統的運作架構

圖13-4　節目表單應用模組AVRPS

（1）選單按鈕（Menu Buttons）

List：提供附屬選單，包括Carts、Edit Lists、PlayLists and Stacks指令。

Cut：提供附屬選單，包括修改或刪Cut動向。

System：提供附屬選單，包括存取指令如：線上說明（On-line help）、系統資訊（System information）、設定參數（Setup parameters）、檔案管理（File management）以及程式關閉指令（Shutdown）。

Power：此按鍵具有關閉聲音的運作功能。

Re Do：快速重新錄音按鈕。

Clear：快速清除播放清單上所有聲音檔案。

Misc：具有快速啓動（Quick Star）及時間播報（Time An-

廣播節目製作

nounce）之功能。

Load：此功能將打開一個對話視窗，提供搜尋及載入的命令。

（2）峰值音量顯示表（Peak Meter Display）：此表將會以綠、黃、紅來表示錄放音時之音量大小。

（3）波形顯示區（Waveform Display）：此區將會以波形表示錄放音時音量狀況。

（4）播放清單（PlayList）：此區將會顯示出當前Cut、Carts、Edit Lists、PlayLists and Stacks等詳細節目資訊。

（5）錄放音控制鍵（Cart Deck）：包括錄音、快速前進、快速後退、暫停、啟動及結束等功能鍵。

惟Audio Vault自動播出系統乃屬「封閉」系統，且提供廠商BE公司本身並非電腦公司，故無開發軟體之經驗。

二、直播室現場三匣播出應用模組AVPS

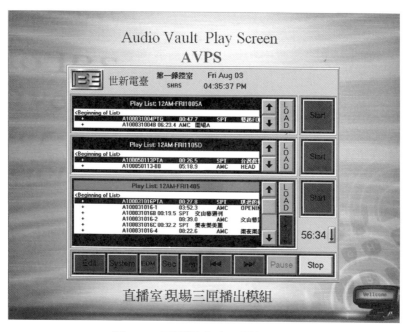

圖13-5　三匣播出應用模組AVPS

三匣播出模組可同時下載三張節目表單（Play list），並可獨立進行不同播放及準備動作，如播出、下載、搜尋及編排等；而經由時間啓動模式，能按照節目播出時間自動切換不同節目表單播出。

　　自從電腦問世以後，對人類生活及各個行業的幫助很大，以廣播電臺爲例，在節目製播電腦自動化方面，從歌曲音樂的編排到播出，都是利用電腦取代傳統作業使用的盤式機、錄音機，而將電臺所播出的各個節目、插播與廣告均儲存在電腦裡，並進而利用電腦來編排節目、錄音、剪輯及自動播出。總而言之，這套電臺數位式整合作業系統的優點，包括：

1. 快速尋找樂曲，便利現場播出。
2. 精準發揮錄音剪輯功能。
3. 明確計算播出時間表與流程。
4. 多次重複使用廣告插播。
5. 確保播出品質。
6. 節省播音室空間。
7. 隨時插播音效。

　　由前述得知，目前廣播電臺的節目播放或是DJ歌單的安排，都整合在一個系統裡，播歌系統內將每小時的播放內容，以時間爲序列行程表單，並且系統內會儲存大量的歌曲，以供DJ選擇播放，電臺內亦有專人負責管理、分類、輸入新歌等工作。在電臺的播歌系統內，亦有專輯的建置，諸如歌手名、唱片公司、發行日期、作詞者、作曲者、起唱時間等資訊；另外，由於電臺的播放系統空間有限，因此管理者必須針對每張專輯進行過濾，只將少部分的歌曲鍵入系統內。這種作法，對於DJ有所幫助，也有所限制。幫助是指電臺系統內所儲存的歌曲，一定是經過過濾而符合電臺調性的音樂，多少可減少DJ選歌的負擔；而限制則指DJ選歌的自由度就變少了，因此各有利弊，但終究是利多於弊，才會有這麼多電臺使用。

一、國內目前使用RCS（Radio Computing Services）廣播資訊化服務的主要電臺多為「類型電臺」，其選歌權與RCS播出系統之間的關係為何？

二、試述RCS（Radio Computing Services）廣播資訊化服務的播音特色。

三、Dalet輔助播放系統如何進行編輯曲目資料或曲目搜尋？

四、參觀某一使用Dalet的輔播系統的電臺，以便瞭解實際其操作情形，並寫出參觀心得。

五、試述Audio Vault數位自動播出系統的優點。

第 14 章 ▶▶▶

網路廣播節目製作

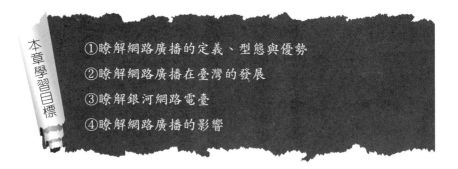

本章學習目標

①瞭解網路廣播的定義、型態與優勢
②瞭解網路廣播在臺灣的發展
③瞭解銀河網路電臺
④瞭解網路廣播的影響

　　第一個出現在網際網路的廣播電臺，是位於美國華府的網際網路廣播公司，1993年1月開始24小時全天候的廣播節目播放。有的則認為是1995年8月美國ABC廣播網首先利用網際網路進行全球播音，不管如何，當時已大約有85%的美國區域性或全國性廣播電臺皆上網播音，就北美市場而言，在網路上提供即時廣播的電臺約有1千家左右，而專屬於網際網路的虛擬電臺則約有160家左右，一般而言，網路廣播電臺有助於線上音樂的銷售。

✺ 第一節　網路廣播的定義、型態與優勢

一、網路廣播的定義

（一）從字義上看

網際網路與廣電媒體，這種跨媒體的結合，可以用傳媒共樓現象來說明，分為三種形式：第一種是兩種傳媒因應市場需求或消費者口味而簡單地連結在一起；第二種是各傳媒的生存空間出現重疊的現象；第三種形式則是傳媒特性互相滲透。

網路廣播如果單從英文字義上來看，是ip-multicast，或是ip-streaming，網路裡的任何訊號，都有一個位址。也就是說，當一個網路電臺裡有50個聽眾，電臺的server就要有50個訊號，閱聽眾若沒收聽網路廣播，電腦裡不會自動收入，和傳統的AM/FM有很大的差別；因此一個節目在傳統電臺來說，不管收聽的人有多少，他的成本是恆定的，愈多人聽愈好，但是單純的網路廣播（如銀河互動網）來說，愈多人收聽，經營成本反而愈大（張耘之，誰是網路廣播的推手），所以傳統廣播從事線上即時或隨選播音服務之成本，將影響傳統電臺架設網路廣播的重要考量因素。

（二）從設備上看

有關網路廣播電臺的軟硬體需求，可分為硬體與軟體兩方面的要求。

首先，在硬體方面的需求：不論是網路廣電臺的播送端，或是閱聽眾這邊的接收端，都必須具備電腦這項設備，才能進行傳送或收聽網路廣播節目。

其次，在軟體方面的需求：網路廣播電臺節目的傳送是一種聲音串流（streaming）技術，將聲音檔案一點一點的「丟」到使用者的電腦上，而播放軟體在收到這些片段的檔案後，再接續起來播放，就可以聽到完整的聲音。播放串流音效的軟體主要是由三元件所構成，編碼器、伺服器及客戶端。編碼器的功能在於將原始音源轉換為串流格式，聲音可以是既有的錄音檔案，或是經由電腦音效卡處理過的音效檔等；伺服器主要是負責

檔案的傳輸，供客戶端下載；客戶端就是指輔助播放程式、plug-in或是瀏覽器本身內建的播放軟體。有了這些輔助軟體，才能聆聽網路廣播節目。目前較受歡迎的免費播放軟體有由RealNetwork所提供的RealPlayer以及Microsoft的Windows MediaPlayer等，取得方式相當便利，安裝好播放軟體之後，使用者便可造訪網路廣播的相關網站，按下節目播放紐，即刻會從提供者的伺服器將串流傳送至使用戶的TCP/IP位址，透過電腦的音效卡，播放器會播出串流資料，使用戶就可以收聽到廣播節目了。

二、網路廣播的型態

具備上述軟、硬體的配備之後，就可以著手網路電臺的架設與經營。常勤芬（2001）在分析臺灣的網路電臺時，將臺灣現有的網路電臺分為線上收聽電臺以及網路播音電臺兩種型態：前者為傳統廣播電臺所架設的網站，像中廣、教育電臺及世新廣播電臺等；後者則為沒有空中電波頻道的網路虛擬廣播電臺網站，例如銀河網路電臺。分別說明如下：

1. 線上收聽電臺：傳統電臺的線上播音（Live），例如飛碟電臺、Kiss Radio、中廣流行網、愛樂電臺等，實體電臺在播放節目的同時，直接透過音效壓縮技術將聲音內容轉為數位檔案，運用網路傳送，或是將已播過的節目用相同的技術傳送至網路，供網友點選。

2. 網路播音電臺：專為網路族而設計製作的廣播節目（Audio On-Demand），純粹透過網路傳送、播放，節目類多元化，內容多采多姿，比傳統電臺並不遜色，例如蠻秀廣播電臺、I-Channel、銀河網路電臺、清華大學（THBS）、中山大學西灣放送網（Sound-Net）等，而其中最具規模、投入人力、物力甚多的銀河互動網路市集，擁有一萬多集有聲節目。

從前述可知，目前網路播音的型態有兩種，即時播音（Live）及隨選播音（Audio-on-demand），前者與目前廣播類似，根據預先排定的節目表及播出時段，播出節目，所不同的是，聽眾是透過電腦軟體及硬體設

備，從網際網路上取得該廣播節目；而後者則是將廣播節目存放在網站中，讓聽眾可依照自己的時間隨時上網點選所想聽的節目。

三、網路廣播的優勢

從以上的特質分析，吾人可知網路廣播的優勢至少包括以下9點（塗能榮，2006）：

1. 免除發射臺等設備建置費用，開臺門檻低。
2. 沒有頻道申請與功率限制，傳播範圍遍及臺灣並可涵蓋全球。
3. 網路全天候暢通，提供24小時不打烊的廣播服務。
4. On Demand隨選播放可提供聽眾任何時間或重複的收聽方式，符合聽眾的收聽模式。
5. 節目內容數位化，一次可重複使用，可用於典藏或線上播放。
6. 結合網站規劃，提供資訊交流、銷售通路及廣告版面等多元用用。
7. 網站社群經營，提升電臺特色與聽眾的黏度。
8. 播放載具的流行趨勢，加快收聽族群的拓展。
9. 可供MP3手機等行動族群下載收聽，提高內容使用曝光率。

（註：其中第9點：可供MP/手機等行動族群下載收聽，屬於Podcast，將在下一章將詳述。）

❀ 第二節　網路廣播在臺灣的發展

自1993年政府開放廣播電臺申設以來，目前（2012年）全臺灣地區之廣播電臺家數為171家，傳統電臺業者於1995年陸續設置網站，提供節目表、E-mail信箱、主持人介紹等相關訊息，其中架設網站的約有50家，其中38家提供線上收聽的服務，聽眾在網路上可以同步收聽節目。觀其動機，不外有四：第一，將網際網路做為電臺節目廣告的一個新媒體。第

二，透過網際網路進行更具互動性的聽眾服務。第三，在網際網路中建立電臺的形象，吸引新的聽眾。第四，逐漸發展新的資訊消費型態與線上的銷售系統（常勤芬，2000）。

　　根據2006年7月、2007年5月及2008年4月份經由HiNetCDN流量報表系統所記錄之各電臺收聽狀況。整體來看，經由Hinet網路平臺收聽廣播的網民日益增多，另從2006至2008三年的統計來看，中廣音樂網iRadio，在2006年奪得第一名之後，便被KISS Radio後來居上，同時連續二年奪魁，ICRT實力雄厚，緊追在後，不可忽視。

表14-1 2006年7月HiNet網路廣播金榜（全部不分類排行榜）

名次	電臺名稱	收聽次數	收聽占有率
1	中廣音樂網	701470	11.99%
2	ICRT	620139	10.60%
3	Hit FM聯播網－臺北	583329	9.97%
4	KISS Radio網路音樂臺	570249	9.75%
5	飛碟電臺	494483	8.45%
6	大眾廣播電臺	375504	6.42%
7	News98	267439	4.57%
8	臺北之音	244044	4.17%
9	中廣流行網	224371	3.83%
10	臺北愛樂	183973	3.14%

表14-2 2007年5月HiNet網路廣播金榜（全部不分類排行榜）

名次	電臺名稱	收聽次數	收聽占有率
1	KISSRadio網路音樂臺	841343	16.69%
2	i radio中廣音樂網	540867	10.73%
3	Hit FM聯播網-臺北	477471	9.47%
4	ICRT	445895	8.85%
5	大眾廣播電臺	387320	7.69%
6	飛碟電臺	342144	6.79%
7	中廣流行網	231220	4.59%

名次	電臺名稱	收聽次數	收聽占有率
8	臺北之音	179638	3.56%
9	臺北愛樂	150761	2.99%
10	Hit FM聯播網─臺中	130991	2.60%

表14-3　2008年4月HiNet網路廣播金榜（全部不分類排行榜）

名次	電臺名稱	收聽次數	收聽占有率
1	KISSRadio網路音樂臺	1366022	20.60%
2	i radio中廣音樂網	741120	11.17%
3	ICRT	562426	8.48%
4	Hit FM聯播網─臺北	515051	7.77%
5	飛碟電臺	464566	7.00%
6	大眾廣播電臺	409502	6.17%
7	中廣流行網	334294	5.04%
8	臺北之音	200670	3.03%
9	臺北愛樂	191699	2.89%
10	中廣新聞網	190169	2.87%

　　事實上，除了不分類排行榜之外，根據Hinet對網路廣播還進行各類型節目的分類，亦即音樂、生活資訊、綜合、方言與外語、新聞與交通。

　　下面將介紹國內五個比較特殊的廣播網站，第一是最近（2012.08.12）才成立的原住民網路電臺。第二是國內唯一負責國際廣播的中央廣播電臺，第三是代表學生實習電臺的世新廣播電臺，第四，雖是民營電臺，但卻致力於人文藝術的IC之音，最後則將單獨介紹臺灣第一個原生廣播網路電臺——銀河網路電臺。

一、原住民族網路電臺

　　等不及NCC第11梯次廣播電臺釋照案，財團法人原住民族文化事業基金會（簡稱原文會），2012年8月3日率先成立Aliyang原住民族網路影音平臺，期望透過網路媒體，讓族人的聲音被聽見。

原文會董事伊凡・諾幹在開臺儀式致詞時表示，目前全國共有171家廣播電臺，但是沒有一個原住民自己的廣播電臺，而政府「第11梯次廣播電臺釋照案」遲遲未公告，部落族人已經迫不及待。因此，原文會率先設立「Aliyang原住民族網路影音平臺」。他強調，Aliyang原住民族網路影音平臺，是國內第一個結合原住民影音資訊的網路平臺，Aliyang是排灣族、魯凱族、卑南族語「好朋友」的意思，主要是彰顯這個網路媒體不是由誰獨占，而是族人可以共同擁有、共同參與的媒體，是族人的好朋友，也是非原住民的好朋友。

8月3日的記者會中，主辦單位以Open Studio方式呈現原住民的廣播節目，現場並邀請立法委員高金素梅，在該節目「村辦公室報告」單元中，討論原住民族傳播權的議題。高委員表示，原住民族傳播權的落實光靠6位原住民籍立委還不夠，更需要全國54萬原住民族人一起努力，未來他也將在國會努力爭取，讓原住民能擁有自己的廣播電臺。

Aliyang原住民族網路影音平臺內容有「廣播館」、「影音館」，目前「廣播館」已可隨選收聽線上製播之原住民族廣播節目，「影音館」也在積極建置中。未來在此一平臺上，可以隨時收聽和收看原住民族人製作之廣播節目和拍攝的紀錄片、實驗短片、動畫等，將為廣大的閱聽眾，帶來不同的收聽感受，豐富閱聽人的生活。除現場或線上收聽之外，同時也可以手機收聽，但需先下載播放器後按下「手機收聽」。此外，更歡迎下載美雅麥APP。

原文會表示，未來也將會建置Aliyang的雲端資料庫，有系統的將原住民族影音資料建檔，使之成為我原住民族重要文化資產。Aliyang原住民族網路影音平臺網址是http://www.media-ipcf.org.tw。歡迎所有的國人共同在網路上來體驗原住民豐富的文化。（資料來源：原文會2012年8月3日新聞稿）

二、中央廣播電臺網站

中央廣播電臺依據「財團法人中央廣播電臺設置條例」，本臺是負有

國家對外宣傳任務的國際廣播電臺，兩大任務如下：

1. 對國外地區傳播新聞及資訊，樹立國家新形象，促進國際人士對我國之正確認知，及加強華僑對祖國之向心力。

2. 對大陸地區傳播新聞及資訊，增進大陸地區對臺灣地區之溝通與瞭解。節目內容提供者，包括國語、粵語、閩南語及客語……等各式各樣的節目。

自從柏林圍牆倒塌，東西德統一，東歐共黨國家紛紛瓦解，前蘇聯垮臺後，東西陣營藩籬解除，東西冷戰結束，世界大環境趨向和解，國際村儼然形成，人與人之間的距離拉近，互動頻繁，資訊獲得相對直接，因此傳統短波廣播已有日漸式微之趨勢。

由於數位科技的發達，聽眾對音質的要求大幅提升至CD的品質，唯有廣播數位化才能達到如此要求；但1980年代開始的國際數位廣播發展至今，依目前的發展情況判斷前景並不樂觀，除了少數國家與地區外，試播逐漸萎縮，數位廣播接收機除英國DAB外，亦無法量產普及，又逢網路技術發展迅速日漸普及，因此數位廣播已往IP接軌，因此很多國際廣播電臺紛紛檢討傳統廣播的方式，而改加強網路廣播甚至手機行動接收，以滿足聽眾影、音、快速、即時互動的需求，因此在節目內容的規劃與製作必須改弦易策。

在這個情況之下，西方世界美、英、法、德、澳等知名的國際廣播電臺，已經把原來對歐洲廣播的短波資源轉移到亞洲、非洲、中東及古巴等開發中及非民主服務區，而已開發國家或地區已非短波之主要服務目標。

為了要提升廣播品質，降低雜音的干擾，各個國際廣播電臺逐漸捨棄長距離短波傳送方式，改以加強在地以FM播出，如英國BBC、法國RFI等對非洲國家地區廣播。

中央電臺有鑑於廣播的發展有往影音發展的趨勢，聽眾群對中短波節目中雜音的忍受度也愈來愈無法忍受，對只有聲音的節目已無法滿足，不僅要聽還要能看，甚至即時互動的境界，因此萌生加強網路廣播之計畫，乃於1997年起開始規劃影音節目製作系統，並於1999年分別完成「RTI臺

灣之音數位典藏專案」、「網路廣播自動排程及編碼系統」以及「Rti多媒體影音頻道」及「數位攝影棚」等工程。

所以目前央廣除了原來的中短波節目製作外,也具備製作影音節目的能力;除了以傳統中短頻道對國際和中國大陸播出外,同時也透過網路或手機,播出包括圖、文、影音節目,也可於官網播出IPTV影音節目。

面對國際廣播的新趨勢,以及中共電波干擾與網路封殺的情況下,目前採取網路、中短波相輔相成的策略,加強影音節目產製、網站業者合作,希望開拓更大更多的聽眾族群包括下列:

1. 與新聞入口網站合作

(1)爭取央廣曝光度

央廣自2006年起,陸續與Yahoo!、YAM天空新聞頻道、MSN新聞臺、PC HOME新聞頻道簽訂合作合約,將央廣網站新聞納入上述入口網站新聞頻道,並主動爭取Google News將央廣新聞納入,增加央廣在網路世界的曝光度。

(2)發展網路影音邁向多媒體

因應網路影音收視習慣日益便利,央廣網站陸續推出網路影音live轉播,例如:「e網打盡王建民－線上直播聽央廣」、國家元首與國際友人或媒體的視訊會議、朝野陣營的黨主席和總統候選人初選辯論,以及總統就職典禮、跨年煙火等等影音直播服務,獲得國內外網友的好評。

隨著影音檔觀看率日漸普及,且央廣製作的影像、聲音及資訊漸趨多元、豐富,爲滿足使用者多方面接收央廣服務的需求,特別設置「Rti影音頻道」,服務更多的網路閱聽大眾。

2. 因應新科技推出PDA版專屬網頁

2008年8月,爲了滿足手機上網的族群,央廣推出了「手機上網聽央廣」的服務,規劃出符合手機上網的畫面,提供中、英、日等10種語言節目內容,讓央廣的節目伴隨著聽友「走到哪、聽到哪」,而臺灣的朋友更可以透過手機上網「貼近央廣、瞭解央廣」。

3. 投入社群媒體成立**Facebook**粉絲專頁

　　有鑑於社群媒體方興未艾，央廣網站亦推出Facebook粉絲專頁（http://www.facebook.com/RTI.fans），並透過粉絲專頁舉辦活動及發布央廣相關最新訊息。（資料來源：周兆良、莊克仁，2011.05.04.銘傳大學產業報告）

三、世新網路電臺

（一）建置網站

　　世新網路電臺，乃是世新廣播電臺於2003年所成立的網路電臺。世新廣播電臺是我國最早由學校附設專供學生實習研究的廣播電臺，成立於1958年9月1日，除對外播音服務聽眾之外，主要功能在配合學校世新大學相關系、所，培育廣播專業人員；目前世新電臺擁有兩個實體廣播頻道，AM729頻道定位為「讀書人的頻道」、FM88.1定位為「流行音樂網」。

　　世新電臺於1999年建置網站，2000年5月AM729（調幅頻道）即可透過網際網路線上即時收聽（Live）；2003年5月網路廣播正式開播，同時提供AM729、FM88.1節目線上即時收聽（Live）與隨選播放（Audio on demand）兩種收聽方式。本臺網站製作如同一部網頁設計演進史，從Html、Flash、樣式表語言（CSS）、Javascript語法、XML、WEB 2.0等，至2012年手機網路時代來臨，本臺手機瀏覽版本因運而生。

　　世新電臺為了跨越傳統電臺頻道範圍的限制，服務更多的聽眾，2001年開始利用網際網路進行播音，聽眾從電臺網站不但可以聽到也可以看到播音室內現場DJ的一舉一動。2003年5月14日架設完成世新網路電臺（http//www.shrs.shu.edu.tw），同時提供線上即時收聽（Live）與線上隨選收聽（Audio on demand）兩種收聽方式。

（二）網頁風格

　　世新電臺網頁風格以星際科技為主軸，就設計理念來說，為符合html5規範，在網頁上運用jQuery為主控制網頁物件行為（如parallax scrolling〔多層視差滾動效果〕、WebGL等），不使用傳統重新載入換頁方式，而是運用捲動方式定位，即時載入資料，讓網頁視覺上呈現動畫效果（非flash的動畫）或即時更新，以減輕主機負荷、減少資料傳輸量，讓網友在任何系統瀏覽本網站皆暢行無阻。

在網站結構上將版型、程式與資料分開，除了可因應各種不同裝置（電腦、行動裝置、手機），可在最佳狀況下瀏覽，未來改版更新不用整個網頁都重新設計，節省人力與資源。另外，為了能更因應上網方式、網路技術多元化，系統開發將往開放源碼方向靠攏，將asp轉成php，資料庫也因資料量增加由Access改成MySQL，未來若有需求可順利轉為雲端轉播。audio播放格式也將增加Linux、iPhone等能直接播放的格式，提供使用者直覺式操作環境，使用者能快速上手，並加強使用者間的溝通合作。

在後臺管理系統將管理者、使用者合併管理達到單一帳號，並使RBAC（Role-based on access control）讓個別帳號可依權限分配進行各項管理，是安全方便有效的管理模式。

世新廣播電臺網站架構如下圖示：

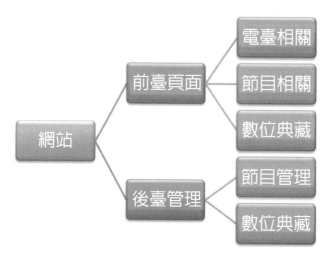

圖14-1　世新廣播電臺網站架構圖

世新網路電臺是以星際總部為概念，分為以下幾個部分，如表14-4所示：

1. SHRS星際總部網站首頁：http://www.shrs.shu.edu.tw

在浩瀚的廣播星球中唯有世新廣播電臺最閃耀，歡迎進入世新廣播電臺SHRS星際總部WELCOM TO SHIH HSIN RADIO STATION（聲音檔）。

表14-4 世新網路電臺星際總部概念表

1.SHRS星際總部網站首頁	8.衛星訊息傳輸
2.SHRS星際總部	9.戰鬥桌布下載區
3.戰鬥設備介紹	10.經典機器人介紹
4.戰鬥實況	11.SHRS捍衛聯盟
5.最新任務	12.星際播客
6.星際總部檔案室（建構中）	13.ENGLISH
7.SHRS補給站	

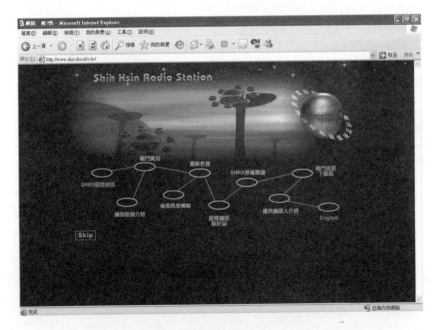

圖14-2 世新網路電臺SHRS星際總部網站首頁

2. SHRS星際總部【世新電臺簡介】

內容有世新電臺簡介、工作人員介紹、組織架構、及電臺大事紀。

3. 戰鬥設備介紹【節目及主持人】

這個部分包含有AM729及FM88.1兩個頻道的節目表及主持人介紹。

4. 戰鬥實況【線上影音傳輸】

這裡提供電臺節目的兩種收聽方式，線上及時收聽（與廣播頻道同步）及AOD隨選播放節目。

5. 最新任務【最新訊息】

內容有介紹世新電臺的各項活動及最新消息。

6. SHRS補給站【線上小百科】

提供網友在廣播技術及歷史的各項資訊查詢。

7. 衛星訊息傳輸【聊天留言版】

提供網友留言的園地，分為總部留言區及節目留言區。

圖14-3　世新網路電臺SHRS星際總部簡介

8. 戰鬥桌布下載區【下載區】

提供精彩桌布讓網友下載，有臺灣山岳、全球風景及廣播相關器材的豐富圖片。

9. 經典機器人介紹【作品欣賞】

提供歷年來得獎之各類廣播節目的隨選播放（AOD），讓網友可自由安排時間選擇收聽各個經典節目。

10. SHRS捍衛聯盟【其他網站連結】

提供其他相關聯盟網站的連結，方便網友選擇，包含與之合作的4家國際廣播公司（BBC World Service、DW、abc、rfi）及其他網路電臺的網站連結。

11. 星際播客【Postcast檔案下載】

內容為世新網路電臺自製的各項單元，提供隨時下載至網友的各項器材。

12. English

提供電臺簡介及電臺大事紀的英文版面。

（資料來源：世新電臺提供）

四、IC之音的有聲書籍資料庫

（一）電臺成立

2002年3月1日就創立IC之音廣播電臺。因此是由一群服務科學園區IC電子工業有關的IC人為了回饋社會為使命成立的媒體，秉持IC的精神（I care我在乎、I can我能夠、I change我改變）的精神，期盼藉由電臺提供精緻優質的節目，促使民眾積極關懷家庭與群體的人，進而能參與桃竹苗地區的總體營造工作。因此經營電臺的目的不是為了商業上的利潤，而是為了創造文化影響認知的力量。

（二）IC之音電臺資料的管理

1. 聽眾資料的管理

電臺建立聽眾資料庫目的是經由蒐集聽眾的人口統計資料，瞭解生活

形態。電臺有一溝通的管道和聽眾保持長期性的關係，透過資訊的交流和活動的互動中，強化兩者之間的關係來凝聚聽眾的向心力。根據該臺副臺長田麗雲表示，IC之音聽眾資料累積是從歷年來每一次的活動時請聽眾留下資料，從這裡面來累積做比對然後作紀錄存檔。每年累加起來成為我們電子報的資料，電臺也會透過朋友推薦，徵求聽眾的同意後紀錄存檔，目前約有一萬多筆聽眾資料。副總經理潘國正補充另有一個途徑就是網路，聽眾可以直接訂IC電子報，或是加入IC之音網路的會員，電臺每週都發電子報，聽眾加入會員買有聲書可以85折優惠，用這些方式來蒐集聽眾資料。

2. IC之音有聲資料的管理

數位資料的內容典藏很有系統的規劃，分製作前和播放後，製作前先做了很多後製的工作，把該剪的、該刪的都做好成為兩套。一個是要online線上的播出，一個是要把音樂抽掉，因有版權的問題，音樂抽掉這一套都全部備份在硬碟裡面，分為二種方式，有磁帶的典藏，也有硬碟的典藏，節目都已經數位化了。

田麗雲表示10年來電臺累積每天的藝術人文的節目全部存檔，這樣的一個資料庫放到雲端去。現在在AOD就是進入網路聽IC之音的節目時會把廣告拿掉，專人每天要把昨天播出的節目中廣告拿掉，然後把它重新再匯上去，就變成一個收聽的資料庫；如果是做有聲書的時候，必須把音樂通通都換掉，因為音樂有版權，換上電臺自己創作的版權音樂。所以從典藏來講，10年的節目全部都在資料庫，然後會有一個AOD的部分裡面，基本上所有的音樂性節目不能放在資料庫。音樂在頻道可以播出，當做有聲書時就不能用原來的節目，一定要抽換掉音樂，在這個部分有好幾個步驟才能完成工作。10年節目日積月累的整個資料要上雲端，以後手機就可以下載。底下便是有聲資料庫的特色與內容。

3. 以有聲出版豐富人文生活

透過精緻化的節目製作，IC之音將節目內容製作成有聲出版品，成為電臺經營的重要區塊。陸續出版：

（1）蔣勳「美的沉思」系列，談美學與藝術賞析。

（2）「中國文學」系列，談經典文學。

（3）「西洋美術史」系列，對美術史作進一步完整介紹。

（4）洪蘭「講理就好」系列，談親子、家庭教育和閱讀。並以「洪蘭老師開書單」系列進入圖書館，讓所有民眾自由點選收聽。

（5）劉炯朗校長「我愛談天你愛笑」暢談科技人文。

（6）辛意雲老師「論語辛說」、「莊子辛說」論經典與其現代意義。

（7）百年金鐘三座獎項得主田麗雲「成語這麼說」，介紹中國語文的奧妙。

（8）李家同校長「打開希望的窗」談公益與動人故事。

（9）陸潔民「藝術ABC」談藝術欣賞與收藏。

還有「陳韻琳說紅樓」為成人說故事、「愛情創世紀」談兩性關係、「得勝心情日記」談青少年親子議題、「童話急轉彎」兒童品格故事有聲書附繪本……等。讓購買有聲書的聽眾，可以在最便利的時間地點，隨時收聽IC之音精緻的節目內容，豐富人文生活。

4. 以網路媒介建構科技人文學習網

呼應網路應用更趨成熟的大趨勢，IC之音網站持續優化資訊結構、更新版面減輕閱讀負擔、提升網站可用性、增加會員系統與推薦功能，讓使用者更容易、更頻繁關心（care）網站中的各類最新資訊。

2011年，企業學習網已上線，為企業架構符合企業文化與成長學習需求之節目組合，提供企業與學校網路帳號，隨時上網收聽，免除在龐大資料中費時尋找的麻煩。除了企業學習網之外，IC之音也免費提供即時線上收聽，以及近期節目的免費隨選即播AOD服務。對於過去的節目，聽眾也可透過加入會員的方式，隨時在網路上點選收聽，想聽什麼選什麼，不受廣播收聽時段與地區的限制，也擴展了科技人文終身學習的範圍。

潘國正補充，比如說洪蘭老師的講理節目，2、3分鐘播完以後就上傳，上傳以後我們可以分第一個免費的，第二個是付費的，免費的話就等

於是節目推廣，讓你聽了這個節目可以轉到電腦來聽，第二個是收費的，收費也許是0.99或1.99美金，在android系統或apple系統都已經可以上了。IC之音的優勢是做到全球華人的心靈故鄉。

　　總之，IC之音透過聽眾資料庫可以提供服務活動的資訊外，也瞭解聽眾的背景資料，掌握聽眾的流向，建立互動的溝通管道以及良好的關係。數位資料的內容典藏，利用雲端科技，發揮全球華人影響力，是IC之音具有最大的優勢。

❉ 第三節　銀河網路電臺（iWant-radio）

一、網站定位

（一）原生定位－首創「網路隨身聽」線上廣播電臺

　　「銀河網路電臺」自1998年7月成立，突破傳統廣播收聽的窠臼，以網路電臺為製播定位，提供各式自製的免費有聲節目及音樂播放為主，並率先帶領「網路隨身聽」的概念提供線上24小時隨選收聽之網路廣播節目。目前累積所產製有聲節目超過上萬集，並完整收錄成節目檔案櫃供線上隨選收聽。該臺總經理李國傑（老貓）甫獲「臺灣廣告主協會TAA」與動腦雜誌聯合舉辦「行銷傳播傑出貢獻獎」的「年度傑出網路服務公司經營者」獎項。其次，也榮獲「CNTV中國網路電視臺」頒發「最具網路影響力原創機構」獎項。

（二）目前經營定位－最大網路娛樂影音媒體平臺

1. 升級音樂娛樂影音媒體平臺

　　隨著網路趨勢及技術的演進，寬頻影音時代的來臨，該網路電臺也率先從聲音節目產製提升至影音節目的製播，並將經營重心及定位鎖定在音樂娛樂資訊為出發點，擴大網站影音資源的累積，以期為下一階段呈現更多元化的影音內容做準備。

2. 首創臺灣網路原生歌手影音專訪、側錄

首創臺灣網路原生影音攝影棚、錄音室，邀訪各大唱片公司歌手製作現場節目專訪及側錄等。

（三）銀河網路電臺的商業概念

1. 為自營的內容網站，以提供獨特網路原生自製的華文娛樂影音節目、娛樂相關資訊為主要服務，目前尚未有商業經營或交易的規劃行為。

2. 未來期為能有更多會員社群之規劃，並能結合各大唱片、電影公司推動更多回饋樂迷的互動機制等等。

二、網站結構與動線介面

（一）「銀河網路電臺」網站結構以簡潔動線、快速導引網站內容為主要訴求

（二）重點式歸納，網友隨時清楚自己身在何處

固定保留上方之公用單元選單及右方之最新訊息及活動快訊曝光區塊，讓使用者不會猶如劉姥姥逛大觀園般進入網站後不知所措，簡單明瞭並善用大區塊介紹內容的特性，讓「銀河網路電臺」廣而深的內容做了重點式的收納，避免了一般內容網站常因為太多的內容資訊卻也造成網友不知從何瀏覽起、甚至進入網頁後即有迷路的狀況發生。

（三）儘量不做超過三層以上的內頁內容顯示

網站所有單元內容皆以歸納至第三層內頁為止，儘量不做第四層內頁之後的搜尋及連結，避免網友進入多層式的網站內頁後迷失，或喪失網站重點式傳達的精神。故「銀河網路電臺」廣而深的影音節目內容，在網站有系統的歸納及清楚的內容編製導引下，網友即可於網站第二層內頁一目了然收看、收聽該單元的影音節目。

（四）播放Player隨選收聽收看，介面外加廣告導引功能

在所有影音節目中，皆有兩種Player模式提供網友選擇：聲音檔及影音檔，網友可選擇只收聽節目的聲音呈現，或寬頻用戶可選擇影音檔以同

時擁有聲音及影像的雙重享受。而在「銀河網路電臺」的Player介面上，另外規劃了廣告Banner的置放，提供站內最新活動訊息等，快速引導網友下一個瀏覽重點目標。

（五）橫向及垂直檔案櫃系統化收錄，快速搜尋所需資料

除了可藉由各單元中的單元為類別，做所有節目的檔案櫃垂直收錄外，網友也可透過橫向總檔案櫃，以部首筆劃或年份時間查詢所有歌手藝人之資訊，讓網友在網站中能依自己喜好快速選擇收看、收聽的節目或是歷史節目資料等。

（六）網友也是「銀河網路電臺」的內容產製者，提高互動樂趣

在「銀河網路電臺」提供的常態內容供網友搜尋、收看收聽之外，透過互動單元的設計刺激網友在取用的動作外，也能產生主動給予、主動參與、主動關心的行動，除了留言版提供給網友意見交流回饋，以及每週設計投票題目供網友趣味投票互動，另設計「明星大頭貼」單元，提供網友自行上傳自家收藏的歌手照片分享，增加「銀河網路電臺」娛樂音樂資源更趨豐富多元化和互動性。

三、網站特點

（一）特殊主題性的單元規劃

以最清楚明瞭的方式，讓各單元呈現更具主題性。

（二）自製原生的線上影音娛樂音樂節目

所有單元皆為自製自播，採取文字、照片、聲音、影像等四種呈現方式，節目收聽、收看採取讓網友點選播放的方式，由網友自行選擇時間上網瀏覽內容，且具有重複收聽、收看的功能，讓網友沒有時間上壓迫的憂慮。

（三）線上隨選播放，安全便利

所有節目皆採取僅提供線上播放的功能，除為音樂版權做好嚴密的保護外，網友也無須自備大量硬碟空間下載讀取。

（四）網站單元及介紹

1. 節目方面，如銀河面對面，由知名廣播音樂人陳樂融以及老貓主持，現場專訪流行音樂界當紅發片歌手之音樂節目，每集專訪節目約15分鐘。

2. 專輯方面，如以月份爲單位，有系統的介紹臺灣所有發行的國（臺）語專輯，以及以標題條列式介紹有在臺灣發行出版的東、西洋流行專輯。

3. 星聞方面

  （1）以月份爲單位，發布所有華語、東、西洋流行音樂、歌手相關新聞。

  （2）以大量的照片寫眞、文字報導及聲音呈現，讓網友在瀏覽新聞報導時不再只是單一的感官接收。

4. 歌手方面

  （1）每位歌手都擁有專屬的頁面，裡面記錄了發行過的專輯、文字書、新聞報導及銀河節目連結，目前已累積共數以百計的歌手專屬節目及頁面。

  （2）不管是網友或是歌手本人想要重新瀏覽，透過部首筆劃、英文字母及個人或團體的分類，讓網友可清楚搜尋歌手歷屆發片訊息。

（五）視覺設計

其特色包括：

1. 簡潔不繁雜的頁面，突顯歌手專輯的特色。

2. 在網站視覺設計呈現重點上，主要以html頁面爲主，每個單元皆清楚呈現專輯或歌手的圖片展示，字體適中並採取最適合眼睛閱讀的色系及間距編排。

3. 整體網頁不做過多顏色或是特效上的設計，以突顯每張專輯和歌手的特色，以及單元所要呈現的重點，吸引網友注意力的集中，並減少網頁瀏覽下載的負荷，提高網友在影音收看或收聽上的高

品質享受。

四、網站技術與創新性

（一）網站技術

1. 攝影棚及錄音室硬體設備投資

自設攝影棚和錄音室，包含Video Mixer、Audio Mixer、燈具、背板等硬體設備，在歌手專訪節目採用三機拍攝，以抓取每一個最完美合適的角度於線上影像呈現。

2. 致力提供高品質聲音檔和高畫質影像檔

除使用網路上最普及的多媒體技術Windows Media Technology來製作內容外，並使用串流技術（Streaming Technology）讓網友收聽及收看節目。大量的圖片和影音由多臺media主機負載平衡，以利收看及收聽。

3. 專業影音後製技術呈現精緻化節目

每一個專訪影音節目及聲音檔，皆經過專業的後製技術人員透過剪輯後製軟體，精心後製編輯後，才能上線。

（二）創新性

1. 首創歌手線上專訪的免費影音節目媒體平臺

透過名人主持和歌手的邀訪，首創臺灣網路原生網路廣播及自製娛樂音樂歌手專訪的電臺影音節目，在目前國內多數提供音樂下載、音樂唱片資訊等音樂娛樂網站中，獨創歌手專訪影音節目，爲國內在各類型音樂網站中創造最大的網站經營特點。

2. 搜尋引擎名列前幾頁

透過每日常態性的內容更新及最新的訊息、活動提供，例如：當於google搜尋引擎以關鍵字「歌手人名」或「銀河」搜尋時，便會於前一、二頁秀出。

3. 獨家、網路原生自製的歌手影音節目

（1）獨家內容製作

針對各大唱片公司不同歌手，量身訂做設計深具個人特色的節目企

劃，讓網友在一般專訪之外，也能透過「銀河網路電臺」看到歌手不同於電視、傳統電臺、報紙雜誌等媒體所揭露的報導，不僅為「銀河網路電臺」創造獨特無價的網路資源外，也為「銀河網路電臺」帶來有價值內容的無可取代性。

（2）歌手MV完整播放

除一般提供付費下載的音樂平臺外，也提供免費的線上隨選收看完整的歌手Music Video播放，而非片段播放，並於MV中加上該歌手錄製的「銀河網路電臺」獨家臺呼。

五、銀河網路電臺新網站介紹

（一）【iCD銀河愛音樂】華人新音樂數位發行平臺

提供正版音樂免費下載。

網址：http://www.iwant-music.com

簡介：http://www.iwant-in.net/tw/layer3_cc_icd.php

銀河愛音樂宣言：http://www.iwant-music.com/about.php

（二）【兩岸華人大學院校數位畢業聯展】

推動兩岸大學生畢業作品文創交流。

網址：http://dge.iwant-in.net

（源自於iPavo舉辦前三屆臺灣大學生數位畢業聯展，之後規模擴大，成為兩岸大學生數位畢業聯展，並且獨立成為網站。）

簡介：http://www.iwant-in.net/tw/layer3_ec_dge.php

（三）【銀河流行音樂博物館】

集結銀河十餘年的華文流行音樂數位內容。

網址：http://museum.iwant-radio.com

簡介：http://www.iwant-in.net/tw/layer3_cc_museum.php

※ 第四節　網路廣播的影響

　　目前國內廣播電臺上網所運用的經營模式，大都是以實體企業與虛擬網路相互搭配支援的營運形式，也就是電臺為主，網站為輔。有關網路廣播的影響，分述如下。

一、對業者而言

1. 超越性：可跨越傳統電臺頻道範圍的限制，獲取更多聽眾市場的機會，網際網路無遠弗屆的特性，各種功率的電臺在網路前一律平等。
2. 互動性：由單向到互動，拉近聽眾與廣播節目間的距離。
3. 多元性：網路結合文字、圖形、聲音與影像的特質，將可補強傳統廣播單純聲音傳播的性質。
4. 專業性：利用網路在資訊科技上方便存取的優勢，建立電臺本身的專業資料庫，提供聽眾搜索的服務，例如臺北愛樂電臺的古典音樂資料庫。
5. 效益性：為使用者付費時代的來臨做好準備，傳統廣播業者的收入來源，大都是廣告，但在網路上，這種情形也許會有改變，像是旅居各地的華人，若想收聽「鄉音」，便可付費上網收聽臺北之音的節目。
6. 多樣性：網路廣播電臺的架設，不像傳統廣播電臺要一定的資本額方可申請，對於無力承擔高成本的小型或另類電臺，提供另一種經營方式，以全新的傳播型態在網路上經營自己的廣播電臺。

　　從前述第2點得知，網路廣播的互動機制至為重要，所謂「互動機制」意指：「透過技術工具，指引接收者加入互動的討論，讓接收者與傳播者之間彼此相回應，有實際上的意見交換機制」。因此，網站內容也結合網路特性，朝向互動性發展，針對網路互動性，成立E-MAIL、留言

板、討論區、聊天室等等的互動機制，提供使用者與電臺或其他使用者溝通。

二、對聽眾而言

1. 自主性：收聽型態的改變，由於網路中隨選播音的功能，聽眾可依照自己的時間隨時上網點選所想聽的節目，不會因錯過播出時間而錯失收聽節目的機會。
2. 選擇性：除了傳統廣播電臺的網站可供選擇之外，在浩瀚無界的網路世界中，還有許多其他的網站供吾人遨遊。
3. 及時性：透過網際網路即時互動的特性，可拉近聽眾與廣播節目的距離，像是線上聊天室、留言版、網路問卷等活動，使聽眾在收聽廣播節目時，可隨時在網站上表達自己的意見，同時也可獲得主持人或電臺方面的立即回應。
4. 便利性：網路廣播電臺所建立的各式資料庫，像是各類型節目內容、音樂資料、節目單、活動預告等，都能讓網友經由電腦查詢的動作，快速確實的取得各種資訊。

第 | 十四 | 章
思考與練習題

一、網路廣播目前有哪些不同的型態？其優勢為何？

二、試述網路廣播在臺灣的發展情形，並加以評論。

三、尋找國內具有特色的電臺，然後指出其網站內容與功能。

四、就「終身學習」與「從經驗中學習」觀點而言，網路電臺資料庫音訊隨選（AOD）的功能，能帶給閱聽人什麼實質上的影響？

第 15 章 ▶▶▶

Podcast廣播節目製作

　　繼BLOG、RSS之後，網路世界又出現了一個有趣的新玩意，那就是Podcasting或Podcast（以下簡稱Podcast），是指利用多媒體檔案，例如聲音節目或音樂影片透過行動裝置或個人電腦利用網際網路下載並播放。一般Podcast使用者是透過RSS （ReallySimple Syndication）格式來訂閱感興趣的節目。本章將針對Podcast的定義、發展及其特色逐一介紹之外，更要就其製作方式及原則，舉出實例介紹，期使讀者對此一新媒體有更為深入的認識，並能親自製作各種有趣及有意義的節目。

　　有關網路廣播與Podcast比較，如表15-1所示。

表15-1　網路廣播與Podcast比較表

檔案格式	網路廣播串流	Podcast MP3
節目數量	較少	多
下載	不可	可
可攜性	低	高
製作	困難	容易
訂閱	不可	可
節目時效	即時	隨選

資料來源：郭立偉，2007.07.22. www.Taiwan.cnet.com/cnetlife/digilife

第一節　何謂Podcast及其歷史

一、Podcast的定義

（一）Podcast概念

　　根據維基百科對於「Podcast」（有人譯為「播客」）一詞，來源自蘋果電腦的「iPod」與「廣播」（broadcast）的混成詞，同時也是MP3隨身聽與網路廣播機能的結合。

　　Podcast的主要概念，指的是一種在網際網路上發布聲音文件並允許用戶訂閱RSS來自動接受新聲音文件的方法。簡單來說，Podcast就是一種「可訂閱、下載及自行發布的網路廣播」。

　　Podcast與其他音頻內容傳送的區別在於其訂閱模式，它使用RSS 2.0文件格式傳送訊息。該技術允許個人進行創建與發布，這種新的廣播方式使得人人可以說出他們想說的話。由於它也是一種在網際網路上發布文件並允許用戶訂閱 feed，以自動接受新文件的方法。這種新方法在2004年下半年開始在網際網路上流行以用於發布音頻文件。

　　訂閱Podcast可以使用「Podcatching」軟體（也稱為「新聞聚合」軟體）。這種軟體可以定期檢查並下載新內容，並與用戶的可攜帶音樂播放

器同步內容。Podcast並不強求使用iPod或iTunes。任何數位音頻播放器，或擁有適當軟體的電腦都可以播放Podcast。

Podcast是更有創意的網路廣播，以往的網路廣播，我們必須隨時連在網路上才能收聽，而且聲音是以串流的格式播放，想錄下節目內容就必須使用側錄的方式，或是用擷取軟體來下載。Podcast的檔案採用最普遍的MP3格式，使用者可以在網路上點選連結收聽，也可以直接把節目的MP3檔下載到自己電腦裡，接著就可以將檔案傳輸到MP3隨身聽，帶著喜愛的節目出門去。iPod的使用者還可以透過與iTunes的同步功能，直接把廣播節目下載到自己的iPod，輕鬆地享受Podcast的樂趣。

（二）Podcast發展

其歷史為：

（1）1995網路從廣播MP3檔案至串流技術

（2）2000-RSS 的發展擴展於音樂及影片使用上

（3）2001-Audioblogs 第一個語音部落格

（4）2004-Podcasting 誕生

2004年底，美國波士頓的WGBH電臺在它的「早間故事」節目中開始了Podcast的服務。下載量從第一週的39次，躍升到12月的5.7萬次。

從2004年11月到2005年2月，英國BBC第四頻道（Chanel 4）「在我們的時間」，這一節目的下載量超過17萬次。貝多芬交響樂的Podcast節目推出僅一週，就有60萬次下載。形勢大好之下，BBC增加了20多檔Pod-cast節目的電臺。

（5）2005-Podcast成為主流，iTunes整合播放與網購平臺

2005年5月16日，美國維康影視集團（Viacom）位於舊金山的KYOU電臺，成為世界第一個全部播出Podcast節目的電臺。

2005年以來，CNN、ABC、NBC、FOX等電視臺以及《費城每日新聞》、《丹佛郵報》多家報刊，先後將自己內容製作成Podcast。維康影視集團無限廣播公司（Infinity Broadcasting Corporation）也宣布，該公司9個全新聞臺，都為聽眾提供免費的Podcast節目，內容包括本地和全國的

新聞、體育、商務和娛樂要聞，以及天氣和交通資訊。

（6）2006年攜帶型播放裝置熱賣

二、Podcast的意義及其特色

（一）Podcast特色

Podcast就像「廣播」可以包含兩種意義，即內容提供者或是作者，一般稱爲「podcaster」（播客）。其特色有：

1. 自動性

接收端能自動接收、並將文件轉至需要的地方，正如同Blog一樣，podcast也是運用XML基礎的RSS技術，其功能就是用來尋找與自動更新影音至個人電腦，這可以說是二十一世紀的私人廣播。

2. 容易操作

個人電腦搭配耳機、麥克風設備，即可支援。同時，使用門檻低，不受設備、地點限制，輕鬆擁有個人媒體。

3. 可攜性

不同於常見的文字部落格以及影音「視落格」（vlog，例如 You-Tube），podcast提供聲音下載，而且也不是一般網路常見的「串流」（streaming）模式。由於可以放入隨身聽離線收聽，不必一直待在電腦前，因此podcast大幅增加了有聲資訊的「可攜性」（portability）。

4. 隨時可聽

無論是等車、走路或是工作，戴上耳機，頓時可以開展一個有聲的資訊世界。

5. 簡約性

近來podcast逐漸受到歡迎，則反映出現代工作與生活模式下，人們希望直接吸收資訊，但又經常忙碌於求學、工作與生活，因此尋求既可以解放視覺、低度專注，又能夠簡便快速的資訊接收模式。於是，隨著資訊、網絡技術演進，以及影音技術日新月異，有聲傳播得以進入新的里程碑。

（二）Podcast條件

除了前述五個特色之外，podcast也要具備三個必要條件，那就是：1.必須是一個獨立的、可下載的媒體文件；2.該文件的發布格式為RSS2.0 enclosure feed；3.接收端能自動接收、並將文件轉至需要的地方，正如同Blog一樣，podcast也是運用XML基礎的RSS技術，其功能就是用來尋找與自動更新影音至個人電腦，這可以說是二十一世紀的私人廣播。另一個說法，其為一種類似blog的個人創作，不同的是它存於mp3格式。podcast使用者藉由ipod或其他類似之數位影音播放器收聽數位內容。美國牛津字典在2005年收入podcast，並定義其為廣播或相關節目的數位檔，可藉由網路下載個人播放器中，已不是針對個人製作的DJ節目來作取向。Podcast與傳統網路廣播最大的不同點是使用了RSS2.0這項讓部落格（Blog）蔚為風潮的技術，使用者只要訂閱若干頻道的RSS feed，即會隨時收到線上最新更新的MP3檔案。

當然，並非所有人都對於podcast抱持樂觀看法。首先，在網路的文字與影像介面雙重夾擊之下，單純仰賴聲音傳播與mp3播放器的優勢，似乎過於薄弱。其次，有聲讀物的內容與影音或文字內容相比，仍舊稍嫌貧乏。如何將文字內容轉換成有聲內容？由誰來轉換？如何控管品質？是否需要付費？這些都成為討論的問題。其次，透過RSS散布內容，以及類似文字部落格的開放平臺，每個人都可以發表，是否會造成內容良莠不齊，甚至成為垃圾與廣告訊息充斥的場域？最後，由於牽涉到下載收聽，聲音的版權問題，未來勢必引起另一波的爭議與討論。這些都是等待時間來解答的問題。

三、網站範例介紹

以下介紹兩個Podcast網站範例，一是美國威斯康辛大學丹漢教授（Professor Randall B. Dunham）Podcast網頁，另外一個是資策會數位教育研究所數位技術中心網頁。

Podcast網站範例（一）

　　美國威斯康辛大學丹漢教授（Professor Randall B. Dunham）Podcast
網頁Podcast樣本，如圖15-1所示。

　　圖15-1提供由威斯康辛大學丹漢教授所發展出來的Podcast樣本的相
關訊息。假使您想訂閱，請點擊「訂閱」的按鈕，這些訊息將會送到您電
腦的iTunes。

　　這些樣本將提供在丹漢教授課堂裡使用各種Podcast（課程）的創
意。下面是每一種樣本的簡短說明。

　　（課程名稱）變遷管理導論與概論（4分07秒）

　　（內容省略）

Podcast網站範例（二）

　　資策會數位教育研究所數位技術中心網頁，如圖15-2所示。

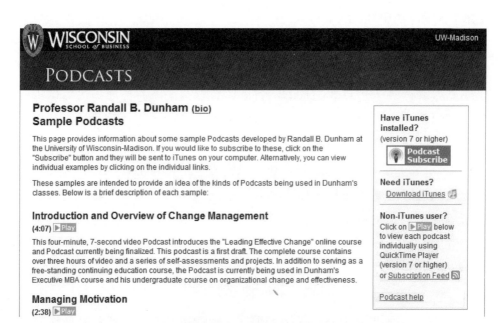

圖15-1　威斯康辛大學丹漢教授所發展出來的Podcast樣本

圖15-2　資策會數位教育研究所數位技術中心網頁

※ 第二節　Podcast製作流程簡介

一般而言，Podcast的製作流程，可以分為以下七個步驟：

（一）節目企劃

（二）節目腳本內容

（三）錄音設備準備

（四）錄製編輯

（五）編碼

（六）上傳至網路空間

（七）設定RSS資訊

然而，為了詳細介紹Podcast的製作流程，底下就分為兩大項分別說明如下：

一、節目企劃

Podcast的基本精神就是創作內容（聲音或影像），在任何時間或地點都可以提供給聽眾收聽的節目。因此，其節目企劃內容，包括：

1. 節目的聽眾群，聽眾為何需要訂閱你的節目，目的何在？

2. 節目主要的議題。

3. 節目長度、節目週期、如何讓聽眾對節目感興趣。

此外，也應考慮製作少數族群的節目，其次，也要決定節目長度和週期。一般podcast的節目，無論是單獨節目或是有週期性的節目，例如一週或每天提供新的節目內容，均是以作者喜好來決定，此外，節目宜簡短，時間每集約在6-10分鐘，若內容過長可分不同檔案，而聽眾只需訂閱該節目即可，若節目有更新就會自動下載，提供給訂戶收聽。

Podcast提供者的網站上應該提供直接下載（direct download）或是串流（streaming）的方式提供給聽眾，然而podcast令人稱讚的是透過相容的軟體讀取RSS feed訂閱感興趣的節目，軟體會自動下載節目給聽眾。

二、節目腳本內容

（一）節目架構

先談podcast節目架構，就如一般節目的架構，以下可提供參考：

1. 開場介紹（歡迎，介紹本節目內容等）

2. 開始你的節目內容主題

3. 迴響（回覆電子郵件，回應網路上觀眾對你的留言）

4. 結尾（本次主題的結論，感謝詞，下次的節目預告）

（二）對話腳本實例

以下是一個實例。

Podcast主持人和來賓的對話腳本（資料來源：**Forrester Research, Inc**）

主持人：哈囉！歡迎收聽（Podcast的節目名稱），本節目每週會針對（某些範圍的議題）定期播出。我是（名字和職稱），是今天的主持人。今天的話題是（特定Podcast的名稱）。今天我們的特別來賓是（名字和相關資料），他（她）將要談一談有關（話題）的事情。（主持人將講兩句有關前述特定Podcast的說明）

主持人：讓我們歡迎（特別來賓的姓名）。節目一開始，我想請教您（第一個問題。當這項討論繼續討論到，例如：「您的意思是……？」或者「若我瞭解的沒有錯的話，那是……」等等，主持人可以用這些問話，來澄清額外的問題。請留意時間，不要讓這些即席的問題，讓你離你計畫好想問的主要問題太遠）。

主持人與來賓討論話題（問題與回答討論大約**7**分鐘）

主持人表示謝意，並將**Podcast**節目作總結：謝謝（來賓的名字）。這是一個對於（話題名稱或總結要點）大開眼界的討論。今天很高興能和大家在一起討論。

主持人結束**Podcast**節目：感謝聽友收聽我們的（Podcast的節目名稱）。如果您對於我們今天的Podcast節目，有任何的意見或疑問，請到我們的部落格，寫下您的意見。歡迎參加我們下星期的話題（下一集Podcast的名稱）討論。今天我們（這一集Podcast名稱）就跟大家說再見！（結束）

並不是所有節目都是這種架構，有些Podcast節目是很鬆散的架構，例如：可能是一段會議的錄音片段，或是演講，甚至是個讀書會等等。然而，這些都可以讓你瞭解到什麼是Podcast。

另外，如果你將節目大綱，附在你的Podcast供人參考，也有助於聽眾瞭解你節目的內容。

（三）範例

1. 範例一：脫口秀

針對節目格式和架構，以下舉出範例一：脫口秀節目。包括：

（1）片頭音樂

（2）開場介紹

（3）B話題（短）

（4）聽眾留言

（5）A話題（長）

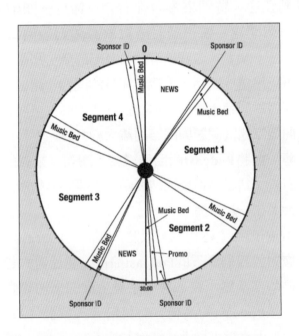

圖15-3　Podcast脫口秀節目格式和架構

資料來源：Podcasting Pocket Guide, Kirk McElhearn, Oreilly & Associates Inc. (2006/01).

說明：（1）music bed（音樂床）：是指沒有歌手傳唱的一段片頭音樂，或整個片頭音樂的替代作品。

（2）Segment（節目的段落）：是指脫口秀的分段內容。

（3）Promo（廣告促銷）：只插播廣告的破口所在。

（4）Sponsor ID（廣告贊助的公司名稱）：廣告之前，要說明贊助廠商是誰。

（5）News（新聞）：每小時的整點與半點，各有一次新聞插播。

（6）網址／電話

（7）片尾音樂

2. 範例二：音樂節目

音樂

快節奏的歌

慢節奏的歌

推薦歌曲

快節奏的歌

點歌

推薦歌曲

較長的歌曲

3. 範例三：科技節目

聽眾留言

開場音樂

科技新聞和回顧

B話題（短）

回覆聽眾問題

宣傳下段節目

來賓專訪A話題（長）

片尾音樂

（四）配合好的製作效果以及結合其他資源

1. 加入音效（3-5秒）

2. 與部落格（blog）結合

（五）持續不斷提供新內容

其次，當製作Podcast節目應注意事項：

1. 選擇合適的格式

（1）單人模式：只有一位主持人。

（2）互動模式：兩位主持人可以交談。

2. 開場強烈，結尾大。

3. 簡潔有力。

4. 避免製造毀謗產生謠言的話題。

5. 在節目中使用的音樂，其來源有：（1）音樂的版權問題，（2）買音樂或自行製作，（3）使用免費音樂。

6. 配合好的製作效果，例如加入音效（3-5秒）。

7. 妥善處理節目中的留言與電話Call out。

7. 可尋求廣告商贊助商。

8. 多與其他Podcast節目或部落格（blog）作連結，以壯大聲勢。

9. 持續不斷提供新內容。

10. 運用Audacity混音並製作出聲音檔。

11. 將聲音檔案發布到Podcast網站。

有關Podcast節目種類，還包括教育、商業、娛樂消遣。說明如下：

教育方面，包括：

1. 語言學習。

2. 會議，研討會，論壇。

3. 演講。

4. 研究。

5. 專題展示。

商業方面包括：

1. 行銷和宣傳。

2. 教育訓練。

3. 產品或服務展示。

4. 新聞（ABC）。

娛樂消遣方面，則包括：

1. 聊天節目。

2. 興趣主題。

3. 遊戲動畫節目。

🌸 第三節　開始製作節目

相信許多人在聽取各式各樣有趣的廣播節目的同時，必定會萌生自己動手製作節目的念頭。Podcast就是有這樣不可思議的魅力。但是，也許光想需要準備那麼多的製作節目的軟體和硬體器材時，往往就會讓人退卻了。但請放心，製作Podcast節目的門檻是非常低的，一般人都可以輕鬆愉快的開始，上手之後還可以再根據自己的預算增加，添購更專業的軟硬體設備，如此可以彈性地製作Podcast節目。這也是為什麼Podcast受歡迎的理由。

首先我們快速的瀏覽一下，Podcast製作的流程。

1. 錄音。
2. 電腦中讀取編輯。
3. MP3形式輸出。
4. 上傳設定RSS。

🌸 第四節　製作節目所需要的準備

一、錄音器材

如果你在家中錄製，很簡單，只需將麥克風連接到個人電腦中。這時候，麥克風接續的形式大致分為兩種，一為將麥克風連接至電腦上的麥克風端子，另外一種則是連接至USB接口，稱為USB麥克風。有些人則會使用頭戴式的耳機麥克風（Headset）。它平時用於Skype（免費IP電話）或是線上遊戲，若利用這類設備也是可以的。此外，現在很多的筆記型電腦都內建麥克風，也可以輕鬆的使用。不過，使用時要注意，不要把電腦本身的聲音給錄進去了。

除了使用電腦錄製外，你可以使用以「Wav」和「MP3」格式錄製的

音檔裝置，如：數位錄音機（Digital Recorder）、IC錄音機（IC Record-er），或是攜帶型播放設備（MP3 Player）的錄音功能等，甚至手機的錄音功能均可。一般這些裝置，只需要透過USB連接，或是透過記憶卡的方式，將檔案複製傳輸至你的電腦中。錄製的音質效果，會與你的錄音器材設備和環境有關。一般型的麥克風與專業型的麥克風，差價甚多，請依據自己的預算與使用目的，再行添購適用的設備。

二、錄音軟體

利用電腦方式錄製聲音時，錄音軟體是必要的。在Windows系統上，可以使用系統內建的「錄音機」軟體，如圖15-4所示；若是在Mac系統上，則可以使用GarageBand的錄音編輯軟體，除此之外，也有許多付費及免費的錄音軟體。這裡將介紹使用免費的音波編輯軟體「Audacity」，它可支援Windows及Mac 等各系統平臺，後段再予解說。若是透過錄音裝置，錄製產生的音檔，則不需要使用錄音軟體。（見圖15-4）

三、MP3轉檔

Podcast使用的標準聲音格式是使用MP3格式，而使用錄音器材錄製的，一般是以「WAV」格式儲存的檔案，現在也有不少裝置，是以MP3格式直接產生，但也有是以其他檔案儲存的格式。這時就必須透過轉檔的方式，來轉成MP3格式。轉換成MP3格式的軟體也有很多，而利用iTunes來轉換，也可以很容易的完成。

圖15-4　Windows系統上的「錄音機」軟體

四、音波編輯軟體

　　如果節目錄製後，直接播出也是可以的，就不需要此步驟。但是一般我們會想將節目作剪輯，來調整節目的時間，或是加入音樂效果等，最後是編輯作業，亦即再將一些不必要的片斷或雜訊去除。這時我們就會需要使用音波編輯軟體來作剪輯。

※ 第五節　節目製作的步驟

　　現在一切都準備就緒，開始製作第一個節目吧！

　　在錄製節目前，你應該已經規劃好節目的流程了吧！該說什麼流程？怎麼安排？要製作什麼樣子的節目？這些在錄製之前，應當就已確定好節目方針，因為一旦按下錄音鍵，節目就開始錄製了。事前未經妥善的規劃，或是不顧死板的節目架構，就逕自製作節目，很可能會造成你的節目不能持續長久。

　　節目規劃好了，接下來是節目製作的步驟：

一、錄音

　　利用電腦或是錄音裝置錄製時，長時間的錄製會使檔案容量變大。這時要注意檔案的大小，可能會令聽眾的電腦或收聽設備成為負擔，一般來說，5至15分鐘的節目長度恰到好處。當然，你可以錄製長時間的節目，然後利用編輯的方式縮編或是將節目內容予以分段。

　　一般普遍音檔是以「WAV」來作為儲存格式，最後，你必須將檔案再轉成「MP3」來使用。

二、音波編輯軟體

　　如有必要，你需要音波編輯軟體來編輯你的音檔。將不需要的段落

移除，你可以增加一些回音音效等，甚至可以嘗試BGM（background music）的混音。這些都是很有趣的。

你可以加入使用一些音樂素材，例如無版權的BGM音樂，來讓節目氣氛更好，但是，如果你使用了版權音樂（如一般市售CD音樂、流行樂曲等），在未經授權下使用，這就會產生侵權的問題，故要特別謹慎小心。

音波編輯軟體有許多種從販售的專業級到免費的，「Audacity」是一款用於錄音和編輯聲音的、自由的開放源碼軟體。它可以執行於Mac OS X、Microsoft Windows、GNU/Linux和其他作業系統。其特色為:

‧多語使用者介面
‧匯入與匯出WAV、MP3、Ogg Vorbis或者其他的聲音檔案格式
‧錄音與播音
‧對聲音做剪下、複製、貼上
‧多音軌混音
‧數位效果與外掛程式
‧波封編輯
‧雜音消除
‧支援多聲道模式，取樣頻率最高可至96 kHz，每個取樣點可以以24 bits表示
‧對聲音檔進行切割

圖15-5是Audacity為免費的音波軟體，可以在電腦中編輯音波混音、聲音特效、MP3輸出等功能。

（免費多軌錄音混音軟體-Audacity、下載：http://audacity.source-forge.net/）

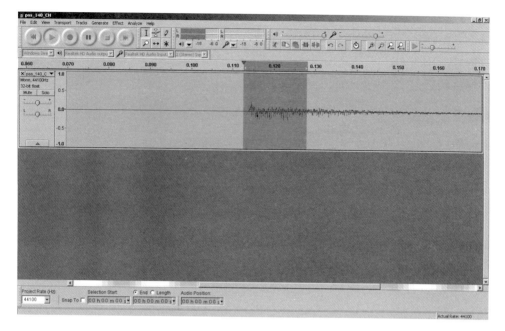

圖15-5　免費的音波軟體Audacity

資料來源：音波軟體Audacity網站。

三、轉檔成MP3格式

　　如果你錄製的檔案為「WAV」或其他音檔格式，你必須將檔案轉成
為MP3格式，你可以使用iTunes將檔案匯入資料庫，並在聲音列表中點選
檔案按右鍵選擇「製作MP3版本」就可以完成。（如果選單中顯示是「製
作AAC版本」，你可以在〔編輯〕〔偏好設定〕中的「匯入設定」改為
MP3編碼器）

　　轉換後再點選檔案按右鍵，選擇「windows檔案總管中顯示」隨後系
統就會把目錄開啟檔案的位置。

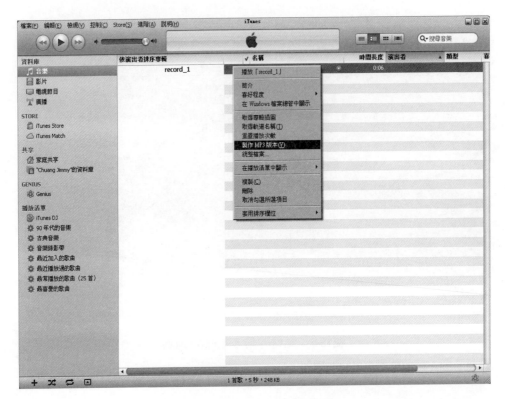

圖15-6　利用iTunes轉換成MP3

資料來源：音波軟體Audacity網站。

四、上傳檔案至網路：將聲音檔案發布到Podcast網站

當節目製作完成後，就需要把檔案上傳至你的部落格或是網站空間，並且編輯節目的RSS資訊檔案，透過該檔案可以記錄該節目的資訊與位置等資訊，最後需將此檔案提供給聽眾訂閱。

五、設定RSS資訊

首先介紹RSS：RSS（Really Simple Syndication）是一種標籤格式，稱為XML（eXtensible Markup Language）。簡單來說，RSS文件包含了全文或是部分的文字資訊，同時也可使讀者能夠定期更新他們喜歡的網站。

此一技術延伸到podcast運用在聲音及影像多媒體檔案上。

其次，RSS可以利用文字編輯軟體開啟，裡面包含節目的資訊、檔案的位置等等關於節目的資料，而且RSS也包含以往的節目資訊，因此當你編輯完成RSS檔上傳後，你只需給這個RSS節目的位置，使用者透過iTunes等Podcast軟體就可以下載最新的節目了。

第六節　Podcast的訂閱與行銷

一、利用iTunes訂閱節目

iTunes（www.apple.com/au/itunes）

當作品完成時可以使用iTunes軟體來訂閱該節目，開啟選單選擇「訂閱Podcast」，並將RSS的網路位置輸入並確認，成功的話，使用者的節目就會出現在iTunes軟體中，並且會自動下載最新的節目。

二、Podcast行銷

當你的節目日益成熟，也有一定的聽眾人數，接下來可以參考幾個議題，讓使用者的Podcast提升到另個層次，並從中賺取利益。

1. 從媒體賺取金錢，如何讓聽眾願意花錢購買使用者的節目。
2. 瞭解你的聽眾，族群範圍。
3. 向聽眾募款。
4. 使用會員制付費收聽節目。
5. 販賣自己的商品。
6. 販賣別人的商品。
7. 深入瞭解廣告和贊助商。
8. 尋找廣告主和贊助商。
9. 成為職業podcast製作人。

如果要行銷使用者的節目並想賺取更多利益，有許多議題也是需要考慮的，例如周邊商品，帽子、T-shirts、公仔玩具、尋找廣告主、尋找贊助廠商、甚至其他網站的合作伙伴等等。但最重要的議題，還是你的節目必須和使用者的聽眾有緊密的交流，讓聽眾瞭解你的節目價值所在，這當中，使用者的節目也是需要不斷的嘗試，慢慢可以找出屬於自己節目的商業模式，剛起步之時可以請聽眾贊助部分資金，或許身為使用者的「您」的節目受到肯定，有朝一日也會有大廠商資助你的節目。

三、小結

從上得知，有關錄製Podcast製作步驟，也就是聲音格式的Podcast，其步驟有七：

步驟1.錄製你的聲音檔

步驟2.上傳錄製的檔案（mp3）至伺服器

步驟3.建立部落格

步驟4.從部落格建立連結到你的檔案

步驟5.製作你的Podcast feed

步驟6.訂閱你的Podcast

步驟7.確認你的Podcast

第七節　Podcast在臺灣與中國大陸及其未來趨勢

一、ICRT電臺的Podcasts

（一）ICRT電臺Podcast Feeds（訂閱）

在ICRT網頁首頁左上角，可以發現有一欄「News Room」，其第一、二格為News Team及ICRT News，再下來便是Blogs/Podcasts。底下整齊排列著：News Blog、English in the News、Perspective、Game On、

Afu Taxi、News for the Fun of It及Podcasts。等你按下Podcasts，則馬上顯示下一行英文：To subscribe to the Podcasts, simply click on the following feeds, select URL（網址）from the browser address bar（瀏覽器地址欄位），and paste the URL into iTunes's podcast playlist（播放清單）. Go to Apple - iTunes - Podcasts for more details.以下便是各該項目的標題與說明。

（二）標題與說明

1. Taiwan Talk（臺灣漫談）：ICRT電臺嶄新節目，報導臺灣一週生活，話題有商務、財經、政治、文化、文化、藝術及生活形態等，由ICRT電臺記者記者艾立科‧史密斯（Eryk Smith）主持。

2. Dim Sum Cafe（點心咖啡─生活用語）：藉由兩位主持人進行即席會話，題目和當前文化有關，讓希望增進英語能力的聽眾，可以學習到逼真、自然的英語。這種英語不是別的地方常有的。每週六上午6點播出。

3. We Love Hakka（我愛客家話）：由行政院課委會提供，介紹客家迷人的語言、文化和美食。週一至週五，每天播放五次，即：早上7點、中午12點、下午3點、5點、晚上10點。

4. A-Fu Taxi（阿福計程車）：和計程車司機阿福學中文，內容有趣，簡單易記！

5. Game on（玩遊戲）：由愛力克‧高（Eric Gan）介紹世界最新電動玩具的動態，以及最新款的電玩硬體，應有盡有，不亦樂乎！

6. English in the News（英語新聞中的英文）：你會從新聞當中發現有用的表達方式和字彙，幫助你瞭解世界的動態，以增進你收聽ICRT新聞能力，並讓你說起英語像行家。

7. News for the Fun of it（有趣的新聞）：請點選本專輯的網頁。

8. ICRT Roundtable Series（ICRT圓桌系列）：介紹馬英九總統新內閣。

9. News Specials：ICRT記者閔傑輝（Jeffrey Mindich）以及三位知名學者，針對馬英九政府的經濟發展與兩岸關係加以觀察與評論。

本圓桌座談與臺北歐洲商會合作。以上各項內容，均供聽眾點選訂閱。

10. 輕鬆新聞（EZ News）：總長5分鐘，一則廣播新聞包含文稿及播音，外加註解與解釋。聽新聞學英語：從每週的新聞解釋當中學習新單字和片語。以雙語方式進行。爲建立字彙和理解力的好方法，讓您的表達既實用又合乎時效。

11. 觀點（Perspective）：90秒節目。根據主題故事，提出適時的評論，兼具趣味性與知識性。

二、銀河網路平臺iPavo

銀河網路電臺曾推出IPavo個人媒體，透過這個多功能整合性製播軟體，可以讓你（妳）在家當DJ，但是由於在2012年年初，發生「NOW.IN」線上廣播電臺網站被控侵權而關站事件，以致銀河網路也將iPavo網路平臺暫時關閉，以免橫生枝節，誠屬可惜，以下藉此介紹iPavo的功能。

（一）簡介

iPavo提供個人在數位網路上用聲音創造自己的個人舞臺，成立自己的廣播電臺，充分地表達個人想法、觀念以及創意的自主與分享。

透過iPavo即可以成立自己的個人媒體，iPavo最大的特色在於透過iPavo的多功能整合性製播軟體——「iPavo Maker」，即可開創個人廣播電臺節目，提供Live廣播節目，或是上傳至iPavo網站平臺提供其他聽眾24小時的隨選隨聽或下載，自己輕鬆在家當DJ，讓全世界的使用者都有機會成爲您的忠實收聽。

此外，還具備了部落格、RSS訂閱、留言回應、上傳分享聲音、video、圖片等功能，在iPavo可以一次享有多元的互動樂趣。

（二）特色

1. 個人化

（1）使用門檻低，不受設備、地點限制，輕鬆擁有個人媒體。

（2）部落格功能的個人臺，凝聚使用者的忠實聽眾，反應使用者的廣播實力。

（3）建立個人影音作品集，可隨時線上回顧或下載收藏。

2. 使用便捷

（1）個人電腦搭配耳機、麥克風設備，即可支援。

（2）iPavo Maker簡易DIY介面，操作簡易。具備功能多元iPavo Maker個人節目製播軟體特有混音功能，具備淡入、淡出以及背景音等功能，增加廣播內容豐富性。

3. iPavo與Podcast

iPavo有自己的專用平臺，從錄製節目到發布，均有一套操作流程，iPavo網站上有線上節目及會員所製作的節目可以在線上收聽，對於不熟悉操作以及沒有個人網站空間的使用者，提供完整的相關服務。然而，缺點是因版權問題，只有部分線上節目才可下載收聽，而且必須是會員才可以下載節目。這點和Podcast的精神大不相同。Podcast大多節目公開於網站上，聽眾可隨時訂閱下載至自己的攜帶裝置，而iPavo雖有專屬的發布平臺方便整合iPova節目，但另一方面聽眾則必須在電腦前收聽，對於大多下載至Podcast的聽眾是較為不方便。

三、Podcast在中國大陸的發展

早在1995年，美國西雅圖的「進步網路」（progressive network）即開始提供「音頻點播」服務。中國網路廣播開始於1906年，當年的12月15日，廣東珠江經濟廣播電臺率先開通網上實時（Real Time）廣播；1997年底，上海人民廣播電臺嘗試網路廣播；1998年，中央人民廣播電臺開通專業網站；1998年12月26日，中國國際廣播電臺開通國際線上廣播，正式提供線上廣播服務。之後，各大電臺紛紛開始推出網路廣播。

2005年是中國大陸「播客」（Podcast）的發展元年。2005年一年相繼誕生了土豆播客、中國播客網、波普播客、菠夢網等幾家至今仍然具有很強影響力的播客網站。

中國國際廣播電臺網站「國際在線」（CRIOnline）自主開發的多語種播客平臺（htpp://pod.inetradio.cn）於2006年7月13日正式推出，該臺節目以音頻爲主，包括用戶製作的音樂、脫口秀及視頻等常見的播客節目類型，也包括新聞資訊、外語教學、漢語教學等特色節目。此外，中國國際廣播電臺的輕鬆調頻（FM91.5）、勁曲調頻（FM88.7）、環球資訊廣播（FM90.5）及INetradio網路電臺的部分節目，也在播客頻臺展現。

四、Podcast未來趨勢

Podcast的快速成長最主要的原因是攜帶型的隨身聽裝置迅速普及，以及部落格快速成長有關，根據研究機構iSuppli的估計，在2004年全球可攜式數位音樂播放機的出貨量達3600萬臺，至2008年正式超越1億臺的水準，達1億1520萬臺的水準。而現在，許多電臺也提供部分節目新聞片段利用Podcast的方式傳送出去。

Podcast就如部落格雨後春筍般的出現，五花八門的節目主題都可以讓聽眾自由地選則，而攜帶型裝置的普及相關的運用也會逐漸成熟並發展下去。

第 | 十五 | 章
思考與練習題

一、試述Podcast的特色。

二、試擬一個Podcast節目的對話腳本。

三、製作Podcast節目有何應注意事項？

四、如何行銷Podcast節目？

五、ICRT網站Podcast單元的英語教學節目有何特色？其與教育電臺的英語教學音頻隨選（VOD）有何不同？

六、點選中國大陸中國國際廣播電臺網站的Podcast內容，請比較其與臺灣的中央廣播電臺的內容，有何不同？

參考書目

中文書目

丁德鵬（1998）。國軍官兵廣播收聽行為研究。臺北：政治作戰學校新聞研究所碩士論文。

于洪海（1984）。廣播原理與製作。臺北：三民。

中華民國比較教育學會主編（1998）。終身全民教育的展望。臺北：揚智文化。

中華民國廣播電視協會編（1985）。廣播實務。臺北：中華民國廣播電視協會。

中華民國廣播電視協會編（1987）。廣播新貌。臺北：中華民國廣播電視協會。

中國傳媒大學播音主持藝術學系編（2010.6）。播音主持藝術10。北京：北京傳媒大學。

王介安（1996）。如何做個一流DJ——以生相許。臺北：精美。

王公誠（1997）。現代錄音藝術指南。臺北：世界文物。

王石番（1985）。廣播收聽動機及使用調查之二——汽車司機收聽廣播習慣之研究。臺北：行政院新聞局出版、行政院文化建設委員會發行。

王玫珍（2007）。口語表達之思維訓練初探。見國立嘉義大學中文系編《文思與創意：大學國文教學文集》。臺北：萬卷樓。

王政彥（1996）。終身學習的理論。見中華民國成人教育學會主編。《終身學習與教育改革》，臺北：師大書苑。

王政彥（2002）。終生學習社區合作網路的發展。臺北：五南。

王益敏、劉日宇譯（2007）。美國播音技藝教程。上海：復旦大學。

王雪梅主編（2011）。中國廣播文藝理論研究。北京：中國傳媒。

王萸芳（2008.09）。大處著眼，小處著手：談語言學多年其研究計畫之申請。見《人文與社會科學簡訊》。第九卷第四期。頁60。

王德馨（1990）。我國專業廣播電臺定位之研究。臺北：中國文化大學新聞

　　研究所碩士論文。

王蘭柱主編（2011）。2010中國廣播收聽年鑑。北京：中國傳媒大學。

王璐、吳潔茹（2009）。語言發聲。北京：傳媒大學。

世新大學民意調查研究中心（2000.12）。國立教育廣播電臺99年聽眾宜調查
　　報告書。臺北：世新大學民意調查研究中心。（未出版）

田士林（1985）。影視語言與口頭傳播。臺北：聖林。新三版。

付程主編（2005）。播音主持教學法十二講。北京：中國傳媒大學。

付程主編（2005）。實用播音教程（第一～四冊）。北京：中國傳媒大學。

臺北市新聞記者公會編（1983）。英漢大眾傳播辭典。臺北。臺北市新聞記
　　者公會。

正聲廣播公司編，正聲資訊（1995）。正聲臺北生活資訊調頻臺IBC（第
　　七十三期），FM104.1開播特刊。臺北：正聲廣播公司。

陳雪鴻譯（朴青竹原著）（2007）。播音通論。北京：民族。

朱全斌譯（1989）。現代廣播製作學。臺北：正中。

仲梓源（2009）。播音主持藝術入門訓練手冊。北京：傳媒大學。

宋瑾（2008）。音樂美學基礎。上海：上海音樂。

宋懷強、陳貝貝（2010）。主持藝術語言。北京：文化藝術。

李岩（2000）。廣播學新論。杭州：杭州大學。

李方祺（1999）。電臺節目人員專業認知及電臺認同之研究。中國文化大學
　　新聞研究所論文。

李宇明主編（2006）。語言學概論。北京：高等教育出版社。第15次印刷。

李至文（2001）。地區性公營廣播電臺聽眾滿意度調查分析——以國立教育
　　廣播電臺高雄分臺為例。義守大學管理研究所碩士論文，高雄。

李建興（1994）。社會教育新論。臺北：三民。四版。

李慧雲（1998）。語音遊戲。臺北：小小天地。

李鳳輝（2004）。言語傳播人文精神的闕失與重構。北京：中國傳媒大學。

李曉華（2008）。新聞播音節律特徵研究。北京：中國傳媒大學。

李瞻編譯（1985）。傳播法。臺北：國立政治大學新聞研究所。

李幸、歐慧玲（2010）。視聽傳播史論。北京：中國社會科學。

李慶平等人（2004）。臺灣廣播產業：危機與轉機。臺北：中華民國廣播電視事業協會。

杜青（1999）。普通話語音學教程。北京：中國廣播電視。

別古譯（James D. Angelo原著）（2009）。聲音的治療力量：修復身心健康的咒語、唱頌與種子音。臺北：橡樹林、城邦文化。

呂光編纂（1985）。大眾傳播與法律。臺北：商務印書管。2版。

沈文英（1997）。空大學生媒體使用動機之類型及影響。傳播文化，第5期。臺北：輔仁大學大傳所。

何青蓉（1996）。終生學習與個人發展。見中華民國成人教育學會主編，《終生學習與教育》。臺北：師大書苑。

何貽謀（1978）。廣播與電視。臺北：三民。

何道寬譯（Paul Levinson原著）（2011）。新新媒介。上海：復旦大學。

吳郁主編（2008）。提問：主持人必備之功。北京：中國廣播。

吳梅（2007）。中國戲曲概論。北京：中國人民大學。頁72-73。

吳芳如（1996）。〈敢與眾不同的Live新聞秀〉。見民國85年11月1日出版之《正聲資訊》，頁62。

吳育昇（1998）。最新廣播收聽行為調查分析。廣播月刊，2月份，30-31。

吳疏潭（2008）。廣播巨星的成功路。臺北市：民族文化交流協會。

吳熙揚，大禹編譯（Patrick Seaman, Jim Cline原著）（1998）。網路廣播。臺北：第三波。

朝陽唐編輯小組（1998）。1998就業現場：電視、廣播業。臺北：朝陽堂。

孟偉（2006）。聲音傳播──多媒介傳播時代的廣播聽覺文本。北京：中國傳媒大學。

林東泰（1995）。漢聲電臺收聽調查研究。臺北：民意協會。

林東泰（2002）。大眾傳播理論。臺北：師大學苑。

林素蘭（1991）。國文教學廣播節目化之研究設計。臺北：巨流。

林達悃（1995）。錄音聲學。北京：中國電影。

邱瑞蓮（2004）。民營廣播電臺聽眾收聽行為與滿意度調查研究──以臺南縣

建國電臺爲例。臺北：國立臺灣藝術大學應用媒體藝術研究所。

柯玉雪（1993）。廣播論叢。臺北：文史哲。

侯志欽（2007）。聲學原理與多媒體音訊科技。臺北：臺灣商務。

姚加凌（1988）。戲劇與廣播論集。臺北：廣播月刊。

周傳基（2001）。電影、電視、廣播中的聲音。北京：中國電影。

高蘊英（2005）。教你播新聞。北京：中國廣播電視。

唐樹芝（2008）。口才與演講。北京：高等教育。

皇甫河旺、王嵩音、臧國仁、曠湘霞（1989）。學生收聽廣播動機及使用行
爲之研究。臺北：行政院新聞局。

胡夢鯨（1997）。終身教育典範的發展與實踐。臺北：師大書苑。

胡宥佳（2009）。漢聲廣播電臺政策性節目官兵滿意之研究——使用滿足理
論之再驗證。銘傳大學傳播管理研究所碩士論文。

徐佳士、潘家慶、趙嬰（1978）。改進臺灣地區大眾傳播國家發展功能之研
究。臺北：政治大學新聞研究所。

姜望琪（2001）。實用語用學。北京：北京大學。第5次印刷。

唐林編譯（1992）。電視音效與實務。臺北：中國文化事業。

洪賢智（2006）廣播學新論。臺北：五南。二版。

國立臺灣師範大學國語文教學中心主編（2008）。迷你廣播劇。臺北：正
中。

莊克仁譯（1987）。傳播科技新論。臺北：美國教育。

莊克仁（1994）。我國學校實習電臺與廣播人才培養之研究——以世新廣播
電臺爲例。臺北：世界新聞傳播學院。

莊克仁（1996）。廣播節目企劃與製作。臺北市：五南。

莊克仁（2003）。電臺管理學——ICRT電臺策略性管理模式。臺北：正中。

莊克仁（2004.11a）。〈『終身學習節目』製播與民眾需求調查報告〉，
《高雄空大校訊》。2004年11月。第8卷第1期。p.9。

莊克仁（2004.11b）。『終身學習節目』製播與民眾需求調查報告，高雄空
大校訊。2004年11月。第8卷第2期。pp.13-15。

莊克仁（2008.3.12）。莊子寓言故事傳播技巧應用於文化創意產業之初探性

研究。發表於銘傳大學校慶學術論文發表會。

莊克仁（2008）。電子媒介概論。臺北：五南。

莊淇銘（2004）。就是要你學會創意。臺北：天下文化。

陸中明（2009）。現代廣播學。臺北縣深坑鄉：威仕曼。

越多家、許秀玲（2008）。內容、受眾、傳播：廣播專業畫概論。北京：中
　　國國際廣播。（頁292-293）

崔小萍（1996）。表演藝術與方法。臺北市：書林。增訂二版。

崔小平（2010）。崔小平廣播劇選集：第二夢。臺北：秀威資訊科技。

陳沅（1967）。實用廣播學。臺北：集成文具紙業。

陳虹（2007）。節目主持人傳播。上海：復旦大學。

陳小平（2006）。聲音與人耳聽覺。北京：中國廣播電視。

陳本苞（1989）。廣播概論。臺北：自由中國。黃新生、關尚仁、劉幼莉、
　　吳奇維（1988）。

陳世敏（1985）。廣播收聽動機及使用程度調查之一———一般民眾收聽廣播
　　習慣之研究。臺北：行政院新聞局出版、行政院文化建設委員會發行。

陳清河（2005）。廣播媒介生態與產業：臺灣廣播產業政策研究
　　1992-2005。臺北市：亞太。陳萬達（2012）。媒體企劃：跨媒體行銷趨
　　勢與傳播策略。新北市：威仕曼。

陳鍾洲（2009）。專業錄音基礎。臺北：贔禾文化。

郭建民（2007）。音樂文化學。上海：上海音樂。

許文宜（1994）。我國廣播電臺「電話交談」（call-in）節目之研究———打
　　電話者（caller）的使用動機與媒介使用行為之關聯性分析。文化大學新
　　聞研究所碩士論文。

曹璐（2004）。解讀廣播———曹璐自選集。北京：北京廣播學院。

馮小龍（2000）。廣播新聞原理與製作。臺北：正中。增訂版第一次印行。

馮文清（2007）。世新網路電臺網友使用行為之研究。臺北：世新大學傳播
　　研究所碩士論文。

郭春在（1996）廣播電臺節目人員的專業素養。廣播教育月刊，第39期，第
　　4版。

雪琴（2000）。廣告播音藝術。北京：北京廣播學院。

黃葳威（2000）。臺灣地區民眾收聽廣播轉臺行為分析。廣播與電視，臺北：政治大學廣播電視學系。第15期。

黃瑞枝編著（1997）。說話教材教法。臺北：五南。

黃聲儀、易元培（2008）。華語口語語表達。臺北：學林。

翁秀琪（1998）。閱聽人研究的新趨勢。臺北：三民。

翁秀琪（1998）。大眾傳播理論與實證。臺北：三民。

翁碧蓮（2004）。廣播聽眾收聽動機與情境關聯性之研究。高雄：國立中山大學傳播管理研究所碩士論文。

彭家發（1985）。漁民收聽廣播習慣研究。臺北：政治大學新聞研究所。

路英（2006）。播音主持卷。長沙：湖南文藝。

張采（2001）。日本廣播電視。北京：中國廣播電視。

張彩（2007）。老齡化社會與老年廣播。北京：中國傳媒。

張頌（1992）。播音創作基礎。北京：北京廣播學院。

張子為（2002）。媒體組織變革對員工組織承諾,組織認同之研究——以漢聲電臺為例。銘傳大學傳播管理研究所碩士論文。

張正男（2006）。國音及說話。臺北：三民。初版二刷。

張勉之（2005）。廣播趨勢。北京：中國廣播。

張源齊（1989）。臺北市高中職學生收聽FM廣播節目之動機。臺北：輔仁大學大眾傳播研究所碩士論文。

張慈涵（1977）。現代廣播電視。臺北：作者自印。6版。

詹伯望（2003）。在地的聲音。臺南：俊逸文教基金會。

詹棟樑（1993）。社會教育理論。臺北：師大書苑。

楊仲遠編（1984）。實用廣播電視學。臺北：正中。

楊孝濚（1984）。廣播。臺北：允晨書局。

楊孝濚（1975）。大專學生接觸大眾傳播媒介動機。新聞學研究，第14期。臺北：政治大學新聞研究所。

楊國賜（1994）。社會教育的理念。臺北：師大書苑。三版。

楊朝陽（1988）。企業實用創意法。臺北：朝陽堂。

楊利慧、安德明譯（Richard Bauman原著）（2008）。作為表演的口頭藝術。桂林：廣西師範大學。

歐葛（2010）。明星DJ就是你。臺北：書泉。

黎世芬（1977）。實用電子媒介新論。臺北：空中雜誌社。

蒙京溥（1984）。廣播電視錄音概論。臺北：中國文化大學。

蔡凱如、黃勇賢等著（2003）。穿越視聽時空：廣播電視傳播論。北京：新華。

蔡順傑（2006）。漢聲廣播電臺閱聽人之研究。臺北:國防大學新聞系碩士論文。

漆敬堯（1974）。電視、報紙及廣播的功能。政大學報，第30期。臺北：國立政治大學。

趙秀環（2008）。播音主持藝術聲音基本功訓練教程。北京：中國傳媒大學。第三版。

趙秀環（2011）。播音主持快速入門十八招兒。北京：中國傳媒大學。

潘家慶（1989）。發展中的傳播媒介。臺北：帕米爾書店。

潘家慶、王石番、謝瀛春（1986）。臺灣地區民眾傳播行為研究。臺北：國科會專題報告。

樊志育（1983）。廣播電視廣告學。臺北：自印。六版。

劉幼琍（1999）。特定族群對廣電媒體的需求及收視聽行為：以客家人與原住民為例。政大學報，第78期，337-386。臺北：國立政治大學。

劉貞秀（1995）。有線電視新聞類型節目的使用與滿足研究。臺北：輔仁大學大眾傳播學系碩士論文。

劉翼凌（1988）。聖經與修辭學。香港：九龍。

劉復苓譯（Mathew E. May原著）（2011）。豐田創意學：一年100萬個創新點子，造就豐田永續競爭力。臺北：經濟新朝社。

劉立群、傅寧（2008）。美國電視節目型態。北京：中國傳媒大學。

廖俊傑（2005）。引領21世紀商機：數位廣播的經營商機。臺北：陽光房。

廣電基金（1996）。電臺收聽行為研究報告。廣電人，第18期，2-7。

廣播與電視（上冊）。臺北：國立空中大學。廖美婷（2006）。大臺北地區

居民收聽專業廣播電臺行為之研究——以正聲電臺為例。銘傳大學廣播電視學系學士論文。

鄭秋霜（2007）。好創意，更要好管理。臺北：三采文化。

鄭秀玲（1994）。奇妙的聲音。臺北：三民。再版。

龐井君主編（2011）。中國視聽新媒體發展報告。北京：社會科學文獻。

關尚仁（1995）。為好節目再下定義。臺北：廣播月刊。

謝章富（1984）。電視節目設計研究。臺北：國立藝專廣播電視學會。3版。

轟寅（1966）。廣播節目製作。臺北：臺北市記者公會。

賴祥蔚（2003）。廣播節目企劃與電臺經營。臺北：揚智文化。

簡聰穎（1994）。地域性廣播電臺之一般聽眾收聽行為分析與區隔——以大臺南地區廣播市場為例。成功大學碩士論文。

羅明宏（1995）。不實廣告案例解讀。臺北：月旦。

英文書目

Adams, Michael H. & Massey, Kimberly K., Introduction to Radio~Production and Programming. IA: Wim. C. Brown Communications, Ins.

BAB, Mega Rates: How to Get Top Dollar for Your Spots. Washington DC: NAB, 1987, Second Printing

Balon, Robert E. Radio in the '90s: Audience, Promotion and Marketing Strategies. Washington DC: NAB, 1990 Blogging for Dummies.(2nd Ed.) Brad Hill, John Wiley & Sons, 2008.

Beckerman, Czech & Shimer, Elizabeth, Managing Electronic Media. Boston: Focal Press, 1991

Billue, J.S., Lifelong learning: One answer to the content controversy. Journal of Professional Nursing, 4(4), 308-309. Blogging in a Snap, Julie Meloni, Sams, 2005.11.28.

Blumler, J. G., & Katz, The Uses of Mass Communication: Current Perspectivies on Gratification Research. Beverly Hills, CA: Sage,1974.

Blumler, J. G.,The Role Theory in Uses and Gratifications Studies. Communication Research, 6(1), 9-36, 1979.

Carroll, Raymond L., and Donald M Davis, Electronic Media Programming: Strategies and Decision Making. New York: McGRAW-Hill INC., 1993.

Crisell, Andrew, Understanding Radio.(2ed.)London: Routledge, 1994.

Dickey, Lew, The Franchise: Building Radio Brands. Washington DC:1994.

Eastman, Susan T., Head, Sydney W. and Klein, Lewies., Broadcast/ Cable Programming: Strategies and Practices.(2nd ed.) California: Wadsworth Publishing Company, 1985.

Geller, Valerie, Creating Powerful Radio: Getting, Keeping & Growing Audiences. New York: Focal Press, 2007.

Hall, Robert W., Media Math: Basic Techniques of Media Evaluation. Texas: NTC Business Books, 1987.

Halper, Danna L. Full-Service Radio : Programming for the Community. Boston: Focal Press,1991.

Hausman, C., Messere, F., & Benoit, P., Modern Radio Production. (7th Ed.) CA: Thomson Higher Education.2007.

Herweg, Godfrey W. & Herweg, Ashley Page. Making More Money: Selling Radio Advertising Without Numbers. Washington, DC:NAB, 1991.

Keith, Michael C., Radio Programming. California : Wadsworth Publishing Company, 1987.

Keith, Michael C., Radio Production : Art and Science. Boston: Focal Press, 1991.

Keith, Michael, Selling Radio Direct. Boston: Focal Press, 1992.

McLeish, Robert, Radio Production. (4th Ed.) MA: Focal Press, 2005.

McQuail, D.,Mass Communication Theory, 3th ed., London, Sage Publications,1994.

McQuail, D., Audience Analysis. London: Sage, 1997.

Morley, Morley, The Nationwide Audience: Structure and Decoding., London: British Film Insttitute,1980.

參考書目

NAB, A Broadcaster's Guide to Special Events/Sponsorship Risk Management, Washington DC: NAB, 1991.

O'Donnell, Lewis B., Benoit, Phillip and Hausman, Carl, Modern Radio Production,.(3rd Ed.)California : Wadsworth Publishing Company, 1993.

Miceli, Dawn, Podcasting for Dummies, Wiley VCH, 2007.11.7.

McElhearn, Kirk, Podcasting Pocket Guide, Oreilly & Associates Inc.,2006.01.

McKinsey and Company, Radio: In Search of Excellence. Lesson From American's Best-Run Radio Stations.N.Y.:NAB,1992, Fourth Printing.

Geoghegan, Michael W., friends of ED., Podcast Solutions: The Complete Guide to Audio and Video Podcasting. (2nd Ed.)2008.11.19.

Reese, David E., Gross, Lynnes S. & Gross, Brain, Radio Production Worktext: Studio and Equipment.(5th Ed.) MA: Focal Press, 2006.

Reese, David E., Gross, Lynnes S. & Gross, Brain, Audio Production Worktext: Studio and Equipment.(6th Ed.) MA: Focal Press, 2009.

Roberts, Ted E F., Practical Radio Promotions, Boston: Focal Press, 1992.

Shane ED, Cutting Through: Strategies and Tactics for Radio, Texas: Shane Media Services, 1991.

Stephenson, Alan R., Reese, David E. & Beadle, Mary E., Broadcast Announcing Worktext: A Media Performance Guide.(3rd Ed.) MA: Focal Press, 2009.

五南文化廣場

橫跨各領域的專業性、學術性書籍
在這裡必能滿足您的絕佳選擇！

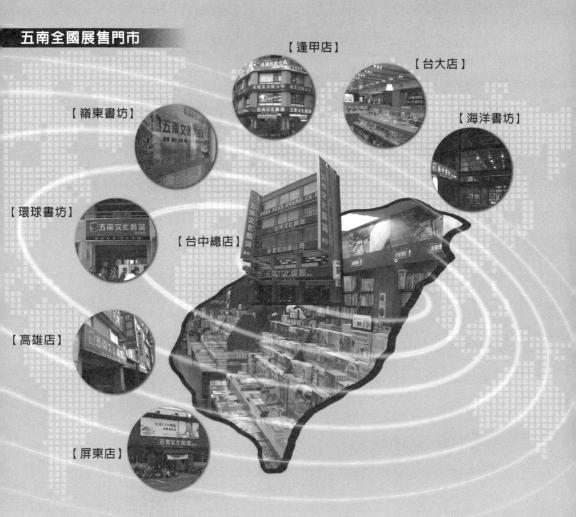

國家圖書館出版品預行編目資料

廣播節目製作／莊克仁著. －－初版. －－臺
北市：五南, 2012.12
　面；　公分
ISBN 978-957-11-6824-1（平裝）
1.廣播節目製作
557.766　　　　　　　　　101019236

1ZE5

廣播節目製作

作　　者－ 莊克仁（213.9）

發 行 人－ 楊榮川

總 編 輯－ 王翠華

主　　編－ 陳念祖

責任編輯－ 李敏華

封面設計－ 國晶設計有限公司

出 版 者－ 五南圖書出版股份有限公司

地　　址：106台北市大安區和平東路二段339號4樓

電　　話：(02)2705-5066　　傳　　真：(02)2706-6100

網　　址：http://www.wunan.com.tw

電子郵件：wunan@wunan.com.tw

劃撥帳號：01068953

戶　　名：五南圖書出版股份有限公司

台中市駐區辦公室/台中市中區中山路6號

電　　話：(04)2223-0891　　傳　　真：(04)2223-3549

高雄市駐區辦公室/高雄市新興區中山一路290號

電　　話：(07)2358-702　　傳　　真：(07)2350-236

法律顧問　元貞聯合法律事務所　張澤平律師

出版日期　2012年12月初版一刷

定　　價　新臺幣410元